全国导游资格考试统编教材
QUANGUO DAOYOU ZIGE KAOSHI TONGBIAN JIAOCAI

U1009624

导游业务

DAOYOU YEWU

（第十版）

全国导游资格考试统编教材专家编写组 编

中国旅游出版社

出版说明

（第十版）

2024年5月17日，全国旅游发展大会在北京召开，会上传达了习近平总书记对旅游工作作出的重要指示，强调“着力完善现代旅游业体系，加快建设旅游强国”，“推动旅游业高质量发展行稳致远”。习近平总书记的重要指示和全国旅游发展大会精神，对导游职业发展提出新的更高的要求。

在过去的9年里，作为文化和旅游部直属的专业出版机构，中国旅游出版社始终致力于服务导游职业发展，组织业内专家编写出版全国导游资格考试统编教材，并以过硬的质量和良好的服务，赢得广大读者的青睐和业界良好口碑。今年，我社继续组织相关专家，认真研究最新发布的考试大纲，针对今年大纲的新提法、新变化和新知识点，对全国统编版《政策与法律法规》《导游业务》《全国导游基础知识》《地方导游基础知识》四本教材进行了修订和编写。

此次修订，是以文化和旅游部相关文件精神和最新考试大纲要求为指引，既吸取了前几版全国导游资格考试统编教材内容和编写风格的精华，又进一步凸显了以下特点：其一，完全遵循新大纲要求，内容覆盖全部考点且重点突出，具有全国示范意义，经得起业界实践检验；其二，在强调理论与实践相结合、内容与时俱进的基础上，更加注重实用性和业务可操作性；其三，编写风格保持简洁、通俗，强调易学、易记，便于考生学习和掌握，方便应考；其四，消除了上一版教材中的技术性错漏。

同时，我们还修订了与这四本教材相配套的《全国导游资格统一考试模拟习题集》，改版升级了“中国旅游出版社导游考试官方在线题库”微信小程序。2025 版习题集完全遵循新大纲规定的题型和分值比例，为考生开阔思维、掌握难点、突出重点、练习备考提供服务。2025 版在线题库与新版教材完全同步，分章节精准练习，每题均附有答案和详尽解析，具有反复刷题功能，方便考生利用碎片化的时间，随时随地练习，检验复习效果。

中国旅游出版社旗下“中国导游考试辅导中心”公众号将继续为广大考生服务，发布最新的考试资讯，提供专业的复习备考资料，并进一步为购买正版教材的考生提供丰富的增值服务，让导游资格考试变得更加轻松。

我们衷心希望这套重新修订的统编教材及其配套教辅产品，能够切实满足广大考生应考的需求，助力考生迎难过关，同时，还能够提升导游人员的业务素质和综合能力，为我国旅游业的发展尽一份绵薄之力。

中国旅游出版社

2025 年 6 月

目 录

第一篇 基础知识

第二篇　基本程序

第三篇 服务技能

第一篇 基础知识

第一章 导游服务

章节练习
增值服务

学习目的

了解：导游服务的内涵、特点和原则；导游职业的产生及发展历程；《导游服务规范》关于导游服务定义的规定。**熟悉：**导游服务的地位和作用。

第一节 导游服务的发展历程

导游服务是旅游服务的一个重要组成部分，是旅游活动发展到一定阶段的产物，伴随着旅游活动的发展而不断成熟。

一、导游服务的产生与发展

旅游包含“旅行”和“游览”两层意思。人类最初的旅游活动主要以旅行的形式表现出来。有历史记载的外出旅行活动始于原始社会末期，并在奴隶制时代得到了迅速发展。进入封建社会之后，大量的朝觐旅行或宗教旅行、贵族巡游、名人士大夫的求知旅行和商务考察等活动蓬勃发展。在15～16世纪的欧洲，随着商品经济的快速发展，旅行活动也变得非常活跃。但在工业革命之前，仍然缺乏以休闲、消遣、度假为主要目的且具有近代意义的旅游活动，且这时期的旅行向导服务不是谋生的主要手段，尚未发展成为一种固定职业。

（一）导游服务的产生

18 世纪 60 年代后，以英国为代表的西方国家开始进入工业革命时期。工业革命对欧洲社会产生了巨大影响，其中也包括对旅游的影响，最突出的标志是英国人托马斯·库克（Thomas Cook）组织开展了一系列具有开创性意义的旅游活动。

1841 年 7 月 5 日，托马斯·库克包租火车组织了一趟由英国莱斯特到拉夫巴勒的团队旅游专列，去参加在该地举行的一次禁酒大会。本次活动的参加者来自各行各业，共计 570 人。每人支付往返票价一先令。在此之前，虽然早有利用火车进行团队旅游的记载，但托马斯·库克组织的这次活动有诸多古代旅游没有的特点，被公认为是世界上第一次商业性旅游活动，这次活动成了近代旅游活动开端的标志。为此，托马斯·库克被公认为是商业性旅游的鼻祖。

1845 年 8 月 4 日，托马斯·库克又组织了从莱斯特到利物浦的 350 人的团体消遣性旅游活动，为期一周。出于商业经营的目的，托马斯·库克进行了线路考察，预先确定了旅游内容和食宿安排，编写并出版了世界上第一本旅游指南——《利物浦之行手册》。在旅游活动中，他不但自己全程陪同和导游，而且在沿途一些地方还聘请了当地导游。因此可以说这是世界上第一次大规模的、有组织的、纯粹以商业为目的的旅游活动。同年，托马斯·库克在莱斯特创办了世界上第一家商业性旅行社，该旅行社的服务宗旨为“为一切旅游公众服务”。此后，托马斯·库克辞去了原来的工作，开始专门从事旅游代理业务，成为世界上第一位专职的旅行代理商。

1846 年，托马斯·库克创办的旅行社组织了 350 人，由托马斯·库克亲自带队，乘火车和轮船到苏格兰旅行。旅行社为每位成员发了一份活动日程表，并为旅游团配备了向导，这是世界上第一次有商业性导游陪同的旅游活动，导游服务作为一种职业正式登上了历史的舞台。

1855 年，托马斯·库克组织了从英国莱斯特到法国巴黎的旅游，在巴黎游览 4 天，采用一次性包价的形式，价格包括往返交通费和在巴黎的住宿费。这是世界上组织出国包价旅游的开端。

1865 年，托马斯·库克与儿子约翰·梅森·库克（John Mason Cook）将原来的“托马斯·库克旅行社”更名为“托马斯·库克父子公司”，迁址于伦敦，并在美洲、亚洲、非洲设立分公司。1872 年，库克父子将旅行社迁至美国，改名为“美国通济隆公司”。

1872 年，托马斯·库克父子为英国旅游者组织了首次环球旅行。这次旅行产生了极大的影响，使库克父子声名远播。

1892 年，托马斯·库克还创造性地发明了一种流通券。凡持有流通券的国际旅游者都可以在旅游目的地兑换等价的当地货币，这种货币即旅行支票的前身，更加方便了旅游者进行跨国和洲际旅游。

后来，世界各地纷纷模仿库克的创举，成立了许多类似组织。1857～1885 年，英国先后成立了登山俱乐部和帐篷俱乐部。1890 年，法国和德国成立了观光俱乐部。美国运通公司于 1850 年开始兼营旅行代理业务。此后，日本、意大利等国家也先后成立了旅行社。旅行社在开展工作时招募陪同或导游，导游队伍逐渐形成。这个时期不但出现了导游服务，而且从事这一工作的人员分成了全程陪同服务和地方游览讲解服务两种类型，为现代导游服务奠定了坚实的基础。

（二）导游服务的发展

第二次世界大战后，世界进入和平与发展时期，大众化的旅游活动开始迅速发展，导游队伍不断壮大，现代导游服务也由此进入发展时期。特别是 20 世纪 60 年代之后，随着世界经济的稳步发展，人们收入水平不断提高，闲暇时间增多，出于各种目的的旅行和旅游活动得到了迅速发展。

联合国世旅组织发布的 2024 年首份《世界旅游业晴雨表》指出，截至 2023 年年底，国际旅游业恢复至“新冠”感染疫情前水平的 88%，国际旅游者达到 13 亿人次。之后，联合国世旅组织发布了 2024 年 11 月的《世界旅游业晴雨表》。报告指出，2024 年前 9 个月，全球约有 11 亿游客出国旅行，旅游业已恢复至疫情前水平的 98%。尽管面临着经济、地缘政治和气候挑战，旅游业依然展现了强大的韧性，2024 年年底实现全面复苏。报告指出，自“新冠”感染疫情暴发以来，全球旅游业经历了停滞与低迷，但目前多数地区的游客到访量已经超越 2019 年水平。特别是 2024 年前 9 个月，各地国际旅游收入表现尤为强劲，多数统计地区实现两位数增长，且增长幅度远高于通胀率。尤其是随着游客平均消费水平的提升和停留时间的延长，国际旅游的出口收益将持续强劲增长，成为全球经济复苏的重要驱动力，并为就业提供了大量机会。

随着旅游业的发展，导游的管理体制也建立健全起来。虽然不同国家的导游管理体制各不相同，但目标都是给游客提供最好的旅游体验、确保导游服务的质量和维护旅游市场的秩序。目前各国的导游管理体制主要有严格型和宽松型两种。严格型的导游管理体制以新加坡、日本和以色列较为典型，这三个国家对导游及导游服务的全过程都进行了严格有效的管理：想要申请成为导游工作者，必须参加并通过国家统一组织的导游资格考试，考试合格才能取得导游资格；非法从事导游工作将会受到严厉的处罚。

不同国家对导游的管理存在显著差异。宽松型的导游管理体制以澳大利亚、英国、美国和德国为代表。这几个国家的导游执业考试不是必须的，对导游的监督和管理主要依靠导游的雇主——旅行社和服务对象——旅游者进行。以美国为代表的一些国家对导游的分类较细，具体包括四种类型，即景区代表（resort representative）、向导（guide）、区域向导（area manager）、领队（courier/escort）。

一般而言，采取哪种导游管理体制及类型取决于该国的旅游发展模式，而该国的旅游发展模式又取决于其社会体制和经济发展水平。宽松型的导游管理体制主要存在于经济较早迈入发达行列的国家，而严格型的导游管理体制主要存在于经济较晚迈入发达行列的国家和发展中国家。

二、我国导游服务的发展历程

根据古代文献的相关记载，中国的旅行活动在原始社会末期已经产生。在已发现的距今4000多年前的甲骨文中，已有“游”字出现。“观光”一词就是由《周易·观卦》中“观国之光”发展而来。中国古代旅行活动历史悠久，黄帝经常外出旅行，尧、舜、禹都曾巡游四方。到原始社会末期，出现了第三次社会大分工，社会上出现了专门从事商品交换的商人，周游于不同的部落之间，产生了最早的以经商为目的的旅游活动，是人类早期旅游活动的雏形，但还没有相应的导游服务。进入文明社会后，各个历史发展阶段出现了不同风格的旅游形式，如春秋战国时期的商务旅游、秦汉的皇帝巡游、魏晋的士大夫玄游、唐宋文人的漫游以及明代的科考旅游等。人类旅游活动有了一定的发展，人数增加，目的也不再单一，但仍处于小规模和无组织状态。虽然已经有人在旅行时聘请当地熟悉路途的人作为向导，但是这些向导只是临时性的，正如“借问酒家何处有，牧童遥指杏花村”中所描述的那样，其作用仅是为旅行者引路而已，还不是现代意义上的导游。作为商业性质的职业导游，是到了近代才产生的。

（一）起步阶段（1923～1949年）

中国近代旅游业发端于20世纪中叶，当时，随着英国发动鸦片战争及远洋航运业务的发展，西方的商人、传教士、学者和一些冒险家纷纷来到中国。外国来华的人数逐年上升，于是，英美通济隆旅行部和捷运旅行社在20世纪初首先进入上海，日本的国际观光局也抢占了中国的沿海城市，设立代办机构。

1923年8月，上海商业储备银行总经理陈光甫先生在其同人的支持下，在该银行下创设了旅游部。1927年6月1日，旅游部从该银行独立出来，更名为“中国旅行社”。中国旅行社的成立是中国近代旅游企业化的标志，陈光甫因此被誉为“中国近代旅游业的创始人”。1927年，陈光甫聘请赵君豪为主编，创办了我国第一本旅游刊物——《旅行杂志》。之后，中国旅行社的分社遍布华东、华北、华南等地区的15个城市。与此同时，中国还出现了类似的旅游组织。这些旅行社和旅游组织承担了近代中国人旅游活动的组织工作，出现了我国的第一批导游。

（二）开拓阶段（1949～1978年）

这一时期，我国旅游事业有了进一步发展。第一家旅行社“华侨服务社”于1949年11月在厦门正式营业，中华人民共和国成立后的第一批导游也随之诞生。1954年4月15日，中国国际旅行社（以下称“国旅”）总社在北京成立。同年，在上海、天津、广州等12个城市设立了分支社。起初，“国旅”是隶属国务院的外事接待单位。当时，全国还没有专门管理旅游业的行政机构，“国旅”实际上代行了政府管理职能，这是我国经营国际旅游业务的第一家全国性旅行社。“国旅”主要负责接待外宾，为外国人来华旅游提供方便，但不接待自费旅游业务。1956年，由于“国旅”总社与苏联国际旅行社签订了相互接待自费旅游者的合同，来华旅游的苏联旅游者逐渐增多，加上华侨、港澳同胞等回国观光、探亲的人越来越多，旅行社开始接待自费旅游者。

成立于1957年4月的中国华侨旅行服务总社主要负责接待回国探亲的华侨、外籍华人、港澳同胞和台湾同胞，统一领导和协调华侨及港澳同胞的探亲旅游活动。

1964年6月，国务院批准成立“中国旅行游览事业管理局”，作为国务院直属机构，来加强对旅游事业的组织和领导。在此期间，导游队伍逐渐形成，规模有两三百人，语种有十几种。这一时期的导游服务以外事接待工作为主，因此，从事导游服务的工作人员均称为“翻译导游”。国家十分关注导游队伍的成长，周恩来总理对翻译导游人员提出“五大员”和“三过硬”的具体要求，即导游翻译人员是“友谊大使”，是“陪同员、宣传员、服务员、安全员、讲解员”，必须做到“思想过硬、业务过硬、外语过硬”。

1974年1月3日，经国务院批准，中国旅行社成立，与华侨旅行社合署办公，统称中国旅行社。

（三）发展阶段（1978~1988年）

中国共产党第十一届中央委员会第三次全体会议后，中国实行对外开放政策，吸引了大批海外旅游者来华旅游，国内旅游蓬勃发展起来。作为改革开放的突破口，旅游业快速起步。1978年，“中国旅行游览事业管理局”改名为“中国旅行游览事业管理总局”，由服务于外交的行政管理机构转变为经济管理部门。

1979年9月召开的全国旅游工作会议提出，旅游工作要从“政治接待型”转变为“经济经营型”。1980年6月，中国青年旅行社总社成立。1982年7月17日，中国旅行游览事业管理总局和“国旅”总社正式分家，这是我国旅游管理中政企分开的第一步。从此，中国诞生了真正意义上的旅游企业和旅游行政管理机构，旅游业开始向着统一领导、分散经营、政企分开的管理体制迈进。

1982年8月，中国旅行游览事业管理总局更名为中华人民共和国国家旅游局。1983 年 10 月，国家旅游局经过对多种方案的比较和研究，最终确定选用东汉的青铜器、国宝级文物“马踏飞燕”作为中国旅游业的图形标志。1984 年，旅行社外联权下放，全国各行业和地区性旅行社迅速发展。到 1988 年年底，全国成立了近 1600 家旅行社，导游队伍迅速扩大到 25000 多人。导游的工作职责从政治接待转型为经济服务，导游的身份从机关行政人员转变为企事业单位工作人员。

1985 年，国务院颁布旅游行业第一部专门法规《旅行社管理暂行条例》；1987 年，《导游人员管理暂行规定》公布；1988 年，《旅行社管理暂行条例施行办法》出台；1989 年，《关于对导游人员实行合同管理的通知》颁布实施。这些制度进一步加强了对转型时期旅行社和导游的管理，具体包括：明确了旅行社是具有法人资格、实行独立核算的企业；将旅行社划分为一类社、二类社、三类社；旅行社必须配备的翻译导游数量以及对导游实行合同管理等。在此阶段，虽然导游与旅行社仍是紧密结合的关系，但旅行社从国家行政机构转变为企事业单位，导游也从机关行政人员转变为企事业单位工作人员，导游制度也随着旅行社性质、功能以及导游身份的转换而不断变化。

（四）全面建设阶段（1988～2016 年）

为了全面提升导游服务水平，以适应国家旅游业发展的需要，1988 年国家旅游局开始在上海和浙江设立导游考试试点，1989 年开始举行全国导游考试，从此，国家每年组织一次导游资格考试。为配合导游资格考试，中国旅游报社等单位发起了“春花杯导游大奖赛”。此后，2010～2023 年，国家举办了五届全国导游大赛，涌现出了一批讲政治、专业精、服务好的优秀导游，树立了导游队伍行业标杆。这些措施推动了我国导游人才的培养、导游服务水平的提升、导游工作的规范，同时也标志着我国开始迈入全面建设导游队伍的阶段。

1994 年，国家旅游局决定对全国持有导游证的专职及兼职导游分等定级，划分为初级、中级、高级、特级四个级别，以便进一步加强导游队伍建设。

1995 年，国家标准《导游服务质量》（GB/T 15971—1995）的发布保障和提高了导游服务质量，促进了中国旅游事业的发展。

随着1995年“双休日”休假制度的实行，大力推动了国内游的发展。1997年发布的《中国公民自费出国旅游管理暂行办法》是对出境旅游的启动，此阶段确定了中国的旅行社入境旅游、国内旅游、出境旅游三大经营业务的市场基本格局。1996年《旅行社管理条例》颁布，使旅行社从一类社、二类社、三类社的分类结构改变为国内旅行社和国际旅行社两类结构，全国旅行社数量继续快速增长，旅行社已进入激烈的市场竞争阶段，政府出台了大量的旅行社与导游管理文件，进入了对导游管理的规范时期。

1999年5月，《导游人员管理条例》实施，条例明确规定了导游必须持证上岗，规定了导游的职责和有关准则，规定了导游的奖惩办法以及导游的权利、义务和责任。《导游人员管理条例》的实施成为导游职业规范的重要标志，表明我国导游队伍的建设有了法律保障。

2001年，中国加入世界贸易组织，对我国旅游经济产生巨大影响。同年年底，国旅运通旅行社有限公司、康辉—罗森国际商务旅行服务有限公司等中外合资旅行社宣告成立，旅行社所有制属性开始多元化。

2001年，国家旅游局颁布实施了《导游人员管理实施办法》，全面推行导游计分制管理和IC卡管理等举措，促进了导游工作的规范化，加强了导游队伍的建设。同年，国家旅游局出台了《关于建立社会导游人员服务管理机构的指导意见》，导游服务中心和导游服务公司开始涌现，它成为统一管理兼职导游并提供导游劳务中介服务的机构，导游与旅行社之间的关系由紧密结合型向松散结合型发展。

2002年，国务院颁布了《中国公民出国旅游管理办法》，明确提出领队及领队证概念，导游职业范围开始向国内导游与出境领队分化。

2005年，《导游人员等级考核评定管理办法（试行）》将导游纵向分成初级导游、中级导游、高级导游、特级导游四个级别。

2009年，《旅行社条例》颁布，旅行社业务分为经营国内旅游业务、经营入境旅游业务和经营出境旅游业务。同年，《国务院关于加快发展旅游业的意见》提出，“把旅游业培育成为国民经济的战略性支柱产业和人民群众更加满意的现代服务业”，成为我国旅游业转型升级的重要标志。2011年，国家旅游局发布了国家标准《导游服务规范》（GB/T 15971—2010）。

2013年10月1日，《中华人民共和国旅游法》正式施行，成为我国旅游业发展史上的一个里程碑。《中华人民共和国旅游法》对导游和领队的执业资格、从业行为规范、劳动报酬、权益保障等方面进行了详细规定。

之后，国家颁布了一系列与导游相关的政策文件，2014年发布的《国务院关于促进旅游业改革发展的若干意见》提出“推动导游管理体制改革，建立健全导游评价制度，落实导游薪酬和社会保险制度，逐步建立导游职级、服务质量与报酬相一致的激励机制”等紧迫而明确的任务；2015年，三项国家规定——《旅行社出境旅游服务规范》《旅行社等级划分与评定》《旅行社服务通则》颁布实施，对导游服务质量提出更高的要求。

（五）深化改革阶段（2016年至今）

2016年1月29日，全国旅游工作会议提出要深化导游管理体制改革，导游从“行政化、非流动、封闭式”管理向“市场化、自由化、法制化”管理转变。2016年5月9日，国家旅游局印发了《国家旅游局关于开展导游自由执业试点工作的通知》，附带《导游自由执业试点实施方案》和《导游自由执业试点管理办法（试行）》两个文件，在江浙沪粤四省市开展线上导游自由执业试点工作，在吉林长白山、湖南长沙和张家界、广西桂林、海南三亚、四川成都开展线上线下导游自由执业试点工作。

2016年9月，国家旅游局废止了2001年颁布实施的《导游人员管理实施办法》，停止实施导游岗前培训考核、计分管理、年审管理和导游人员资格证3年有效等制度。同时，国家旅游局推动设计开发了汇集导游基本信息、执业信息、社会评价为一体的“电子导游证”，代替原IC卡导游证，建设“全国旅游监管服务平台”，规范导游执业证件和执业行为管理，方便导游信息变更、异地执业换证手续，细化导游执业管理规范，加强导游事中、事后监管和执业保障激励，逐步形成“社会化、扁平化、实时化、常态化”的导游管理体制。

2018年，国家旅游局颁布实施了《导游管理办法》，对导游执业的许可、管理、保障与激励进行了规定。同年，根据国务院机构改革方案，将文化部、国家旅游局的职责整合，组建文化和旅游部，作为国务院组成部门。2018年7月1日，全国旅游监管服务平台全面启用，这标志我国旅游市场监管加快向信息化、智能化转变。全国旅游监管服务平台是一个集大数据监管与开放式服务为一体，投诉审批顺畅高效、事中事后监管智能化、信息互联互通的政务平台。

新版国家标准《导游服务规范》（GB/T 15971—2023）于2024年4月1日起实施。主要内容包括规范相关表述、更新导游服务能力要求、优化导游服务内容要求、增加出境游领队服务要求、优化入境游导游服务要求、完善突发事件和常见问题的处理要求、增加导游服务质量评价内容。

《导游等级考核管理办法》于2025年3月1日起施行。此次修订工作主要依据《中华人民共和国旅游法》《导游人员管理条例》等法律法规开展，结合入境旅游促进工作要求，做好与《导游管理办法》《文化和旅游市场信用管理规定》等部门规章的有效衔接。主要涉及完善章节结构并规范表述、改进考核规则和方式、加强高等级外语导游供给、优化激励晋升和鼓励措施、合理设置考核报名条件、健全监督管理和退出机制等。

三、导游服务的发展趋势

随着社会的发展，旅游业已成为全球经济中发展势头最强劲和规模最大的产业之一，并日益凸显它在国民经济中的重要地位。旅游业的发展以国民经济发展水平为基础并受其制约，同时又直接或间接地促进国民经济的发展。随着旅游业的发展，导游服务也更加成熟和规范起来。

（一）旅游活动的发展趋势

1. 全球经济增速有所放缓，旅游经济稳步恢复

由于“新冠”感染疫情造成的影响，再加上通货膨胀、债务和收入不平等加剧，可能危及新兴市场和发展中经济体的复苏，全球经济增长正进入一个明显放缓的时期。联合国旅游组织的最新数据显示，国际旅游业正在从史无前例的疫情危机中逐渐恢复，许多目的地的旅游者人数和收入已达到甚至超过疫情暴发前的水平。世界旅游市场快速复苏的同时，也出现了新的发展趋势，即旅游者出游行为呈现日常化、休闲化、户外化及近距离的趋势，休闲活动和户外运动成为旅游者日常旅游的首选。

2. 中国经济平稳健康发展，旅游需求急剧增长

在过去 30 多年中，中国国民经济的持续快速发展和城乡居民收入水平的大大提高，推动了中国公民国内旅游和出境旅游的迅速发展。1985 ~ 2018 年，中国居民国内旅游人数年均增长 9.9%；1987 ~ 2019 年，中国居民出境旅游人数年均增长 34%，2019 年已达 1.55 亿人次，成为世界最大的客源市场和世界第一大旅游消费国。面对变乱交织的世界，2023 年中国经济总体回升向好，经济增速在世界主要经济体中名列前茅，继续成为世界经济增长的最大引擎。随着中国政府采取的一系列政策措施发力显效，2024 年中国经济将进一步实现平稳健康发展。中国宏观经济平稳运行，人均可支配收入稳健增长，再加上人们消费观念和消费结构的转变，对旅游的需求也急剧增长。

旅游业在发展经济与社会效益方面的作用明显，能够促进我国产业结构调整和优化，为社会提供大量的就业机会，提高人民的物质文化生活水平，在增进国际交流的同时还能促进招商引资，促进经济与环境和社会的协调发展。

（二）导游服务的发展趋势

未来旅游活动的发展趋势将会对导游服务产生直接影响并提出新的要求。导游服务在未来将出现以下四种趋势。

1. 导游服务内容专业化

导游工作内容涵盖了多个领域，因此，导游不仅需要具备广博的知识储备，成为一个“杂家”，还应在某一领域成为“专家”，以便为游客提供更加专业、精准的导游服务。成为某一领域的专家不仅要求导游具备某一方面深厚的专业知识，还需要在该领域不断学习并及时更新知识储备。旅游行业是一个持续发展的行业，新的景点、新的文化现象不断涌现，导游需要保持敏锐的洞察力，及时关注行业动态，不断提升自己的知识储备和讲解水平，从而为旅游者提供更加优质、前沿、专业且富有深度的服务。

2. 导游服务方法多样化

导游方法的多样化是提升旅游体验的关键环节，导游应该根据旅游者的特点、需求和旅游目的地的特性，灵活采用多种不同的导游方法。传统的讲解式导游方法仍然是基础，互动式导游方法能够增强旅游者的参与感，体验式导游方法能够让旅游者更深入地感受当地文化。同时，利用各种新技术、

新媒体进行导游的方法也是现代旅游中不可或缺的一部分。这些新技术、新媒体不但直观生动，能够吸引旅游者的注意力，而且能提升旅游体验的质量。所以，导游方法的多样化能够提升旅游体验的质量和深度。

3. 导游服务手段科技化

导游手段的科技化是旅游行业发展的重要趋势，它借助先进的科技设备和工具，提升导游服务的质量和效率。智能手机和平板电脑等移动设备在导游工作中发挥着越来越重要的作用。导游还可以使用移动应用程序进行行程规划、景点介绍和旅游者管理等工作，实现导游服务的数字化和智能化。此外，虚拟现实技术（VR）和增强现实技术（AR）为导游服务带来了全新的可能性。人工智能技术（AI）也在导游服务中发挥着重要作用。另外，无人机技术也为导游服务提供了新的视角。导游通过无人机拍摄的景点高清视频和图片，可以为旅游者展示更加全面、立体的景点风貌，提升旅游者的视觉享受。物联网技术也为导游服务带来了便利。通过安装传感器和智能设备，导游可以实时监测景点的客流量、环境状况等信息，为旅游者提供更加安全、舒适的旅游环境。随着科技的不断进步和应用，导游手段的科技化将成为未来旅游行业发展的重要趋势。

4. 导游服务需求个性化

目前，个性化发展成为时代的主题，人们对旅游的需求和旅游产品的消费也呈现出个性化的趋势。导游服务的个性化是提升旅游体验的关键环节，它涉及根据旅游者的独特需求和兴趣，量身定制导游服务的内容和方式。通过深入了解旅游者、灵活安排行程、定制化讲解内容以及关注旅游者心理变化等措施，导游可以为旅游者提供更加丰富、深入、独特的旅游体验。

在新时代背景下，导游的职业能力要求较以往有了很大提高，传统导游技能已经不能有效适应当前行业发展的需求。因此，导游应该对自身职业的发展趋势形成正确且全面的认识，与时俱进地积极学习先进的导游专业理论知识，并在实践中加强应用探索，创新工作思路，秉持以人为本的理念，以热情饱满的工作态度，为旅游者做好各方面的旅游服务，塑造良好的导游形象。同时，导游还要进行多维度知识学习，不断扩大自己的知识范围，从而增强自己的职业竞争软实力，以便日后能够向着更高的职业发展方向升级和转型。

第二节 导游服务的内涵及特点

导游服务是旅行社的核心竞争力，是衡量旅游行业发展水平的重要指标。导游服务与第三产业的其他服务一样，都属于非生产劳动，是一种通过提供一定的劳务活动、服务产品，创造特定使用价值的劳动。与一般服务工作不同的是，导游服务不是简单服务，它围绕旅游者展开，采取翻译、讲解、安排生活、组织活动等形式，工作内容涉及旅途中的交通、住宿、饮食、娱乐、购物、票证和其他各方面的生活需求等，给旅游者提供全方位、全过程的服务。

一、导游服务的内涵

（一）导游服务的含义

根据《导游服务规范》（GB/T 15971—2023）的定义，导游服务指的是提供向导、讲解及迎接送行、交通、住宿、用餐、游览、购物、文化娱乐等相关旅游服务。具体来说，导游服务的内涵包括以下几层含义。

首先，提供导游服务的主体是具有导游执业资格的导游。导游为旅游者提供服务必须接受旅行社委派，不得私自承揽导游业务。

其次，导游服务的主要内容是导游在接待旅游者过程中提供的向导、讲解及相关旅游服务。向导是指引路、带路；讲解是指介绍当地的旅游吸引物；相关旅游服务一般是指代办各种旅行证件和手续、代购交通票据、安排旅游行程等与旅行游览有关的事宜。

最后，导游服务是向旅游者提供的旅游服务。对于团队旅游者而言，导游必须按组团合同的规定和导游服务质量标准实施，对于散客则应按事前约定的内容和标准实施。导游不得擅自增加或减少甚至取消旅游项目，也不得降低导游服务质量标准。

（二）导游服务的范围

导游服务的范围既涵盖了旅游活动的各个方面，也体现了导游作为旅游行业重要角色的多重职责。通过提供全面、专业的服务，导游能够提升旅游者的旅游体验，促进旅游业的健康发展。导游服务繁重纷杂，范围很广，食、住、行、游、购、娱几乎无所不包。归纳起来，导游服务主要包括向导服务、讲解服务和旅行生活服务。

1. 向导服务

向导服务除了引路、带路外，还包括对当地交通状况的了解，以便为旅游者规划出最合适的行程线路。此外，导游还需要具备丰富的地理知识和空间感，以便在紧急情况下迅速找到正确的方向，确保旅游者的安全。导游还需要具备处理突发情况的能力，例如，在遇到交通堵塞或天气变化等情况时，能够迅速做出调整，确保行程的顺利进行。向导服务是确保旅游者在旅行过程中能够顺利、安全地到达目的地的重要环节。

2. 讲解服务

讲解服务是导游服务的灵魂，是导游服务的核心内容。讲解服务包括旅游者在目的地旅行时导游所做的沿途讲解、参观游览地的导游讲解，以及座谈、访问和在某些参观点的口译服务等。

优秀的导游讲解服务需要导游具备丰富的专业知识、良好的语言表达能力和深厚的人文素养。同时，导游还需要善于运用各种讲解技巧来吸引旅游者的注意力，增强讲解的趣味性和吸引力。在导游讲解服务过程中，导游还需要关注旅游者的反馈和需求，及时调整讲解内容和方式，以满足旅游者的个性化需求。此外，导游还需要具备处理突发情况的能力，如在遇到旅游者提问或质疑时，能够迅速、准确地做出回应，确保讲解服务的顺利进行。所以，导游应该不断提升自己的专业素养和服务水平，为旅游者提供优质的讲解服务。

3. 旅行生活服务

旅行生活服务是导游为旅游者提供的一系列与生活相关的服务，旨在确保旅游者在旅行过程中的舒适和便利，涵盖了旅游者在旅行中的各个方面。旅行生活服务包括旅游者入出境迎送、旅途生活照料、安全服务以及上下站联络等，确保旅游者各项旅游活动的顺利进行，包括食、住、行、游、购、娱等活动的具体安排实施。

导游给旅游者提供周到细致的旅行生活服务，可使旅游者对导游产生信任感，逐渐消除初见时的距离感，使旅游者的旅游生活丰富多彩、精神轻松愉快。旅游者与导游之间关系融洽，有利于旅游者集中精力倾听导游的讲解，从而使导游讲解取得良好的效果。周到的旅行生活服务有助于旅游者在旅行过程中收获更好的体验，更深入地了解当地的文化和生活方式。因此，导游需要具备丰富的旅行经验和良好的组织协调能力，以确保为旅游者提供优质的旅行生活服务。

二、导游服务的特点

导游服务是旅游服务中具有代表性的工作，有着鲜明的个性特征。归纳起来有以下四个特点。

（一）工作独立性强

导游在实际带团时，往往需要独当一面，这期间可能会有意外或紧急情况发生。所以导游需要独立地应对各种情况，包括独立地宣传和执行国家政策，独立地执行旅游计划、组织活动，以及在出现问题时能够独立、正确、及时地进行处理。导游服务工作的独立性强，要求导游具备较高的专业素养和综合能力，能够独当一面，妥善处理各种情况，为旅游者提供优质的旅游服务。

然而，导游行为的独立性并不意味着他们可以自行决定一切。实际上，导游的决策和行为是受到很多因素制约的，包括旅游政策及法规、旅游行程计划、旅行社的要求以及旅游者的需求等。因此，虽然导游服务工作具有独立性强的特点，但导游仍需要在事业心、协调能力和职业能力等方面严格要求自己，与各旅游接待单位保持良好的协作关系，主动与协助单位有关人员配合，争取得到他们的帮助，以确保旅游活动顺利进行。

（二）脑体高度结合

导游服务是一项脑力劳动与体力劳动高度结合的服务性工作。一方面，导游服务是一项需要高度脑力劳动的工作。导游需要具备丰富的知识，包括历史、文化、地理、民俗等多个领域，以便为旅游者提供准确、生动的讲解。导游还需要具备扎实的语言功底和较强的语言表达能力，能够清晰、流畅地向旅游者传达信息。同时，导游还需要具备良好的心理素质，能够沉着应对各类问题，为旅游者提供及时、有效的帮助。另一方面，导游服务也是一项需要付出大量体力劳动的工作。在带团过程中，导游需要长时间站立、行走，甚至可能需要在复杂的地理环境中进行攀爬、涉水等活动，这些体力活动对导游的体能和耐力提出了很高的要求。因此，导游服务的脑体高度结合特点要求导游不仅要具备广博的知识和较强的语言表达能力，还需要拥有良好的身体素质和充沛的精力。只有这样，导游才能在工作中充分发挥自己的专业优势，为旅游者提供高质量的服务。

（三）客观情况复杂

导游服务具有较为规范的工作流程，如接站、送站、旅途服务和各方面关系的接洽、协调等，均应该按一定的程序进行工作，具有较强的规范性和可操作性。但导游服务中更多的是不确定性和未知性，即使是在确定的行程和规程范围内，但由于导游服务对象复杂、人际关系复杂、旅游者需求多样等，具体情况可能千差万别，各种矛盾可能随时发生，甚至意外情况也有可能出现。因此，导游必须具备处理各种突发情况的能力。

（四）文化交流频繁

导游服务是传播文化的重要渠道，起着沟通和传播文明、为人类创造精神财富的作用。导游的工作可以促进不同文化之间的交流和传播，增进人们对不同文化的了解和尊重，推动世界文化的多样性和繁荣发展。导游服务中的文化交流是双向的。导游不仅需要向旅游者传递目的地的文化信息，还需要了解旅游者的文化背景和需求，以便更好地满足他们的期望。在与旅游者的互动中，导游可以了解不同国家和地区的文化差异，拓宽自己的文化视野，同时也能促进不同文化之间的交流和融合。随着全球化的加速推进，导游服务的文化交流作用也越发重要。导游需要不断提升自己的跨文化交际能力，以适应不同国家和地区旅游者的需求，推动不同文化之间的交流与融合。

三、导游服务的原则

导游服务的原则涵盖了游客为本、规范化服务、平等待客、个性化服务、维护旅游者合法权益等方面。这些原则共同构成了导游服务的基础和指导方针，为导游提供了明确的工作方向和行为准则。

（一）游客为本原则

游客为本原则是导游服务的核心。导游应始终以满足旅游者的正当需求为出发点，确保旅游者在旅行过程中的安全、舒适和愉快。这要求导游具备高度的服务意识，时刻关注旅游者的需求和感受，提供贴心、周到的服务。

（二）规范化服务原则

导游服务应遵循国家和行业的标准和规定，并且还应以旅游合同为基础，确保服务质量和水平。导游应熟悉并掌握导游服务流程、服务技巧和业务知识等，以专业的态度和技能为旅游者提供优质服务。

（三）平等待客原则

导游应平等对待每一位旅游者，不论其国籍、种族、性别、年龄、宗教信仰等差异。导游应尊重旅游者的个性和习惯，以礼貌、友好的态度为旅游者提供服务，避免任何形式的歧视或偏见。

（四）个性化服务原则

导游应根据旅游者的实际情况和需求进行灵活调整，提供个性化的服务。导游应关注旅游者的兴趣和喜好，为旅游者量身定制旅游行程，提供有针对性的讲解和推荐，让旅游者在旅行中获得更好的体验。

（五）维护旅游者合法权益原则

导游应积极维护旅游者的合法权益，包括知情权、选择权、公平交易权等。在旅游过程中，导游应确保旅游者的行程安排合理、透明，避免强制购物或增加额外费用等行为，保障旅游者的合法权益不受侵犯。

第三节　导游服务的作用及地位

旅行社、旅游饭店和旅游交通是现代旅游业重要的组成部分。导游服务质量是衡量旅行社整体服务质量的重要标准之一。一次旅游活动的成功与否，往往关键在于导游。为了强调导游作用的重要，国际旅游界将导游称为“旅游业的灵魂”“旅行社的支柱”和“参观游览活动的导演”。

一、导游服务的作用

导游服务在旅游中的作用主要有纽带作用、标志作用、反馈作用和扩散作用。

（一）纽带作用

导游服务是旅游接待服务的核心和纽带。导游在旅游服务各环节之间起着沟通、联络及协调的作用。

首先，导游是国家方针政策的宣传者和具体执行者，代表旅行社执行并完成旅游计划。同时，旅游者的意见、要求、建议乃至投诉，以及其他旅游服务部门在接待中出现的问题、建议和要求，一般也通过导游向旅行社和各级旅游行政管理部门传递。

其次，导游既代表旅行社的利益，又肩负着维护旅游者合法权益的责任；导游既有责任向旅游者介绍中国，同时又要多与旅游者接触，进行调查研究，了解外国、了解旅游者的需求。

最后，导游是旅行社与饭店、餐馆、景区、交通部门、商店、娱乐场所等单位之间的第一联络员，在各旅游单位之间起着重要的协调作用。各旅游单位的相互协作是导游服务中的生活服务部分得以顺利进行的重要保障，对提高旅游质量至关重要，而导游处在各项旅游服务协调的中心位置，责任重大、作用显著。

（二）标志作用

导游服务质量是旅游服务质量高低的敏感标志。导游服务质量包括导游讲解质量、为旅游者提供生活服务的质量和各项旅游活动安排落实的质量。导游作为旅游接待服务体系的中心人物，其服务质量的优劣直接影响旅游者的旅游消费体验和对整个旅游行程的满意度。导游服务也是旅行社形象的标志。导游是旅行社与旅游者之间的桥梁，他们的服务态度、专业技能和知识水平将直接影响着旅游者对旅行社的评价。此外，导游服务还是旅游业声誉的标志。导游作为旅游业的从业者，他们的行为举止和职业素养代表着整个行业的形象，优秀的导游服务能够传递出旅游业的积极形象和正面价值观，有助于提升整个行业的声誉和地位。因此，导游应不断提升自己的专业素养和服务水平，以更好地发挥导游服务的标志作用。

（三）反馈作用

导游服务的反馈作用主要体现在对旅游过程中的信息收集和传递上。具体来说，导游在服务过程中需要及时、准确地把旅游者的意见、建议与要求反馈给相关部门，以便对旅游服务进行改进和优化。这些反馈信息可能涉及旅游行程的合理性、住宿条件的舒适度、餐饮服务的满意度等多个方面。通过收集和整理这些信息，旅行社和有关旅游行政管理部门能够更好地了解旅游者的需求和期望，从而有针对性地提升服务质量，提高旅游者的满意度。同时，导游服务的反馈作用也有助于加强旅游行业的自我监督和管理。通过旅游者的反馈，相关部门能够及时发现并解决存在的问题，提升整个行业的服务水平和竞争力。因此，导游在服务过程中应充分发挥其反馈作用，积极收集并传递旅游者的反馈信息，为提升旅游服务质量和推动旅游行业的健康发展贡献力量。

（四）扩散作用

导游服务的扩散作用主要体现在对旅游产品和旅行社形象的传播上。当旅游者通过导游的服务，对旅游目的地有了深入的了解和愉快的体验后，他们往往会将这些积极的感受和评价传播给亲朋好友，进而扩大旅游产品的知名度和影响力。导游服务质量的高低对于旅游产品和旅行社形象的传播具有至关重要的作用。为了充分发挥导游服务的扩散作用，旅行社应加强对导游的培训和管理，提升导游的服务质量和专业素养，确保为旅游者提供优质的旅游体验。此外，导游自身也应充分认识到其服务的重要性，努力提升自己的服务水平，通过提供优质的服务赢得旅游者的信任和好评，为旅游产品和旅行社形象的传播做出积极贡献。

二、导游服务的地位

导游服务贯穿于旅游活动的始终，涉及食、住、行、游、购、娱六大旅游要素，是整个旅游服务中最重要的一部分，在现代旅游业中具有极其重要的地位。

（一）旅游服务工作的主导者

导游是旅游活动的核心和引领者，他们的服务质量直接关系旅游者的旅游体验和满意度。导游服务在旅游服务工作中扮演着主导者的角色。旅行社对客服务的各项业务，如产品设计、线路组合、市场营销、车（船、机）票预订，最终都是通过导游服务传递给旅游者。导游在旅游行程中起着组织和协调的作用。他们负责安排旅游者的行程，确保各项活动顺利进行。对旅游者而言，导游是旅行社的代表，是旅游服务的提供者。可以说旅行社各部门的工作都是围绕导游服务这条主线展开的，都是导游服务的幕后支持者。因此，导游服务在旅游服务工作中占据重要地位，是旅游服务工作的主导者。

（二）旅游服务水平的体现者

导游服务是直接面对旅游者的服务，旅游者对导游服务的质量也较为敏感。导游服务的质量和水平直接反映了旅游服务的质量和水平，这主要源于导游在旅游活动中的核心角色和职责。一个优秀的导游不仅能够为旅游者提供高质量的服务，还能够为旅游目的地和旅游行业树立良好的形象。导游服务是旅游服务水平的直接体现者，他们的服务质量直接关系旅游者的旅游体验和满意度。因此，我们应该高度重视导游服务的重要性，不断提升导游服务的质量和水平。

（三）旅游市场竞争的助力者

导游服务在旅游市场竞争中扮演着至关重要的角色，是提升旅游目的地吸引力和竞争力的关键要素之一。导游服务是旅游市场竞争的助力者。为了提升旅游目的地的吸引力和竞争力，应该提升导游的专业素养和服务水平，打造一支高素质、专业化的导游队伍。同时，还应注重导游服务的创新性和差异化，以满足不同旅游者的需求和期望，进一步提升旅游市场的竞争力。

（四）旅游产品信息的反馈者

导游在旅游活动中不仅是服务提供者，更是旅游产品信息的反馈者。导游与旅游者的紧密互动使他们能够直接获取旅游者对旅游产品的真实感受和评价，进而将这些信息反馈给旅游单位和相关管理部门，为旅游产品的改进和优化提供宝贵的参考。他们的作用不仅体现在为旅游者提供优质的服务上，更体现在为旅游产品的改进和优化提供有力的支持。通过导游的反馈作用，旅游企业可以不断提升产品和服务的质量，满足旅游者的需求和期望，进而提升整个旅游行业的竞争力。

第二章 导游概述

章节练习
增值服务

学习目的

了解：《导游服务规范》关于导游、全陪导游、地陪导游定义的规定。**熟悉：**导游职业形象要求。**掌握：**导游思想素质要求；导游工作职责；《导游领队引导文明旅游规范》关于导游和领队引导文明旅游工作要求的规定。

第一节 导游的内涵

旅游是当今世界最大规模的民间交往活动。在旅游活动中，导游通过自己辛勤的劳动，增进了各国人民和各民族之间的相互了解与友谊，客观上也推动了当地的旅游经济和社会发展，促进了民族文化的传承和自然生态环境的保护，为旅游业快速、健康和可持续发展做出了贡献。

一、导游的概念

（一）导游的定义

在日常工作中，“导游”一词有多层含义，既可指导游工作、导游业务、导游服务，也可用作对导游工作人员的简称。《中华人民共和国旅游法》将导游服务的主体称为“导游”。

根据《中华人民共和国职业分类大典》的规定，导游是指从事旅游向导、讲解及旅途服务工作的人员。

《导游服务规范》（GB/T 15971—2023）对导游的定义如下：导游是提供向导、讲解及相关旅游服务的人员。

（二）导游的管理

导游队伍是我国旅游业的重要组成部分，是旅游服务的提供者和旅游形象的展示者，是传播中华优秀传统文化、弘扬社会主义先进文化、促进社会主义精神文明的重要窗口，在提升旅游服务质量、维护旅游市场秩序、推动旅游业高质量发展方面发挥着重要作用。文化和旅游部高度重视导游工作，注重加强导游权益保护，为导游创造良好的执业环境。

国家对导游执业实行许可制度。从事导游执业活动的人员应当取得导游资格证和导游证。文化和旅游部建立导游等级考核制度、导游服务星级评价制度和全国旅游监管服务信息系统，各级旅游主管部门运用标准化、信息化手段对导游实施动态监管和服务。

1. 取得导游资格证的规定

国家实行全国统一的导游资格考试制度。具有高级中学、中等专业学校或者以上学历，身体健康，具有适应导游需要的基本知识和语言表达能力的中华人民共和国公民，可以参加导游资格考试；经考试合格的，颁发导游资格证书。

文化和旅游部负责制定全国导游资格考试政策、标准，组织导游资格统一考试，以及对地方各级旅游主管部门导游资格考试实施工作进行监督管理。省、自治区、直辖市旅游主管部门负责组织、实施本行政区域内导游资格考试的具体工作。

2. 取得导游证的规定

参加导游资格考试成绩合格，并与旅行社订立劳动合同或者在旅游行业组织注册的人员，可以通过全国旅游监管服务信息系统向所在地旅游主管部门申请取得导游证。

导游证采用电子证件形式，由文化和旅游部制定格式标准，由各级旅游主管部门通过全国旅游监管服务信息系统实施管理。电子导游证以电子数据的形式保存在导游个人移动电话等移动终端设备中。

在中华人民共和国境内从事导游活动，必须取得导游证。

有下列情形之一的，不得颁发导游证：第一，无民事行为能力或者限制民事行为能力的；第二，患有传染性疾病的；第三，受过刑事处罚的，过失犯罪的除外；第四，被吊销导游证之日起未逾 3 年的。

3. 导游带团的管理规定

旅行社应当与其聘用的导游依法订立劳动合同，支付劳动报酬，缴纳社会保险费用。

旅行社组织团队出境旅游或者组织、接待团队入境旅游，应当按照规定安排领队或者导游全程陪同。

旅行社临时聘用导游为旅游者提供服务的，应当全额向导游支付规定的导游服务费用。旅行社安排导游为团队旅游提供服务的，不得要求导游垫付或者向导游收取任何费用。

二、导游的分类

因导游服务范围广泛、对象复杂，加之各国各地区的具体情况不尽相同，这使各国对导游的分类方法不一，很难有一个公认的统一分类标准。国内的导游分类主要有以下几种（表 2-1）。

表 2-1 国内的导游分类

分类依据	分类内容
按业务范围进行划分	地陪导游
	全陪导游
	领队
按就业方式划分	旅行社专职导游
	旅行社兼职导游
按使用语言划分	中文导游
	外语导游
按技术等级划分	初级导游
	中级导游
	高级导游
	特级导游

（一）按业务范围划分

按照业务范围，我国导游分为地陪导游、全陪导游和领队。

1. 地陪导游

根据《导游服务规范》（GB/T 15971—2023）的定义，地陪导游是实施旅游接待计划，在境内旅游目的地为旅游者提供导游服务的人员。地陪导游须受地接社委派，代表地接社实施接待计划，为旅游者提供当地旅游活动安排、讲解、翻译等服务。

2. 全陪导游

根据《导游服务规范》（GB/T 15971—2023）的定义，全陪导游是监督并协助地接社、地陪导游及相关接待者的服务，以使组团社的旅游接待计划得以按约实施，为旅游者提供境内全程陪同导游服务的人员。全陪导游须受组团旅行社委派，作为组团社的代表，在领队和地陪导游的配合下实施接待计划。

组团社指的是从事招徕、组织旅游者，与旅游者订立旅游合同的旅行社。地接社指的是接受组团社委托，实施旅游接待计划，在旅游目的地接待旅游者的旅行社。

3. 领队

领队为出境旅游领队的简称，指的是符合法定执业条件、接受组团社委派，全权代表组团社带领旅游团队出境旅游，监督境外接待旅行社和地陪导游等执行旅游计划，并为旅游者提供出入境等全程陪同服务的旅行社工作人员。

文化和旅游部对领队实行备案管理制。从事领队业务的人员，应当取得导游证，具有相应的学历、语言能力和旅游从业经历，并与委派其从事领队业务的取得出境旅游业务经营许可的旅行社订立劳动合同。旅行社委派的领队应当掌握相关旅游目的地国家（地区）语言或者英语。

（二）按就业方式划分

按照就业方式划分，我国导游分为旅行社专职导游和旅行社兼职导游。

1. 旅行社专职导游

旅行社专职导游是指在一定时期内被旅行社固定聘用，以导游工作为其主要职业的导游。这类导游大多数受过中、高等教育，或受过专门训练，为旅行社的正式员工，专职为旅行社带团，并由旅行社支付劳动报酬、缴纳社会保险费用。

2. 旅行社兼职导游

旅行社兼职导游主体是取得导游资格证书并在相关旅游行业组织（导游协会）注册而取得导游证的导游，不固定在一家旅行社工作，有可能有其他的工作。

（三）按使用语言划分

按照使用的语言划分，我国导游分为中文导游和外语导游。

1. 中文导游

中文导游是指能够使用普通话、地方话或者少数民族语言，从事导游服务的人员。这类导游的主要服务对象是境内旅游的中国公民和入境旅游的港、澳、台同胞。

2. 外语导游

外语导游是指能够运用外语从事导游服务的人员。这类导游的主要服务对象是入境旅游的外国旅游者和出境旅游的中国公民。

（四）按技术等级划分

根据《导游等级考核管理办法》（中华人民共和国文化和旅游部令第 11 号），按照技术等级划分，我国导游分为初级、中级、高级、特级四个等级。全国实行统一的导游等级考核制度。导游等级考核工作遵循自愿申报、逐级晋升、科学规范和动态管理的原则。导游等级考核包括申请、资格审核、考试或者答辩考核、成绩发布等程序，具体要求由国务院文化和旅游主管部门发布。导游等级考核的形式包括笔试、面试、论文答辩等。

国务院文化和旅游主管部门负责组织实施全国导游等级考核工作。省级文化和旅游主管部门按照国务院文化和旅游主管部门统一要求，负责实施本行政区域内的导游等级考核具体工作。

1. 初级导游

《中华人民共和国旅游法》中明确规定，参加导游资格考试成绩合格，与旅行社订立劳动合同或者在相关旅游行业组织注册的人员，可以申请取得导游证。在依法申请取得导游证后，即获得初级导游等级。

2. 中级导游

中级导游等级通过考核或者激励晋升的方式获得。申请参加中级导游等级考核的，应当具有大学专科以上学历，取得初级导游等级满2年，2年内在全国旅游监管服务平台的带团记录不少于25次或者90天；且2年内未因侵害旅游者合法权益受到罚款以上处罚，未被认定为文化和旅游市场失信主体。

中级导游等级考核，原则上采取笔试形式，每2年开展一次。中级导游等级考核的科目和内容主要包括导游专题知识和中国语言文学知识等。根据需要，中级导游等级考核可以增加面试形式。

3. 高级导游

高级导游等级通过考核或者激励晋升的方式获得。申请参加高级导游等级考核的，应当具有大学专科以上学历，取得中级导游等级满2年，2年内在全国旅游监管服务平台的带团记录不少于25次或者90天；且2年内未因侵害旅游者合法权益受到罚款以上处罚，未被认定为文化和旅游市场失信主体。

高级导游等级考核原则上采取笔试形式，每2年开展一次。高级导游等级考核的科目和内容主要包括综合案例分析和导游词创作等。根据需要，高级导游等级考核可以增加面试形式。

4. 特级导游

特级导游等级通过考核的方式获得。申请参加特级导游等级考核的，应当具有大学本科以上学历，取得高级导游等级满3年，3年内在全国旅游监管服务平台的带团记录不少于25次或者90天；且2年内未因侵害旅游者合法权益受到罚款以上处罚，未被认定为文化和旅游市场失信主体。

特级导游等级考核，原则上采取论文答辩形式，每4年开展一次。特级导游等级考核的科目和内容主要包括导游词创作和导游相关专业论文等。根据需要，特级导游等级考核可以增加笔试形式。

5. 激励晋升和鼓励措施

初级、中级导游在获得下列表彰奖励2年内，可以通过激励晋升的方式申请晋升一个导游等级。多次获得或者同时获得多项表彰奖励的，只晋升一次导游等级。

（1）国务院文化和旅游主管部门组织的全国导游大赛一、二、三等奖。

（2）省级文化和旅游主管部门组织的省级导游大赛一等奖。

（3）省级以上劳动模范、五一劳动奖章、青年岗位能手、三八红旗手、巾帼建功标兵。

（4）国务院文化和旅游主管部门认定的其他符合激励晋升的情况。

获得以上第一项至第三项表彰奖励的导游，可以向省级文化和旅游主管部门申请晋升一个导游等级；省级文化和旅游主管部门作出晋升决定后，应当报国务院文化和旅游主管部门备案。符合以上第四项激励晋升情况的导游，可以向国务院文化和旅游主管部门提出晋升申请。

6. 监督管理和退出机制

导游有下列情形之一的，取消当次和下次考核资格，已经取得的成绩无效，相关违纪行为计入全国旅游监管服务平台导游个人信用信息记录。

（1）在考核中提供虚假申请材料或者剽窃他人研究成果、论文等的。

（2）代替他人或者让他人代替自己参加考核的。

（3）在考核现场作弊、协助他人作弊、串通作弊或者参与有组织作弊的。

（4）在考核现场不遵守考场纪律或者严重影响考场秩序的。

（5）其他违纪违规行为。

导游被吊销、撤销导游证的，获得的导游等级自然取消。导游激励晋升等级所依据的表彰奖励被取消的，获得的导游等级相应取消。

第二节　导游的职责

作为一名合格导游，应该遵守的基本职责是为旅游者提供良好的导游讲解和旅行服务。导游还应切实负起“一岗双责”的责任，做好业务工作和文明督导，积极开展文明告知、文明提醒、文明规劝，引导文明旅游、安全旅游。

一、导游的基本职责

导游的基本职责是各类导游都应履行的共同职责。各类导游由于其工作性质、工作对象、工作范围和时空条件各不相同，职责重点也有所区别，但他们的基本职责是共通的，导游的基本职责有以下五个方面。

（一）接受导游任务，引导文明旅游

导游应接受旅行社委派的导游任务，按照接待计划安排和组织旅游者参观、游览，以身作则，遵守旅游规范，并引导旅游者文明开展旅游活动。这是确保旅游活动顺利进行、提升旅游体验以及维护旅游目的地形象的关键环节。

（二）进行导游讲解，传播中国文化

通过导游活动能加深旅游者对中国的了解和认识，促进中外文化交流与互鉴。导游负责向旅游者导游、讲解，介绍我国（地方）的传统文化和各地的旅游资源，这也是导游自身专业成长和文化素养提升的重要途径。

（三）安排旅游事宜，保护旅游者安全

在旅游过程中，导游应配合和督促有关部门安排和落实旅游者的交通和住宿，保护旅游者的人身和财产安全。导游不仅需要具备扎实的专业知识和良好的组织能力，还需要具备高度的责任心和安全意识。只有这样，才能确保旅游活动顺利进行，为旅游者提供安全、愉快、难忘的旅游体验。

（四）反映意见要求，安排相关活动

导游在旅游服务过程中要与旅游者保持密切沟通，并根据旅游者的反馈和需求灵活调整和优化旅游安排的重要环节。对旅游者的意见和要求，导游应及时反馈，并积极协助有关部门安排会见、座谈等活动。这是提升旅游服务质量、满足旅游者需求的重要环节。

（五）解答旅游者问询，处理相关问题

对旅游者提出的问题或相关咨询，导游应耐心予以解答，并协助处理旅游者在旅游过程中遇到的问题和事故。导游应通过不断提升自身的专业素养和服务能力，为旅游者提供优质、高效的旅游服务。

除了上述基本职责外，地陪导游、全陪导游、领队还有其各自的主要职责（表 2–2）。

表 2-2　导游主要职责

地陪导游的主要职责	安排旅游活动	全陪导游的主要职责	实施旅游接待计划	领队的主要职责	介绍情况、全程陪同
	做好接待工作		做好联络工作		
	进行导游讲解		做好组织协调工作		落实旅游合同
	维护旅游者安全		维护安全、处理问题		组织和团结工作
	处理相关问题		宣传、调研工作		联络工作

二、地陪导游的主要职责

地陪导游是地接社的代表，是旅游计划的具体执行者。就一地而言，地陪导游是典型的、完全意义上的导游，他的工作责任最大、处理的事务最多、工作最辛苦、所起的作用最关键。地陪导游的主要职责有以下五个方面。

（一）安排旅游活动

地陪导游应严格按照旅游接待计划，充分了解和掌握旅游团的行程安排、景点特色、游览顺序等信息，科学、合理安排旅游团（者）在当地的旅游活动，以确保旅游活动的顺利进行。

（二）做好接待工作

地陪导游的重点职责之一是要认真安排、落实旅游团（者）在当地的接送服务和食、住、行、游、购、娱等服务，并与全陪导游、领队密切合作，按照旅游接待协议做好当地旅游接待工作。地陪导游在做好接待工作方面需要充分发挥自己的专业能力和服务精神，为旅游者提供热情、周到、专业的导游服务，确保旅游活动的顺利进行。

（三）进行导游讲解

负责旅游团（者）在当地参观游览中的导游讲解是地陪导游工作的重点职责之一，地陪导游应积极介绍和传播我国（地方）文化和旅游资源，解答旅游者提出的问题。并且地陪导游在进行导游讲解时，需要充分准备、注重语言表达、关注旅游者需求，并通过与旅游者的互动，让旅游者充分了解当地文化。

（四）维护旅游者安全

地陪导游要维护旅游者在当地旅游过程中的人身和财物安全，做好事故预防和安全提示工作。地陪导游通过充分的准备工作、保持警惕、冷静应对紧急情况以及加强安全宣传等措施，确保旅游者的安全和旅游活动的顺利进行，这是保障旅游活动顺利进行和旅游者人身安全的基础。

（五）处理相关问题

地陪导游应妥善处理旅游服务相关各方面的协作关系，以及旅游者在当地旅游过程中发生的各类问题。地陪导游在处理相关问题时需要具备高度的责任心、沟通能力和应变能力。通过及时、妥善地处理问题，地陪导游可以维护旅游者的合法权益，提升旅游服务的质量。

三、全陪导游的主要职责

全陪导游在导游工作集体中处于中心地位，起着主导作用。对于入境团而言，全陪导游是东道国的代表，是旅游团在华活动的主要决策人。对于境内旅游团而言，全陪导游是组团社的代表，负责全程陪同旅游团完成旅游活动，全陪导游的主要职责有以下五个方面。

（一）实施旅游接待计划

全陪导游在实施旅游接待计划方面的职责涵盖了计划的执行、监督、调整以及与相关人员的沟通协调等多个方面。全陪导游应按旅游合同或约定实施组团社的接待计划，监督各地接待单位的执行情况和接待质量。通过这些工作，全陪导游确保旅游接待计划得以落实、为旅行社赢得良好的口碑和信誉。

（二）做好联络工作

全陪导游的联络工作贯穿整个旅游过程，是保障旅游活动顺利进行的重要环节。全陪导游负责旅游过程中组团社和各地接社的联络，做好旅行中各站的衔接工作，确保旅游活动的连贯性和一致性。通过做好联络工作，全陪导游可以更好地协调各方资源，提升服务质量。

（三）做好组织协调工作

全陪导游应协调旅游团与地接社及地陪导游之间、领队与地陪导游、司机等各方面接待人员之间的合作关系，协调旅游团在各地的旅游活动，听取旅游者的意见。通过有效的协调和沟通，全陪导游整合各方资源，为旅游者提供优质的旅游体验。

（四）维护安全，处理问题

全陪导游应维护旅游者的人身和财物安全，处理好各类突发事件，转达旅游者的意见和要求，力所能及地处理旅游者的意见、要求乃至投诉。全陪导游通过细致的工作和专业的素养，确保旅游者在旅游过程中的安全，以及各种突发情况得以顺利解决。

（五）宣传、调研工作

全陪导游应耐心解答旅游者的问询，介绍我国（地方）文化和旅游资源，开展市场调研，协助开发、改进旅游产品的设计和市场促销。全陪导游通过积极的宣传和深入的调研，不仅可以提升旅游服务的质量和水平，还可以推动旅游业的发展和创新。

四、领队的主要职责

（一）介绍情况、全程陪同

领队应恪守职业道德，遵守外事纪律。在工作过程中，应维护国家利益和民族尊严，并提醒旅游者抵制任何有损国家利益和民族尊严的言行。领队向旅游者说明旅游目的地法律法规、风土人情及风俗习惯等。为旅游者提供全程陪同服务，并在旅游行程的各个环节向旅游者宣讲文明旅游注意事项，引导文明旅游。

（二）落实旅游合同

领队代表组团社监督地接社和地陪导游履行旅游合同，按照组团社的行程计划兑现接待服务承诺，监督其执行接待标准和保证服务质量，维护组团社和旅游者的合法权益。

（三）组织和团结工作

领队应关心旅游团中的老年人、儿童、残障人士等特殊旅游者，在他们需要时提供必要的照顾。并协调处理旅游者之间的纠纷及行程中旅游者提出的投诉。

（四）联络工作

领队与地接社和地陪导游共同实施旅游接待计划，协助处理旅游行程中的突发事件、纠纷及其他问题。领队在旅游过程中应随时向旅游者发出安全提示，并做好各段行程之间衔接工作。

五、导游引导文明旅游

伴随经济社会的发展和人民生活水平的改善，我国旅游市场快速发展，需求持续扩大。一些不文明旅游现象也时有发生，不仅扰乱了旅游的正常秩序，也影响了旅游者的体验。文明旅游直接反映人们的道德素质和社会文明程度，事关公民切身利益，事关国家和民族形象。抓好文明旅游工作，强化人们的公共意识、规则意识、文明意识，是扎实推进新时代文明实践的生动体现，也是推动旅游业高质量发展的必然要求。

导游不仅要引导旅游者感受山水之美，给旅游者提供食宿行等方面的服务，还要引导文明旅游。2015年，《导游领队引导文明旅游规范》（LB/T 039—2015）正式发布，这是规范文明旅游引导的第一个专业性行业标准，目的在于通过为导游确立“一岗双责”的工作标准，积极、规范地引导旅游者文明旅游。该规范对导游引导文明旅游的内容进行了详细规定，并按照旅游要素的分类和旅游环节进行了说明。

（一）基本要求

1. 一岗双责

导游兼具为旅游者提供服务与引导旅游者文明旅游两项职责，并且在引导旅游者文明旅游过程中应注意体现服务态度。

2. 掌握知识

在开展引导文明旅游工作时，导游应掌握的知识包罗万象，主要包括：我国旅游法律法规、政策以及有关规范性文件中关于文明旅游的规定和要求；从事导游工作的基本专业知识和业务技能；基本的文明礼仪知识和规范；旅游目的地的法律规范、宗教信仰、风俗禁忌、礼仪知识、社会公德等基本情况；必要的紧急情况处理技能。

3. 率先垂范

导游在工作期间，首先，应以身作则，遵纪守法，恪守职责，体现良好的职业素养和职业道德，为旅游者树立榜样；其次，应注重仪容仪表、衣着得体，展现导游职业群体的良好形象；最后，应言行规范，举止文明，为旅游者做出良好示范。

4. 合理引导

导游对旅游者文明旅游的引导应态度诚恳、言行得当。工作中应有维护文明旅游的主动性和自觉性，关注旅游者的言行举止，在适当时机对旅游者进行相应提醒、警示、劝告。并且应积极主动营造轻松和谐的旅游氛围，引导旅游者友善共处、互帮互助，引导旅游者相互督促、友善提醒。

5. 正确沟通

在引导时，导游应注意与旅游者充分沟通，秉持真诚友善原则，增强与旅游者之间的互信，增强引导效果。对旅游者的正确批评和合理意见，导游应认真听取、虚心接受。

6. 分类引导

导游在工作过程中应注意结合实际情况，分类进行引导工作。在带团工作前，导游应熟悉团队成员、旅游产品、旅游目的地的基本情况，为恰当引导旅游者做好准备。如遇未成年人较多的团队时，应侧重对家长的引导，并需特别关注未成年人的特点，避免损坏公物、喧哗吵闹等不文明现象发生。对无出境记录旅游者，应特别提醒旅游目的地的风俗禁忌和礼仪习惯，以及出入海关、边防（移民局）的注意事项，提前告知和提醒。如旅游者生活环境与旅游目的地环境差异较大时，导游应提醒旅游者注意相关习惯、理念差异，避免言行举止不合时宜而导致的不文明现象。

对于旅游者因无心之过而与旅游目的地风俗禁忌、礼仪规范不协调的行为，应及时提醒和劝阻，必要时协助旅游者赔礼道歉。对于从事违法或违反社会公德活动的旅游者，或从事严重影响其他旅游者权益的活动，不听劝阻、不能制止的，根据旅行社的指示，导游可代表旅行社与其解除旅游合同。对于从事违法活动的旅游者，不听劝阻、无法制止，后果严重的，导游应主动向相关执法、管理机关报告，寻求帮助，依法处理。

（二）具体内容

导游进行文明引导时，具体内容包括法律法规、风俗禁忌、绿色环保、礼仪规范和诚信善意等。

1. 法律法规

导游应将我国和旅游目的地国家和地区文明旅游的有关法律规范和相关要求向旅游者进行提示和说明，避免旅游者出现触犯法律的不文明行为。引导旅游者爱护公物、文物，遵守交通规则，尊重他人权益。

2. 风俗禁忌

导游应主动提醒旅游者尊重当地的风俗习惯、宗教禁忌。在有支付小费习惯的国家和地区，应引导旅游者以礼貌的方式主动向服务人员支付小费。

3. 绿色环保

导游应向旅游者倡导绿色出游、节能环保，宜将具体环保常识和方法向旅游者进行说明。引导旅游者爱护旅游目的地的自然环境，保持旅游场所的环境卫生。

4. 礼仪规范

导游应提醒旅游者注意基本的礼仪规范，如仪容整洁、遵序守时、言行得体。提醒旅游者不在公共场合大声喧哗、违规抽烟，提醒旅游者依序排队、不拥挤争抢。

5. 诚信善意

导游应引导旅游者在旅游过程中保持良好心态，尊重他人、遵守规则、恪守契约、包容礼让，展现良好形象，通过旅游提升文明素养。

第三节　导游的服务能力

伴随着我国旅游业的快速发展，人民群众的消费需求不断升级，呈现出品质化、个性化、多样化的特点。近年来，导游服务面临的市场需求、政策背景、法治环境、管理要求等均发生了较大变化，对导游服务能力、服务质量提出了更高要求。导游服务能力是导游胜任旅游接待工作的必要条件。导游应该具备的服务能力要求包括思想素质、技术技能、业务知识和职业形象等方面。

一、思想素质

导游应有优秀道德品质和高尚的情操，遵守公德、尽职敬业。导游的思想素质归纳起来有以下几点。

（一）热爱祖国，践行社会主义核心价值观

热爱社会主义祖国是成为一名合格的中国导游的首要条件。在海外旅游者的心目中，导游是国家形象的代表，旅游者正是通过导游的思想品德和言行举止来观察、了解中国的。导游向旅游者介绍和讲解的内容都是中国灿烂的文化、壮丽的河山、中国人民的伟大创造和社会主义事业的辉煌成就，没有这些丰富的内容，导游的讲解就成了无源之水、无本之木。

党的十八大提出，倡导富强、民主、文明、和谐，倡导自由、平等、公正、法治，倡导爱国、敬业、诚信、友善，积极培育和践行社会主义核心价值观。这与中国特色社会主义发展要求相契合，与中华优秀传统文化和人类文明优秀成果相承接，是我们党凝聚全党全社会的价值共识作出的重要论断。富强、民主、文明、和谐是国家层面的价值目标，自由、平等、公正、法治是社会层面的价值取向，爱国、敬业、诚信、友善是公民个人层面的价值准则，这 24 个字是社会主义核心价值观的基本内容，作为一名中国导游应首先遵循和践行社会主义核心价值观。

（二）恪守职业道德，爱岗敬业，坚持游客为本，服务至诚

在为旅游者提供服务时，导游应树立远大理想、恪守职业道德，将个人的抱负与事业的成功紧密结合起来，立足本职工作，热爱本职工作，尽职敬业，刻苦钻研，不断进取，全身心地投入工作之中，热忱地为旅游者提供优质的导游服务。坚持“游客为本，服务至诚”这一旅游行业服务理念。

“游客为本，服务至诚”作为旅游行业的服务理念，是社会主义核心价值观在旅游行业的延伸和具体化，是旅游行业持续健康发展的精神指引和兴业之魂，也是对改革开放以来业已形成的旅游行业服务理念的高度提炼和概括。

“游客为本”即一切旅游工作都要以旅游者需求作为最根本的出发点和落脚点，是旅游行业赖以生存和发展的根本价值取向，解决的是“旅游发展为了谁”的理念问题。“服务至诚”即以最大限度的诚恳、诚信和真诚做好旅游服务工作，是旅游行业服务社会的精神内核，是旅游从业人员应当树立的基本工作态度和应当遵循的根本行为准则，解决的是“旅游发展怎么做”的理念问题。

“游客为本”和“服务至诚”二者相辅相成，共同构成了旅游行业服务理念的有机整体。“游客为本”为“服务至诚”指明方向，“服务至诚”为“游客为本”提供支撑。二者完美地结合在一起，将指引旅游行业沿着国民经济的战略性支柱产业和人民群众更加满意的现代服务业两大战略目标更好地前进，并在这一过程中实现从业人员、旅游者、企业、社会等多方利益相关者的共赢。

（三）秉承契约精神，按合同的约定提供导游服务，维护旅游者和旅行社的合法权益

法治意识、契约精神、守约观念既是现代经济活动的重要意识规范，也是信用经济、法治经济的重要要求。契约精神包含了对契约的敬畏与尊重，人们在订立、履行契约过程中形成了立信、结信、征信以及平等意识、公平意识等。

社会主义市场经济的本质是法治经济，而契约精神是法治的集中体现，同时也是社会主义市场经济的集中体现。旅游业作为第三产业的重要组成部

分，导游的素质关系着旅游业的发展和进步。在旅游业中，诚实信用作为基本要件，构成了人们彼此互信的契约关系。从微观角度而言，契约的特征与诚信紧密联系。所以，导游在工作过程中要继承发扬中华民族重信守诺的传统美德，弘扬与社会主义市场经济相适应的诚信理念、诚信文化、契约精神，按合同的约定提供导游服务，维护旅游者和旅行社的合法权益。

二、技术技能

作为一名合格的导游，应具备的技术技能是综合而全面的，归纳起来主要有语言能力、接待操作能力及信息技术运用能力三个方面。

（一）语言能力

导游应具备良好的语言表达能力，熟练运用相应语种提供导游服务。并且还应有使用礼貌语言的意识，合理使用体态语言。在讲解过程中，导游应熟练掌握讲解语言技巧，做到正确、清楚、生动、灵活，提供针对性和个性化的讲解服务。除了规范化服务之外，还应掌握导游服务相关的手语，以备不时之需。

（二）接待操作能力

导游在工作过程中，首先，应具备独立工作能力，代表旅行社履行合同义务，完成旅游接待任务；其次，应具备人际交往能力，身心健康，与旅游者相处融洽，善于协调、处理与相关接待者、旅游者之间的关系；再次，应具备按照《导游领队引导文明旅游规范》引导旅游者文明旅游的能力，引导旅游者节约资源，保护生态环境；最后，应具备旅游突发事件防范和应急处置能力，按照《旅行社安全规范》的要求进行安全提示和监督。

（三）信息技术运用能力

以“互联网＋旅游”为代表的旅游新业态快速发展，进一步推动了生产方式、服务方式、管理模式的创新，也丰富了旅游产品业态。除了导游核心技能之外，还对导游提出了更多新的要求，要求导游应具备信息技术运用的能力，为旅游者提供更加高效的旅游信息化服务。导游应具备的信息技术运用能力主要有熟练掌握移动通信终端与导游服务相关应用软件的使用方法，包括社交、通信、移动办公等软件，并且能够协助旅游者通过移动互联网进行产品预订、定位导航、信息咨询、服务评价等活动。

三、业务知识

旅游的本质是一种追求文化的活动。随着时代的发展，现代旅游活动更加趋向于对文化、知识的追求，人们出游除了消遣外，还想通过旅游活动增长知识、扩大阅历、获取教益，这样就对导游提出了更高的要求。为了适应旅游者的需要，导游要知识面广、有真才实学，只有将渊博的知识作为后盾，讲解时才能做到内容丰富、言之有物。导游应具备的业务知识主要包括以下几个方面。

（一）应掌握旅游客源地和旅游目的地相关的法律法规常识、时事政治、经济、社会状况、历史、地理、文化和民族民俗知识以及心理学、美学知识

由于旅游者来自不同国家（地区）的不同社会阶层，他们中一些人往往对旅游目的地的某些政治、经济和社会问题比较关注，喜欢询问一些相关的问题。有的人还常常把本国本地的社会问题同旅游目的地的社会问题进行比较。另外，在旅游过程中，旅游者随时可能见到旅游目的地的某些社会现象，引发他们对某些社会问题的思考，要求导游给予相应的解释。

导游应熟悉旅游客源地或旅游目的地的概况知识，知道其历史、地理、文化、民族、风土民情、民俗禁忌等。了解和熟悉这些情况不仅有助于导游有的放矢地提供导游服务，还可以加强与旅游者的沟通。

导游的工作对象主要是形形色色的旅游者，还要与各旅游服务部门的工作人员打交道，导游工作集体三成员（全陪导游、地陪导游和领队）之间的相处有时也很复杂。导游是做人的工作，而且往往是与之短暂相处，因而掌握必要的心理学知识具有特殊的重要性。导游要随时了解旅游者的心理活动，有的放矢地做好导游讲解和旅途生活服务工作，有针对性地提供心理服务，从而使旅游者在心理上得到满足，在精神上获得享受。

旅游活动是一项综合性的审美活动。导游不仅要向旅游者传播知识，还要传递美的信息，让他们获得美的享受。一名合格的导游要懂得什么是美，知道美在何处，并善于用生动形象的语言向具有不同审美情趣的旅游者介绍美，还要用美学知识来指导自己，使自己的仪表、仪容、仪态符合美的要求。因为导游代表着一个国家（地区）的旅游形象，其自身就是旅游者的审美对象。

（二）应掌握旅行常识，包括旅行证件知识、领事保护知识、客货运知识、机票政策、海关及移民管理机关规定和必备的应急医疗常识

导游带领旅游团（者）在目的地旅游，提供导游服务的同时，还应随时随地帮助旅游者解决旅行中的种种问题。因此，导游掌握必要的旅行知识，对旅游活动的顺利进行就显得十分重要。旅行常识主要包括旅行证件知识、领事保护知识、客货运知识、机票政策、海关及移民管理机关规定、必备的应急医疗常识、入出境知识、交通知识、通信知识、货币保险知识、旅游业知识等。导游掌握了必要的旅行常识往往能起到少出差错、事半功倍的作用。

（三）宜掌握旅游产品策划、线路设计方面的专业知识

随着旅游市场的不断发展，旅游者对旅游产品的要求也越来越高，很多旅游者除了常规的旅游产品之外，也希望能有针对自己需求的个性化定制产品。所以导游需要学习旅游产品策划、线路设计方面的专业知识，结合自己在工作中积累的经验，不仅可以解答游客的咨询，而且可以尝试设计出个性化的新产品，满足旅游者的个性化需求，成为一名创新的复合旅游人才。

四、职业形象

导游应该有一个良好的外表形象。心理学指出，在其他条件相同或相似的情况下，仪表整洁、得体的人将会更受人欢迎。导游应具备的职业形象主要有以下几个方面。

（一）应仪表端庄，着装整洁、大方、得体

导游的总体形象要求为：容貌修饰得体，要与所在工作岗位、身份、年龄、性别相称，要体现导游饱满的精神状态，不能引起旅游者的反感。在仪表方面，要求导游的服饰整洁端庄，要与周围的环境、场所协调，不能过分华丽，与从事的工作不相宜。在服饰的选择上，要特别注意场合。

（二）应表情稳重自然、态度和蔼诚恳，富有亲和力，言行有度，举止符合礼仪规范

仪态是指一个人的姿势和风度，是通过言谈举止、面部表情所表现出的动态特征。导游的仪态包括体态、表情和风度合乎规范、优美大方，是导游带团必须具备的形象。导游要站有站姿，坐有坐相，举止端庄稳重，落落大方，不要给旅游者傲慢或轻浮之感。要做到与人相处直率而不鲁莽，活泼而不轻佻，自尊而不狂傲；工作紧张而不失措，服务热情而不巴结讨好，重点关照而非溜须谄媚，礼让三分但不低三下四；友善而非亲密，礼貌而非卑躬，助人不为索取，这样的导游才比较容易获得旅游者的信任。

第四节　导游的礼仪

导游是旅游从业人员中与旅游者接触最多、接触时间最长的人，导游给旅游者留下的印象也最为深刻。甚至在旅游者心目中，导游常常是一个国家（地区）的形象代表。所以，导游在不断提升个人综合业务素质的同时，自觉增强礼仪的学习和运用也非常重要。

一、导游的仪容仪表礼仪

导游的仪容仪表礼仪主要包括导游的仪容礼仪和导游的仪表服饰礼仪。

（一）导游的仪容礼仪

仪容仪表是人的外在表现。仪容即人的容貌，是个人礼仪的重要组成部分。仪容在个人仪表美中占有举足轻重的地位。在日常生活中养成讲卫

生、爱清洁的习惯，不仅是导游个人文明的表现，还是导游职业礼仪的基本要求。

导游在完善自身的仪容礼仪时，应注意以下几点要求：首先，仪容的修饰要考虑时间和场合；其次，在公众场合不能当众进行仪容修饰；最后，完善自身的仪容需内外兼修。上岗时，导游更应保持良好的仪容修饰。

1. 头发应保持清洁和整齐

注意经常梳洗，不存有头屑，长短适宜，不梳怪异发型。头发被吹乱后，应及时梳理，但不可当众梳头，以免失礼。

2. 牙齿应保持洁净

导游要经常开口说话，洁白的牙齿给人以美感。故此，导游应坚持早晚刷牙，饭后漱口。带团前忌吃葱、蒜、韭菜等易留异味的食物，必要时可食用口香糖或茶叶来减少口腔异味。

3. 妆容应和工作场景相适应

为保持面容光泽，女士可施淡妆，但不要浓妆，不当众化妆或补妆。男士应修短鼻毛，不蓄须。

4. 注意手部清洁

指甲应及时修剪，不留长指甲，指甲内不藏污纳垢，不涂抹有色指甲油。

（二）导游的仪表服饰礼仪

仪表可以表现人的精神状态和文明程度，也体现着对他人的尊重。衣着得体、修饰恰当、风度优雅可以给人以朝气蓬勃、值得信赖、热情好客的感觉。仪表服饰礼仪是一门艺术、一种文化、一种语言，是导游给旅游者留下良好“第一印象”的重要组成部分。

1. 着装的基本原则

着装的基本原则体现在三个方面，即 Time（时间）、Place（地点）、Occasion（场合），简称 TPO 原则，指的是导游在着装时，要注意时间、地点、场合并与之相适应。

2. 着装的基本要求

导游的形象代表其所在旅行社的形象及旅行社的规范化程度，也反映了个人的修养和见识，因此导游的着装必须与其所在旅行社的形象、所从事的导游工作相称，这样的着装才能恰到好处地反映自身的素质和旅行社的形象。一般来说，导游是旅游地的形象大使，导游的着装要与年龄、体形、职业和环境相协调。不宜染头发、穿奇装异服，否则会使旅游者感觉缺乏亲和力，应该选择适合户外工作特点、大方得体的服饰。

3. 导游工作时着装的要求

导游作为旅游服务行业的关键角色，其工作时的着装不仅代表个人形象，更关乎旅游企业的品牌风貌和游客的体验感受。

（1）整体原则。

①符合职业身份：着装需与导游职业的专业性、服务性相匹配，展现可靠、亲切的形象。

②兼顾实用功能：满足长时间户外活动、讲解互动等实际工作需求。

③尊重文化习俗：根据不同旅游目的地的文化背景调整着装，避免因服饰引发误解或冒犯。

（2）基本着装规范。

①整洁得体：衣物应无褶皱、污渍、破损，领口、袖口保持干净；皮鞋或运动鞋需擦拭光亮，系紧鞋带；避免穿拖鞋、凉鞋或高跟鞋；配饰应简约大方，避免夸张首饰或过多装饰物。

②色彩搭配协调：主色调可选择中性色（黑、白、灰、藏青等）或低饱和度颜色，避免过于花哨的组合；全身颜色不宜超过 3 种，可通过丝巾、领带等小面积亮色进行点缀。

（3）细节规范。

①发型与妆容：男性短发利落，女性长发束起或盘发，避免碎发遮挡面部；女性化淡妆，男性保持面部清洁，避免使用气味浓烈的香水。

②标识与配件：工牌应佩戴于显眼位置，字迹清晰；在使用无线设备时，应将接收器隐藏于衣物内，避免因外露而影响美观；可选择轻便的双肩包或斜挎包。

（4）需避免的着装问题。

①避免低胸、露脐、超短裙等过度暴露的设计。

②避免拖鞋、人字拖、破洞牛仔裤、睡衣风等邋遢随意的服饰。

③避免有夸张的涂鸦或标语等过度个性化的服饰。

④避免不协调的搭配。

二、导游的言谈举止礼仪

导游的言谈举止礼仪包括言谈礼仪和举止礼仪。

（一）导游的言谈礼仪

言谈交流是一门艺术，言谈是导游的第二张“名片”，可以反映出导游的素养。交谈是人们表达思想、交流信息、表达感情最直接、最迅速的方式。正确的言谈能让导游与旅游者更快地建立良好的人际关系；反之，错误的交谈方式可能会导致人际关系一落千丈，所以导游掌握正确的言谈礼仪是至关重要的。

1. 基本原则

（1）语速、语调有度。导游在与旅游者的交谈中，说话速度要有急有缓，语调做到柔和悦耳，使对方产生安全感、亲切感。

（2）注意调适气氛。谈话时要注意旅游者的反应，注意察言观色。在说话时，眼睛要看着对方，观察对方是否热心倾听，并不时地征询对方的意见，当发现对方对自己提出的问题不理不睬或避而不答时，应立刻打住或转移话题，及时调整谈话内容或谈话方式。

（3）平等相待为上。平等地交谈，尊重旅游者的人格，交谈时把旅游者和自己放在同等的位置。

2. 交谈礼仪

（1）态度诚恳、面带微笑。导游与旅游者交谈过程中态度要谦虚诚恳，说话要平和沉稳，交谈过程中语言要准确规范。表情亲切自然，面带微笑。通过微笑把友善、热情表现出来，不卑不亢，落落大方。

（2）用心聆听、回应适宜。当旅游者和导游交谈时，要用心聆听，观察对方的表情，懂得组织语言来回答对方。导游与旅游者交谈时要选择对方感兴趣的话题或是彼此都感兴趣的话题，或是对方比较擅长的领域。不要聊一些容易起争执或对方不熟悉的话题，不要聊涉及旅游者隐私的话题。

（3）善于夸赞、懂得寒暄。导游夸赞旅游者必须有诚恳的态度。心诚是称道人、恭维人的前提。以诚待人、以礼感人是夸赞成功的基本保证，也是夸赞的灵魂和交际的生命。导游与旅游者打交道时要懂得寒暄，嘘寒问暖，由此来打开话题，说话时要做到条理清晰。

（4）尊重他人、少说多听。导游与旅游者交谈时，切记不能拿旅游者的缺点和不足来开玩笑，懂得尊重旅游者。在跟旅游者交谈过程中要学会少说多听，当导游对一件事不了解的时候，就不要随意地去质疑、不要打断、纠正对方。学会少说多听。

3. 交谈的最佳距离和角度

美国空间关系学之父、人类学家爱德华·霍尔将人们交流时下意识同别人保持的空间位置划分为四个区域：亲密距离、个人距离、社会距离和公共距离。亲密距离为人际交往中的最小距离，通常在0.15米之内，亲人、很熟悉的朋友、情侣和夫妻间才会出现这种情况。个人距离一般为0.45~1.2米，一般伸手就能碰到对方，是非正式个人交谈时最经常保持的距离。社交距离为1.2~3.7米，在一般工作场合，人们多采用这种距离进行交流，体现出一种社交性或礼节上的较正式关系。公共距离的近范围为3.7~7.6米，远范围在7.6米以上，一般适用于演讲者与听众、极为生疏的交谈及非正式场合。

在社交场合，要注意保持交谈的最佳距离和角度。从卫生角度考虑，交谈的最佳距离为1.3米。此外，交谈时最好有一定的角度，两人可在对方的侧面斜站，形成30°角为最佳。

（二）导游的举止礼仪

举止是指人的动作和表情。举止是一种不说话的“语言”，能在很大程度上反映导游的素质、受教育的程度及能够被旅游者信任的程度。在导游与旅游者的交往中，导游的行为既能体现其道德修养和文化水平，又能表现出其与旅游者交往是否有诚意，更关系到导游形象和旅行社形象的塑造，甚至会影响国家民族的形象。因此，导游在工作中应该使自己成为举止优美、符合礼仪规范的人。

1. 站姿礼仪

站立是导游工作中一种最基本的举止。站立不仅要挺拔，还要优美典雅，站姿是优美举止的基础。导游工作时的站姿，要求做到“站有站相”，注意站姿的优美和典雅。正确的站立姿势应是：端正、庄重，具有稳定性。站立时的人，从正面看去，应以鼻为点与地面做垂直状，人体在垂直线的两侧对称，表情自然。站立时不要两手叉腰或把手插在裤兜里，更不要有怪异的动作。站着与人交谈时，两臂可随谈话的内容做一些适度的手势，但动作幅度不宜过大。

（1）站姿的基本要领。头正，双目平视，嘴唇微闭，下颌微收，面部平和自然。双肩放松，稍向下沉，身体有向上的感觉，呼吸自然。躯干挺直，收腹，挺胸，立腰。双臂放松，自然下垂于体侧，手指自然弯曲。双腿并拢立直，膝、两脚跟靠紧，脚尖分开呈 60°，身体重心放在两脚中间。

（2）不同站姿的礼仪要求。

①直立：身体直立，双臂下垂置于腹部。女导游将右手搭握在左手四指，四指前后不要露出，两脚可平行靠近，也可前后略微错开；男导游左手握住右手腕，贴住臂部，两脚平行站立，略窄于肩宽。

②与人交谈的站姿：可采取一种比较轻松的姿势。脚或前后交叉，或左右开立，肩、臂不要用力，尽量放松，可自由摆放，头部须自然直视前方，使脊背能够挺直。采用此姿势，重心不要频繁转移，否则会给人不安稳的感觉。

2. 坐姿礼仪

优美的坐姿要求是端正、优雅、自然大方。导游的正常坐姿为：入座要轻柔和缓，坐姿要端庄稳重。坐要端正，在身后没有任何依靠时，上身挺直稍向前倾，身体平正，两臂贴身自然下垂，两手放在自已腿上，两脚间距与肩宽大致相等，两脚自然着地。在工作场合，即使背后有依靠物时，也不能随意把头向后倾靠，以免显得懒散。男导游可双膝稍稍分开，女导游双膝必须靠紧，两脚平行，臀部坐在椅子的中央。除保持端正，还应做到轻松自如、落落大方。

导游在工作时要坚决避免以下几种不良坐姿：就座时前倾后仰，或是歪歪扭扭，脊背弯曲，头过于前倾、耸肩；两腿过于叉开或长长地伸出去，瘫坐在椅子上；坐下后随意挪动椅子，在正式场合跷二郎腿或摇腿；大腿并拢，小腿分开，或双手放在臀下，腿脚不停地抖动。

3. 走姿礼仪

行走是导游工作中的主要动作，它最能体现出导游的精神面貌。导游正常行走应当是身体挺立，两眼直视前方，两腿有节奏地向前迈步，并大致走在一条直线上。行走要从容，即走路时不急不慢、从容大方。行走时，导游可用眼睛的余光（必要时可转身扭头）观察旅游者是否跟上。行走时，不要把手插在裤袋里。

4. 蹲姿礼仪

蹲姿一般以下列两种为宜：一是交叉式蹲姿。下蹲时，右脚在前，左脚在后，右小腿基本垂直于地面，全脚着地，左腿在后与右腿交叉重叠，左膝由后面伸向右侧，左脚跟抬起，脚掌着地，两腿前后靠紧，合力支撑身体。臀部向下，上身稍前倾。二是高低式蹲姿。下蹲时左脚在前，右脚稍后，两腿靠紧往下蹲。左脚全脚着地，小腿基本垂直于地面，右脚脚跟提起，脚掌着地。右膝低于左膝，右膝内侧靠于左小腿内侧，形成左膝高右膝低的姿势，臀部向下，基本上靠一条腿支撑身体。导游在下蹲时一定要注意不要有弯腰、臀部向后撅起的动作；切忌两腿叉开，两腿展开平衡下蹲，以及下蹲时，露出内衣裤等不雅的动作，以免影响姿态美。

三、导游的人际交往礼仪

导游的人际交往礼仪主要包括导游日常交往中的礼仪和导游人际沟通的礼仪。

（一）导游日常交往中的礼仪

在日常的人际关系中，礼仪不但是导游行为的规范模式，而且是导游与旅游者之间关系的润滑剂。它是导游的修养和素质的外在表现，也体现了一个导游的风度和魅力。在日常交往中，导游通常遵循的原则有以下几点。

1. 平等原则

平等原则是社交礼仪的核心，导游应以礼待人、有来有往，既不盛气凌人，也不卑躬屈膝。对旅游者均以礼相待、一视同仁。

2. 互尊原则

导游在工作中与旅游者的相处应互相谦让、互相尊敬、友好相待、和睦相处，做到敬人之心长存，不可伤害他人尊严，更不能侮辱他人人格，只有相互尊重才能相处融洽。

3. 诚信原则

诚信包括了真诚和信义。真诚指对人和事的实事求是的态度，是一个外在行为与内在道德的统一，要求导游在工作时言行一致、表里如一。信义指的是遵时守信，“言必信，行必果”。导游在工作中应对旅游者真诚相待。

4. 宽容原则

宽容是宽宏大量，容忍别人、体谅别人，设身处地地为他人着想，不斤斤计较，也不苛刻要求。每个人的思想、品格及认识问题的水平总是有差别的。导游应做到宽以待人，才能较好地化解工作过程中出现的各种矛盾。

5. 适度原则

导游与旅游者交往的过程中应注意把握分寸、掌握技巧，合乎规范、适度得体。在工作过程中，导游要彬彬有礼、热情大方、老成持重，做到自尊不自负、坦诚不粗鲁、活泼不轻浮、谦虚不拘谨。

6. 随俗原则

在旅游过程中，由于旅游者的国情、地域、民族、文化背景不同，存在“十里不同风，百里不同俗”的情况，要求导游应正确了解客观现实，尊重旅游者的习俗，做到入乡随俗。

（二）导游人际沟通的礼仪

1. 称呼礼仪

在导游与旅游者的沟通中，选择正确、恰当的称呼，既能反映自身的教养，又能体现对旅游者的重视；同时，应注意称呼要合乎常规、照顾习惯、入乡随俗。大体来说，称呼的类型有以下几种。

（1）行政职务型。在较为正式的公务考察、商业交往等接待活动中，一般都以接待对象的职务相称。职务型称呼又可分为三种情况：直接称呼职务，如“局长”；或姓氏＋职务，如“张局长”；又或姓名＋职务，如“张三局长”。

（2）职称等级型。导游在接待大学老师、研究机构的研究人员等具有职称的旅游者时，尤其是具有中高级职称的旅游者，可以用接待对象的职称来称呼。职称等级型称呼也可分成单一职称、姓氏 + 职称、姓名 + 职称三种形式，如“教授、李总工程师、李四研究员”等。

（3）职业型。当不清楚对方的职务、职称等情况，但知道其职业时，就可以直接用其职业来相称，如“警察先生、吴老师、周医生”等。

（4）泛尊称型。在社交层面，对社会各界人士都可以使用的尊称，即为泛尊称型称呼。这也是导游工作中使用相当普遍的一种称呼方法，对于不熟悉的旅游者，又不方便打听其身份背景的，导游就可以使用泛尊称方法，如“先生、女士、同志、师傅”等。

2. 握手礼仪

握手通常是用来表示欢迎、欢送、见面、相会、告辞，表示祝贺、感谢、慰问，表示和好、合作时使用的礼节。

握手一定要伸右手，伸左手是不礼貌的。伸出的手掌应当垂直，这是通常的习惯。握手的时间以三至五秒为宜，关系亲近的当然可以长时间相握，用力大小也应适度。握手的力度，对男子可以稍重些，对女子则应轻柔。老朋友多年不见，可以长时间相握，还可以加大力度，再晃上几晃，这种方式表示热烈也是适度的。握手时，如果手上戴有手套，应当先将手套去掉。在寒冷的冬天，户外相遇或者时间仓促来不及脱手套，在握手开始时，应说一声：“对不起！”

握手的顺序一般讲究“尊者决定”，即待女士、长辈、职位高者伸出手之后，男士、晚辈、职位低者方可伸手去呼应。平辈之间，应主动握手。若一个人要与许多人握手，顺序是：先长辈后晚辈，先主人后客人，先上级后下级，先女士后男士。握手时要用右手，目视对方，表示尊重。男士同女士握手时，一般只轻握对方的手指部分，不宜握得太紧太久。宾主之间，作为主人，对到来的客人，不论男女、长幼，均应先伸出手去，表示热烈欢迎。

3. 介绍礼仪

在工作时，导游正确地使用介绍礼仪，不仅可以扩大社交范围，而且有助于进行必要的自我展示、自我宣传。介绍一般可分为自我介绍、为他人做介绍及被人介绍三种。在做介绍的过程中，介绍者与被介绍者的态度都要热情得体、举止大方，整个介绍过程应面带微笑。

导游在进行自我介绍时，可主动打招呼说声“您好！”，眼睛要注视旅游者，得到回应再向旅游者报出自己相关情况，语调要热情友好，态度要谦恭有礼。导游在自我介绍时，可兼顾实际需要，一般可采用工作式和礼仪式。工作式的自我介绍内容应包括本人姓名、供职的单位。例如：“您好！我叫张 ×，是 ×× 旅行社的导游。”礼仪式适用于导游在致欢迎词时的开篇。自我介绍可包含姓名、单位、职务，还应加入一些适宜的谦辞、敬语，以示自己尊重旅游者。例如：“各位朋友，大家好！我叫陈 ××，是 ×× 旅行社的导游。我代表 ×× 旅行社的全体人员对大家的到来表示热烈的欢迎，同时也感谢大家对我们旅行社的支持和信任。”

导游为他人做介绍时，应遵循“让长者、客人先知”的原则。即先把身份低的、年纪轻的介绍给身份高的、年纪大的；先将主人介绍给客人；先将男士介绍给女士。介绍时，应简洁清楚，不能含糊其词。可简要地介绍双方的主要情况，便于不相识的两人相互交谈。介绍他人时，不可用手指指着对方，应有礼貌地以手掌示意。

如导游被人介绍时，应面对旅游者，显示出想结识旅游者的诚意。等介绍完毕后，可以握一握手并说“您好、幸会、久仰”等客气话表示友好。

4. 电话礼仪

接打电话讲究必要的礼仪和一定的技巧，导游在工作中正确使用电话礼仪，可给旅游者留下良好印象。接打电话应做到语调热情、大方自然、音量适中、表达清楚、简明扼要、文明礼貌。

除非有急事，一般不要在休息时间、用餐之时打电话。通话时间以短为佳，宁短勿长，一般限定在 3 分钟之内。通话内容应简明扼要、长话短说、直言主题，力戒讲空话、说废话、无话找话和短话长说。通话语言要文明。通话之初，要向对方首先问候一声“您好”，然后再言其他。结束通话时，必须先说一声“再见”。通话时态度谦逊、言谈文明，多用“您好、谢谢、请、麻烦、劳驾”之类的礼貌用语。

第三章 导游工作相关知识

章节练习
增值服务

学习目的

了解：高原旅游、冰雪旅游、温泉旅游、沙漠旅游、水上旅游的安全常识；时区与时差；温度、度量衡的换算；货币相关知识。**熟悉：**旅行社、旅游饭店及旅游景区的相关知识；旅游保险相关知识；中国海关有关入出境携带物品的规定。**掌握：**航空、铁路、水路客/货运知识；领事保护、入出境证件和入出境手续的相关知识；离境退税的相关知识。

第一节 旅游企业知识

旅行社、旅游饭店和旅游景区既是旅游业的重要支柱，也是导游的工作场所，对其概念内涵、性质、分类等基本知识的掌握，是做好导游工作的基础。

一、旅行社知识

（一）旅行社的概念

根据我国最新颁布施行的《旅行社条例》规定，旅行社是指从事招徕、组织、接待旅游者等活动，为旅游者提供相关旅游服务，开展国内旅游业务、入境旅游业务或者出境旅游业务的企业法人。

这里所说的相关旅游服务，主要包括以下内容：安排交通服务；安排住宿服务；安排用餐服务；安排观光游览、休闲度假等服务；导游、领队服务；旅游咨询、旅游活动设计服务。

旅行社还可以接受委托，提供下列旅游服务：接受旅游者的委托，代订交通客票、代订住宿和代办出境、入境、签证手续等；接受机关、事业单位和社会团体的委托，为其差旅、考察、会议、展览等公务活动，代办交通、住宿、餐饮、会务等事务；接受企业委托，为其各类商务活动、奖励旅游等，代办交通、住宿、餐饮、会务、观光游览、休闲度假等事务；其他旅游服务。

（二）旅行社的性质

1. 旅行社是以营利为目的的企业

旅行社通过向旅游者提供服务获取利润，旅行社是自主经营、自负盈亏的经济组织。在旅游经营中，旅行社多采取有限责任公司或股份有限公司的组织形式。

2. 旅行社是服务型的企业

旅行社的业务除了进行旅游产品设计和产品销售外，还组织和接待旅游者，并提供相关旅游服务，如为旅游者安排交通、住宿、餐饮、观光游览、休闲度假，提供导游、领队服务和旅游咨询服务。由此可见，服务性是旅行社的重要性质。

3. 旅行社是中介服务机构

旅行社为旅游者提供的旅游产品和服务实际上是各旅游供应部门提供的，旅行社仅仅是组合各种旅游产品和服务，并不是这些产品和服务的原始提供者，虽然有少数实力雄厚的旅行社在产业链上掌控了部分旅游服务的资源，但绝大部分旅游企业仍是在旅游者与服务供应部门间扮演中间人的角色。所以，旅行社在性质上还是中介服务机构。

（三）旅行社的分类

根据《旅行社条例》，我国的旅行社按经营业务范围分为经营国内旅游业务和入境旅游业务的旅行社，以及经营国内旅游业务、入境旅游业务和出境旅游业务的旅行社两种，属于典型的水平分工。

1. 经营国内旅游业务和入境旅游业务的旅行社

所谓国内旅游业务，是指旅行社招徕、组织和接待中国内地居民在境内旅游的业务。所谓入境旅游业务，是指旅行社招徕、组织、接待外国旅游者来我国旅游，香港特别行政区、澳门特别行政区旅游者来内地旅游，台湾地区旅游者来大陆旅游，以及招徕、组织、接待在中国内地的外国人，在内地的香港特别行政区、澳门特别行政区居民和在大陆的台湾地区居民在境内旅游的业务。

2. 经营国内旅游业务、入境旅游业务和出境旅游业务的旅行社

旅行社取得国内旅游业务和入境旅游业务经营许可满两年，且未因侵害旅游者合法权益受到行政机关罚款以上处罚的，可以申请经营出境旅游业务。所谓出境旅游业务，是指旅行社招徕、组织、接待中国内地居民出国旅游，赴香港特别行政区、澳门特别行政区和台湾地区旅游，以及招徕、组织、接待在中国内地的外国人、在内地的香港特别行政区、澳门特别行政区居民和在大陆的台湾地区居民出境旅游的业务。

（四）旅行社产品的内涵和类型

1. 旅行社产品的内涵

旅行社产品是旅行社向旅游者销售的以旅游吸引物、旅游设施和策划安排为主要构成的旅游线路或项目，以及附着其上的配套服务，包括各种形式的包价旅游线路和单项委托服务等。它是旅行社根据市场需求，通过采购景点、交通、住宿、餐饮、购物、娱乐等单项服务进行组合，向旅游者提供的旅游线路和相应服务。

2. 旅行社产品的类型

（1）按计价形式分类。

①团体全包价旅游。指旅游者与旅行社签订包价旅游合同，旅行社预先安排行程，提供或者通过履行辅助人提供交通、住宿、餐饮、游览、导游或者领队等两项以上旅游服务，旅游者以总价支付旅游费用的旅游产品。

旅行社根据与旅游者签订的合同提供饭店客房、一日三餐、旅游游览车、翻译导游服务、交通集散地接送服务、行李服务以及游览场所门票和文娱活动入场券等。旅游者参加这样的旅游有以下几个优点：第一，可以享受比较优惠的价格；第二，旅游团内氛围好和安全性高；第三，便捷省心。但是，

随着信息社会的到来，人们对外部环境的了解有了质的变化，且越来越追求个性化的活动方式，传统一包到底的旅游方式显然已不能满足大多数消费者。

②单项服务。指旅行社根据旅游者的具体要求而提供的各种非综合性的有偿服务。单项服务又称委托代办业务，旅游者可采取当地委托、联程委托和国际委托等不同的方式交旅行社办理。其中，常规性的服务项目主要包括导游服务、交通集散地的接送服务、代办交通票据和文娱票据、订房、订餐、代客联系参观游览项目、代办签证和代办旅游保险等。旅行社单项服务的对象主要限于散客。

（2）按旅行社服务方式分类。

①预制旅游产品。它是由旅行社设计提供、事先制订出的具有确定的计划人数、出发日期、线路行程及价格等，并用广告或其他方法招徕旅游者而实施的旅游产品。

②定制旅游产品。它是旅行社接受客户或旅游者的委托，根据客户或旅游者的需求，单独设计行程、报价并提供服务的专项产品及服务（包括单项旅游服务、会议旅游服务、奖励旅游服务、特种旅游服务等）。

二、饭店知识

旅游饭店已发展成旅游业最重要的行业之一，一个国家或地区旅游饭店的行业规模、管理水平和服务质量是衡量其旅游业发展程度的主要标志。

（一）旅游饭店的定义

根据《旅游饭店星级的划分与评定》（GB/T 14308—2023）中对旅游饭店的定义是：以间（套）夜为单位出租客房，以住宿服务为主，并提供餐饮、商务、会议、休闲、度假等相应服务的住宿设施。

（二）旅游饭店的类型

1. 根据接待对象分类

（1）商务型饭店。所谓商务型饭店，就是为那些从事企业活动的商务游客提供住宿、膳食和商业活动及有关设施的旅游饭店。一般来讲，为了满足游客的商务要求，商务型饭店往往位于城市中心，回头客较多，饭店的服务项目、服务质量和服务水准要高。

（2）公寓型饭店。公寓型饭店主要是为旅游者提供长期性或经常性居住的饭店。这类饭店大多数采取公寓式布局，配有完善的生活设施及各种服务设施。旅游者有充分的自由和自主性，可以自己买菜做饭，就像在自己的家中一样。

（3）度假型饭店。度假型饭店以接待休闲、度假及游乐的旅游者为主，其大多数位于海滨、温泉、森林、湖岸等地，即设在自然环境优美、气候适宜的地区。

（4）会议型饭店。会议型饭店是专门为各种从事商业、贸易展览会、科学讲座的商客、参会人员提供住宿、膳食和展览厅、会议厅的一种特殊型饭店。

2. 根据饭店业态发展分类

（1）经济型饭店。经济型饭店是饭店业为适应消费者需求变化而出现的产物，是相对于传统的全服务饭店而存在的一种新业态。它是一种以大众旅行者和中小商务者为主要服务对象，以客房为唯一或核心产品，价格低廉、服务标准、环境舒适、硬件上乘、性价比高的现代饭店业态。

（2）精品型饭店。精品饭店起源于北美的私密、豪华或者离奇的饭店，以提供独特、个性化的居住环境和“一对一”的管家式贴身服务而与大型连锁饭店相区别。虽然精品饭店的定义不统一，但普遍认为精品饭店有独特的外观建筑，精巧的室内装饰，浓郁的文化特色，高雅的品位格调，较小的经营规模，贴身的个性服务，昂贵的服务价格，特定的顾客群体等特点。

（3）主题型饭店。主题型饭店也是近年来发展很快的一种饭店类型，人们常将它与精品饭店混为一谈。事实上，这是两种完全不同的饭店。主题饭店是以某一特定的主题来体现饭店的建筑风格和装饰艺术，体现特定的文化氛围，让顾客获得富有个性的文化感受；同时，也将服务项目融入主题，以个性化的服务取代一般化的服务，让顾客获得欢乐、知识和刺激。

（4）民宿。民宿指的是利用城乡居民自有住宅、集体用房或者其他配套用房，结合当地人文、自然景观、生态、环境资源及农林牧渔业生产活动，为旅游者休闲度假、体验当地风俗文化提供住宿、餐饮等服务的处所。民宿以其给予旅游者特殊的文化体验和情感体验，满足了旅游者体验性和情感性的诉求。根据《旅游民宿基本要求与等级划分》（GB/T 41648—2022）规定，旅游民宿由低到高分为丙级、乙级和甲级三个等级。

（三）饭店客房类型

饭店的客房分为单间客房和套房两种基本类型。

1. 单间客房

单间客房是指由一间客房构成的客房，根据客房内床位的配置情况，单间客房可细分为下列几种。

（1）单人间（Single Room）。配备一张单人床，适用于单身的客人居住。

（2）大床间（Double Room）。配备一张双人床，较适合夫妇旅行者居住。

（3）双床间（Twin Room）。配备两张单人床，较受团体客人的欢迎。由于这类客房的数量在饭店客房中占较大比例，也称为饭店的“标准间”。也有饭店在房内配置两张双人床（Double-Double Room），以显示较高的客房规格和独特的经营方式。

2. 套房

套房是指由两间或两间以上客房所构成的客房。根据其使用功能和室内装饰标准又可细分为下列几种。

（1）商务套间（Junior Suite）。此类套房是专为从事商务活动的客人而设计布置的。一间为带盥洗室（一般只配置洗脸台和坐便器）的起居与办公室，另一间为带卫生间的卧室。

（2）双层套间（Duplex Suite）。也称立体套间，起居室在下层，卧室在上层，用室内楼梯连接。此类套房的私密性较强。

（3）连接套间（Connecting Rooms）。也称组合套间，相连的客房用隔音性能好、安装门锁的房门隔离，根据经营需要，既可以作为独立的客房出售，也可作为套间出售，灵活性较大。

（4）豪华套间（Deluxe Suite）。该套间可以是两套间，也可以是三套间。三套间除起居室、卧室外，还配有一间餐室或会议室。豪华套间的特点在于注重客房的装饰布置、房间氛围及用品配备，呈现出一种豪华气派的风格。

（5）总统套间（Presidential Suite）。又称特套间，一般由 5 间以上的房间组成，包括男主人房、女主人房、会客室、书房、餐室、起居室和随从房等。

（四）旅游饭店的星级划分

从 20 世纪五六十年代开始，按照饭店的建筑设备、饭店规模、服务质量、管理水平进行划分，逐渐形成了比较统一的等级标准。这种方式在欧洲十分流行，我国参照国际惯例，出台了旅游饭店星级评定标准——《旅游饭店星级的划分与评定》（GB/T 14308—2023）。

我国旅游饭店分为五个星级，即一星级、二星级、三星级、四星级、五星级。最低的为一星级饭店，最高的为五星级饭店。星级标志由长城和五角星图案构成，用星的数量和颜色表示旅游饭店的星级。一颗金色五角星表示一星级，两颗金色五角星表示二星级，三颗金色五角星表示三星级，四颗金色五角星表示四星级，五颗金色五角星表示五星级。一星级、二星级、三星级饭店是有限服务饭店，评定星级时应对饭店的住宿产品进行重点评价；四星级饭店和五星级饭店是完全服务饭店，评定星级时应对饭店的产品进行全面评价。

饭店取得星级标志满 5 年后进行评定性复核，评定性复核未达到相应星级的要求，按规定给予限期整改或取消星级处理。

三、景区知识

旅游景区是旅游活动的核心，是一个国家人文资源和自然资源的精华。它是旅游产业的核心要素和旅游产品的主体成分，也是激发旅游者出游的最主要目的和因素。

（一）旅游景区的定义及类型

1. 旅游景区的定义

国家标准《旅游景区质量等级划分》（GB/T 17775—2024）将旅游景区

定义为：具有参观游览、休闲度假、康乐健身等功能，具备相应旅游服务设施并提供相应旅游服务的独立管理区。该管理区应有统一的经营管理机构和明确的地域范围。包括风景区、文博院馆、寺庙观堂、旅游度假区、自然保护区、主题公园、森林公园、地质公园、游乐园、动物园、植物园及工业、农业、经贸、科教、军事、体育、文化艺术等各类旅游景区。

2. 旅游景区的类型

（1）按照资源特色划分。旅游景区可以分为自然景观型旅游景区、历史古迹型旅游景区、民俗风情型旅游景区、文学艺术型旅游景区、娱乐游憩型旅游景区、科考探险型旅游景区、专项类旅游景区（如红色旅游景区）、综合型旅游景区。

（2）按照功能划分。旅游景区可以分为经济开发型旅游景区和资源保护型旅游景区。经济开发型旅游景区是指完全以盈利为目的，基本上采用了现代企业管理模式，正在朝“产权清晰、责权明确、政企分开、管理科学”的现代企业制度发展，主要有主题公园、旅游度假区。资源保护型旅游景区往往是以公共资源为依托的，景区的目标具有多重性，景区资源的社会文化与环境价值往往超过经济价值，景区资源具有不可再生性。由于这类景区资源的公共性，因此在经营上具有明显的排他性与垄断性，政府对这类景区的干预程度较高。主要有风景名胜区、森林公园、自然保护区、历史文物保护单位、地质公园、水利风景区等。

（二）旅游景区质量等级的划分

国家标准《旅游景区质量等级划分》（GB/T 17775—2024）规定，旅游景区质量等级划分为五级，从高到低依次为5A级、4A级、3A级、2A级、1A级旅游景区。旅游景区质量等级划分的依据是《旅游景区质量等级的划分与评定》国家标准评定细则，分为服务质量与环境质量评分细则、景观质量评分细则和旅游者意见评分细则三部分。除了上述三个评分细则外，还有一项独立指标，即景区年接待旅游者数量及其中的海外旅游者数量，详见表3-1。

表 3-1　景区年接待游客数量与海外游客数量

	5A 级旅游景区	4A 级旅游景区	3A 级旅游景区	2A 级旅游景区	1A 级旅游景区
年接待游客数量（人次）	60 万以上	50 万以上	30 万以上	10 万以上	3 万以上
海外游客数量（人次）	3 万以上	没有要求	没有要求	没有要求	没有要求

（三）旅游景区智慧化

随着互联网、移动互联网、信息通信技术等高新科技产业的发展，“智慧旅游”的大趋势已逐步渗透到旅游景区，各地纷纷投入智慧景区的建设中，促进旅游景区全方位发展，提高旅游产品的多样性。景区管理分别从信息化基础建设、信息化管理、信息化服务、商务功能为导游服务旅游者提供极大便捷，如对景区的咨询查询、景点知识的介绍以及通过手机微信、App 预约和智慧购票系统、自助购票系统，从而实现了手机微信购票、机器自助购票、现场排队购票、网络电子票务等多样化、智能化的购票模式和预约模式。

第二节　交通知识

交通是指从事旅客和货物运输及语言和图文传递的行业，包括运输和邮电两个方面，在国民经济中属于第三产业。运输有铁路、公路、水路、空路、管道五种方式，下面重点介绍与导游工作密切相关的航空、铁路、水路交通客运知识。

一、航空客运知识

（一）航班

1. 航班形式

航班分为定期航班和不定期航班。定期航班是指飞机定期自始发站起飞，按规定航线经停站至终点站或直达终点站的飞行。在国际航线上飞行的航班称为国际航班，在国内航线上飞行的航班则称为国内航班。航班还可以分为去程航班和回程航班。

2. 航班号及航空公司图标

航班编号是由航空公司的二字英文代码和阿拉伯数字组成，例如，中国国际航空公司、中国东方航空公司、中国南方航空股份有限公司的英文代码分别是 CA、MU 和 CZ。

航空公司的图标不仅是企业的品牌标志和企业文化的象征，而且蕴含航空公司独特的经营和服务理念。例如，国航标志是凤凰，颜色为中国传统的大红，造型以简洁舞动的线条展现凤凰姿态，同时又是英文“VIP”（尊贵客人）的艺术变形，寓意国航秉承凤凰精神，致力于打造完美航程、传递平安吉祥，致力于引领行业发展、打造“国家名片”；东航的标志是飞翔的燕子，燕首及双翅辉映朝霞的赤红——“日出东方”，升腾着希望、卓越、激情；弧形的尾翼折射大海的邃蓝——“海纳百川”，寓意着广博、包容、理性，巧妙地呼应东航“激情超越，严谨高效”的企业精神；南航的标志是广州市花木棉花衬托在宝蓝色的飞机垂直尾翼图案上组成，木棉花象征坦诚、热情的风格，塑造公司的企业形象，寓意公司将始终以坦诚、热情的态度为广大旅客、货主提供尽善尽美的航空运输服务（图 3–1）。

代码	航空公司	标志	代码	航空公司	标志
CA	中国国际航空公司		WH	中国西北航空公司	
MU	中国东方航空股份有限公司		CJ	中国北方航空公司	
CZ	中国南方航空股份有限公司		F6	中国航空股份有限公司	
SZ	中国西南航空公司		XO	新疆航空公司	
3Q	云南航空公司		X2	中国新华航空公司	
G8	长城航空公司		8C	山西航空公司	
MF	厦门航空公司		HU	海南航空股份有限公司	
FM	上海航空公司		SC	山东航空公司	

图 3–1　航空公司的图标

3. 代码共享

代码共享（Code–Share）是指一家航空公司的航班号（代码）可以用在另

一家航空公司的航班上。这对航空公司而言，不但可以在不投入成本的情况下完善航线网络、扩大市场份额，而且越过了某些相对封闭的航空市场的壁垒。旅客则可以享受到更加便捷、丰富的服务，比如众多的航班和时刻选择、一体化的转机服务、优惠的环球票价、共享的休息厅以及旅客计划等。正因为代码共享优化了航空公司的资源，并使旅客受益匪浅，所以20世纪70年代代码共享在美国国内市场诞生后，如今已成为全球航空运输业内最流行的合作方式。代码共享这种方式使中国的航空公司得以直接吸取国外先进航空公司在经营和管理上的经验，尽快融入日益全球化、自由化的航空运输业。

4. 机舱等级

飞机安排座位时是分舱位的，而不同的舱位对应的机票折扣不同，价格不同，所得到的服务也不一样。国内客票的舱位等级主要分为头等舱（舱位代码为F）、公务舱（舱位代码为C）、经济舱（舱位代码为Y），经济舱里面又分不同的座位等级（舱位代码为B、K、H、L、M、Q、X、E不等，这种代码每个航空公司的标识都不相同，价格也不一样），折扣舱依次往下排列，低舱位享受的服务和高舱位的不同，最明显的就是提前预订机上座位、餐食服务以及是否允许退票等。国际客票的舱位等级主要分为头等舱（舱位代码为FA）、公务舱（舱位代码为CDJ）、经济舱（舱位代码为Y），经济舱下属的座位等级和国内的差不多，也会有不退票的规定。

5. 国际航空联盟

随着世界经济全球化，航空公司战略联盟在国际民航界已成为重要的竞争手段，目前在世界上形成了三大国际航空客运联盟。一是星空联盟（Star Alliance），成立于1997年，总部位于德国法兰克福，它是目前全球最大的航空公司联盟，也是首个国际性航空联盟，中国国际航空、深圳航空是其成员；二是天合联盟（Sky Team），2000年成立，总部设在荷兰阿姆斯特丹，中国东方航空、厦门航空是其成员；三是寰宇一家（OneWorld），1999年成立，总部设在美国纽约。中国香港的国泰航空是联盟的创始成员之一。

（二）机票

1. 电子机票

2006年10月16日，国际上开始实行电子机票，我国从2008年6月1

日起停止发售纸质机票。电子机票可在民航售票处或联网计算机上完成订座、出票、作废、退换、改转签等操作。旅游者购买机票必须凭本人有效身份证件，客票只限票上所列姓名的旅游者本人使用，不得转让。在线购买成功后，会得到一个电子票号或者出票记录传真，在机场旅游者凭有效证件到值机柜台换取乘机凭证。正常票价的客票有效期为一年。特价机票的有效期以承运人的规定为准。

2. 机票分类

（1）机票可分为普通机票和特别机票。

普通机票，主要分头等票（First Class）、商务票（Business Class）及经济票（Economy Class Coach）三种，票价较高，但灵活方便，没有太多时间上的限制，适合途中可能改变线路、时间的旅客。

特别机票又可分为旅游机票、团体机票、包机机票、学生机票、优惠机票等，价格较为优惠，但限制较多。

（2）机票可根据购买对象分为成人机票、儿童机票、婴儿机票等。

成人机票是指年满 12 周岁的人士应购买的机票。儿童机票是指年龄满 2 周岁但不满 12 周岁的儿童应购买的机票，票面价值是机票全票价的 50%（当成人机票折扣价低于机票全票价的 50% 时，儿童机票可预订成人折扣票），提供座位。婴儿机票是指不满 2 周岁的婴儿应购买的机票，票面价值是成人适用的正常票价的 10% 左右，不提供座位（如需要单独占用座位时，应购买儿童机票），一个成人旅客若携带婴儿超过一名时，超出的人数应购买儿童机票。购买儿童机票和婴儿机票时，应出示有效的出生证明。

（3）机票可按是否订妥座位分为定期机票（OK 票）和不定期机票（OPEN 票）。

定期机票是指已订妥座位的机票，不定期机票是指未订妥座位的机票，需订妥座位后方可使用。机票有效期为一年（特别机票除外）。机票有效期自旅客开始旅行之次日零时起算。

（4）机票按航线分为联程机票和来回程机票。

联程机票是指一条航线（如从甲地飞往乙地）上分为几个航段，而每个航段的航班甚至执行航班的航空公司都可能不同，因而中间需要“中转”的机票。一般联程机票的飞行时间比直飞航班长，但价格比直飞航班便宜。因此，如果时间允许，购买联程机票是比较经济实惠的。来回程机票是指同一条航线上往返飞行的机票。

购买了联程机票或来回程机票的旅客订妥座位后，如在该联程或回程地点停留 72 小时以上，必须在该联程或回程航班飞机离站前两天中午 12 时以前办理座位再证实手续。否则，原定座位不予保留。如旅客到达联程或回程地点的时间离航班飞机离站时间不超过 72 小时，则不需要办理座位再证实手续。

3. 退票

根据《公共航空运输旅客服务管理规定》（2021 年 9 月），客票变更包括旅客自愿变更客票和旅客非自愿变更客票。退票包括旅客自愿退票和旅客非自愿退票。

旅客自愿变更客票或者自愿退票的，承运人或者其航空销售代理人应当按照所适用的运输总条件、客票使用条件办理。退票费不得高于客票的实际销售价格，不能简单规定特价机票一律不得退改签。退票手续费与机票折扣和办理退票的时间密切相关，机票折扣越低，手续费越高；办理退票的时间越早，退票手续费相应会低。

由于承运人原因导致旅客非自愿变更客票的，承运人或者其航空销售代理人应当在有可利用座位或者被签转承运人同意的情况下，为旅客办理改期或者签转，不得向旅客收取客票变更费。由于非承运人原因导致旅客非自愿变更客票的，承运人或者其航空销售代理人应当按照所适用的运输总条件、客票使用条件办理。旅客非自愿退票的，承运人或者其航空销售代理人不得收取退票费。

在联程航班中，因其中一个或者几个航段变更，导致旅客无法按照约定时间完成整个行程的，缔约承运人或者其航空销售代理人应当协助旅客到达最终目的地或者中途分程地。在联程航班中，旅客非自愿变更客票和非自愿退票的，承运人或者其航空销售代理人不得向旅客收取客票变更费和退票费。

承运人或者其航空销售代理人应当在收到旅客有效退款申请之日起 7 个工作日内办理完成退款手续，上述时间不含金融机构处理时间。

（三）乘机

1. 国内航班乘机流程

旅客可通过机场柜台或机场“电子客票自助值机”服务，办理登机手续。国内航班乘机流程如下：抵达机场确认航站楼→确认航空公司办票柜台→在规定的时限内凭本人有效身份证件在值机柜台领取登机牌、托运行李→凭相关身份证件、登机牌、携带随身物品通过安检→根据登机牌标示的登机口到相应候机区休息候机→登机。无托运行李旅游者只需至自助值机柜→通过读卡机读取证件信息→进入自助值机系统→根据系统提示完成换发登机牌手续→取得登机牌→前往安检。航空公司值机柜台停止办理乘机手续的时间：一般国内航班离站时间前30分钟，国际航班为40分钟，但以航空公司和机场规定为准。

目前，国内所有机场均已开通“民航临时乘机证明”，旅客若忘记携带身份证，可打开国家政务服务平台小程序，在首页点击“民航临时乘机证明”，60秒内即可获得电子防伪二维码，凭二维码办理值机手续和接受安全检查。

2. 旅游者被拒绝乘机情况

根据《公共航空运输旅客服务管理规定》，有下列情况之一的，承运人应当拒绝运输。

（1）依据国家有关规定禁止运输的旅客或者物品。

（2）拒绝接受安全检查的旅客。

（3）未经安全检查的行李。

（4）办理乘机登记手续时出具的身份证件与购票时身份证件不一致的旅客。

（5）国家规定的其他情况。除前款规定外，旅客的行为有可能危及飞行安全或者公共秩序的，承运人有权拒绝运输。

3. 乘机过程中的行为

以中国国际航空股份有限公司的规定为例。

（1）非法干扰行为和扰乱行为的处置。

非法干扰行为是指危害民用航空安全的行为或未遂行为。包括但不限于：毁坏使用中的航空器；强行闯入航空器、机场或航空设施场所；散播危害飞行中或地面上的航空器、机场或民航设施场所内的旅客、机组、地面人员或大众安全的虚假信息。

扰乱行为是指在民用机场或在航空器上不遵守规定，或不听从机场工作

第三章

人员或机组人员指示，从而扰乱机场或航空器上良好秩序的行为。包括但不限于：强占座位、行李架的；打架斗殴、寻衅滋事的；猥亵妇女儿童和性骚扰的；传播淫秽物品及其他非法印制物的；使用明火或者吸烟的；违规使用手机或其他禁止使用的电子设备的；擅自打开应急舱门；盗窃、故意损坏、擅自移动航空设施设备的；机上盗窃公私财物的；向机坪、发动机、飞机机身抛洒异物；不听从引导接近禁行区域或滞留；危及民用航空安全和扰乱机场或航空器上良好秩序的其他行为。

如果旅客在机舱内的非法干扰行为、扰乱行为或其他行为危及飞机或者机上任何人或者财产的安全，或者妨碍机组人员履行职责，或者不遵守机组的指示，对机组或其他旅客造成或有可能造成不适、不便、损害或者伤害的，航空公司可以采取必要的措施，如实施管束，以阻止该行为的继续。旅客有可能在任何地点被要求下机并被拒绝续运，或根据适用法律或国际公约被移交给有关政府部门处理。

（2）便携式电子设备的使用与限制。

禁止在航空器上使用的电子设备，包括但不限于：发射功率在 100mW（含）以上、Wi-Fi 工作频率不在 2.4GHz 波段的便携式电子设备，如无发射功率标识的手机、卫星电话、移动 Wi-Fi、对讲机、无人机遥控平台、遥控玩具和其他带遥控装置的便携式电子设备。

在滑行、起飞爬升和下降着陆等飞行关键阶段禁止使用，但在非飞行关键阶段允许使用的便携式电子设备，包括但不限于：持续正压呼吸机（CPAP）、笔记本电脑、平板电脑等。

关闭蜂窝通信功能，选择飞行模式后可在航空器上全程使用的单手可握持的小型便携式电子设备，包括但不限于：智能手机、电子书、视频播放器、游戏机等，在飞行关键阶段不得连接耳机、充电口等外围设备，不得使用语音通信。

允许在航空器上全程使用的电子设备，包括但不限于：心脏起搏器、助听器，以及不会影响飞机导航和通信系统的用于维持生命的电子设备（装置），如经认证品牌的便携式氧气浓缩器（POC）。

当机组成员发现存在电子干扰并怀疑该干扰来自旅客使用的便携式电子设备时，以及在执行低能见运行程序和启动紧急撤离时，为防止干扰飞机通信和精密导航设备，航空公司有权要求旅客关闭便携式电子设备。

（3）航班禁烟。

所有的航班均禁烟，机上所有区域均不允许吸烟。吸电子烟和合成蒸汽吸烟装置也在禁止之列。

（四）行李

根据《公共航空运输旅客服务管理规定》，承运人应当在运输总条件中明确行李运输相关规定，至少包括下列内容：托运行李和非托运行李的尺寸、重量以及数量要求；免费行李额；超限行李费计算方式；是否提供行李声明价值服务，或者为旅客办理行李声明价值的相关要求；是否承运小动物，或者运输小动物的种类及相关要求；特殊行李的相关规定；行李损坏、丢失、延误的赔偿标准或者所适用的国家有关规定、国际公约。

各航空公司对行李的规定略有不同，下面以中国国际航空股份有限公司规定为例。

1. 国航手提行李（非托运行李）标准的提示

如旅客携带的手提行李超出以下件数、重量或尺寸标准，旅客可能被拒绝登机，或旅客的行李可能无法同机到达，迟运行李需旅客自行到机场提取，由此产生的相关损失将由旅客自行承担。

国航手提行李（非托运行李）标准如表 3–2 所示。

表 3–2　国航手提行李（非托运行李）标准

舱位等级	手提行李件数上限	每件手提行李重量上限
头等舱、公务舱	2 件	8 千克（17 磅）
超级经济舱、经济舱	1 件	5 千克（11 磅）

每件手提行李的长、宽、高三边分别不得超过 55 厘米（22 英寸）、40 厘米（16 英寸）、20 厘米（8 英寸），包括滑轮和把手。

除上述手提行李之外，旅客还可以免费携带 1 件可以放置在前排座椅下方的物品，如手提包、公文包、手提电脑包、相机包或其他类似尺寸或更小的物品。

携带婴儿的旅客还可以携带一辆可带入客舱的便携式可折叠婴儿车，折叠后长、宽、高分别不超过55厘米（22英寸）、40厘米（16英寸）、20厘米（8英寸），超过上述尺寸的婴儿车须作为托运行李运输。

2. 国航托运行李的部分规定

（1）托运行李的重量、尺寸及件数限制。每件普通托运行李重量不得小于2千克（4磅），且不得超过32千克（70磅）。每件普通托运行李的长、宽、高三边之和不得小于60厘米（24英寸），且不得超过203厘米（80英寸），包括滑轮和把手，超出上述限制范围的物品不得作为行李运输。因航班载量有限，航空公司有权在免费行李额以外对旅客托运行李的最大数量进行限制。

（2）托运行李免费行李额。航空公司将根据旅客所持客票的舱位等级、航线距离以及旅客的会员等级等确定免费行李额，旅客可向航空公司、授权航空销售代理人或授权地面服务代理人查询免费行李额。

（3）管制刀具以外的利器、钝器、工具及其他类似物品。管制刀具以外的利器、钝器、工具及其他类似物品包括但不限于：菜刀、水果刀、餐刀、工艺品刀、手术刀、剪刀、钢锉、斧子、短棍、锤子、钻机（含钻头）、凿、锥、锯、螺栓枪、射钉枪、螺丝刀、撬棍、锤、钳、焊枪、扳手、斧头、短柄小斧（太平斧）、游标卡尺、冰镐、碎冰锥、飞镖、弹弓、弓、箭、蜂鸣自卫器等。此类物品仅限作为托运行李运输。如果旅客托运此类物品，尺寸限制等同于普通托运行李；在单独托运时，包装应保证安全性及内物不易被识别。

（4）含酒精的液态饮品。含酒精的液态饮品作为行李托运时，标志应全面清晰且置于零售包装内。外包装应坚固、密封，确保无异味、无液体泄漏。

酒精的体积百分含量小于或等于24%时，不受限制；酒精的体积百分含量大于24%、小于或等于70%时，每个容器体积不能超过5升，每位旅客托运总量不得超过5升。散装酒及酒精的体积百分含量大于70%时，航空公司将不予承运。

（5）乐器。乐器可以作为托运行李运输。旅客应事先向航空公司提出申请，经航空公司同意后方可运输。钢琴、竖琴、定音鼓等超过普通托运行李尺寸或重量限制的乐器不能作为行李运输。

（6）渔具。渔具包括一个工具箱，钓鱼用篮子或帆布袋，一副鱼竿及包装袋或盒子。渔具只能作为托运行李运输，旅客应对托运的渔具妥善包装。

（7）小动物。航空公司承运的小动物仅限家庭驯养的宠物狗、宠物猫，但具有易于伤人特性、易发生呼吸问题及短鼻系列的猫和狗及其杂交品种以及处于怀孕状态及出生不超过 8 周、尚在哺乳期、分娩 7 天内，以及生病的猫、狗不予承运。

如果旅客托运小动物，应事先向航空公司提出申请，并提供动物检疫证明，如涉及国际航空运输，还应提供所有出境、入境或过境所需的相关文件或证明，经航空公司同意后方可承运。旅客应保证小动物被妥当地装入符合航空公司要求的容器内，否则不予承运。航空公司有权限制每架飞机托运小动物的数量，且此类小动物仅限货舱运输。

由于运输过程中有关国家拒绝入境、过境，小动物未能按时运到，或由于正常运输条件下小动物受伤、患病、逃逸或死亡，航空公司不承担责任，中国法律或国际公约另有规定的除外。

旅客应对小动物在运输过程中可能造成的任何人身伤害、财产损失或费用支出承担全部责任，航空公司保留事后向旅客追偿的权利。

（五）航班延误、取消、备降

各航空公司航班延误、取消、备降的规定略有不同，下面以中国国际航空股份有限公司规定为例。

1. 客票服务

航班延误、取消、备降后，旅客可以办理客票变更或退票，如旅客同意，航空公司也可以双方认可的其他运输方式将旅客运送到客票上载明的目的地点而不额外收费；航班取消后，即使旅客的客票适用条件有所限制，旅客也可以选择退票，航空公司免收退票手续费。

2. 餐食及住宿服务

由于航空公司的原因，造成旅客的航班在始发地出港延误或者取消，航空公司将按规定向旅客提供餐食及住宿服务；由于天气、突发事件、空中交通管制、安检以及旅客等不属于航空公司的原因，造成旅客的航班在始发地出港延误或取消，航空公司将协助旅客安排餐食、住宿，费用由旅客自理；无论何种原因造成旅客的航班在经停地点延误或取消，或者发生备降，航空公司将按规定向旅客提供餐食及住宿服务。

（六）注意事项

1.《中国民航总局关于限制携带液态物品乘坐民航飞机的公告》中的规定

乘坐中国国内航班的旅客，每人每次可随身携带总量不超过 1 升（L）的液态物品（不含酒类），超出部分必须交运。液态物品须开瓶检查确认无疑后，方可携带；乘坐从中国境内机场始发的国际、地区航班的旅客，其携带的液态物品每件容积不得超过 100 毫升（ml）。

盛放液态物品的容器应置于最大容积不超过 1 升（L）的、可重新封口的透明塑料袋中。每名旅客每次仅允许携带一个透明塑料袋，超出部分应交运。

在中国境内乘坐民航班机，酒类物品不得随身携带，但可作为托运行李交运。酒类物品的包装应符合民航运输有关规定。

有婴儿随行的旅客携带液态乳制品，糖尿病或其他疾病患者携带必需的液态药品，经安全检查确认无疑后，可适量携带。

2.《关于重申民航旅客携带“充电宝”乘机规定的公告》中的规定

旅客严禁在托运行李中携带充电宝；严禁携带额定能量超过 160Wh 的充电宝；携带额定能量超过 100Wh 但不超过 160Wh 的充电宝，必须经航空公司批准且不得超过两个；严禁携带无 3C 标识或标识不清的充电宝；严禁在飞行过程中使用充电宝；严禁非个人自用目的携带充电宝。

二、铁路客运知识

（一）列车

我国列车分为国内旅客列车和国际旅客列车（如北京至莫斯科的国际列车）。近年来，我国高速铁路飞速发展，通车里程已居世界第一。我国《中长期铁路网规划》中提出的“八纵八横”高速铁路网已初步形成，“八纵”

通道包括：沿海通道、京沪通道、京港台通道、京哈—京港澳通道、呼南通道、京昆通道、包（银）海通道、兰（西）广通道；“八横”通道包括：绥满通道、京兰通道、青银通道、陆桥通道、沿江通道、沪昆通道、厦渝通道、广昆通道。高速列车已成为舒适、便捷、安全的旅游交通工具。车次前冠有的字母分别代表了不同类型的列车（表 3–3）。

表 3–3　车次前字母代表的列车

G	高速动车组列车	运行速度最快，目前最高运营速度可达 350km/h
C	城际动车组列车	往返于相邻重要城市或城市群之间，运行里程较短，通常在200公里以内，行程耗时较短
D	动车组列车	服务于快速铁路和部分高速铁路，目前最高运行速度一般不超过 250km/h
Z	直达特快列车	全程一站直达或仅停靠少数大站，目前最高运行时速 160km/h
K	快速旅客列车	一般全程停靠地级市类的中大站，最高时速 120km/h
T	特别快速旅客列车	速度较快，停站较少，主要停靠省会城市、副省级市和少量主要地级市的车站，最高时速不超过 160km/h
L	临时旅客列车	根据客流需求或特殊需要临时增开的列车，通常在节假日、黄金周或大型活动期间开行
Y	旅游列车	为旅游而开设的特色列车，连接旅游胜地和大中城市，通常提供舒适的卧铺和餐饮娱乐设施
S	市郊旅客列车	主要服务于城市与周边郊区之间的短途运输要求，停靠站点密集，票价较便宜，适合通勤需求

（二）车票

1. 车票种类

火车票中包括客票和附加票两部分。客票部分为软座、硬座。附加票分为加快票、卧铺票、空调票。附加票是客票的补充部分，除儿童外，不能单独使用。为了优待儿童、学生和伤残军人，还发售半价票。

2. 儿童票

按照交通运输部于 2023 年 1 月 1 日起施行的《铁路旅客运输规程》（中华人民共和国交通运输部令 2022 年第 37 号），儿童票销售标准实行“双轨制”。具体规则如表 3–4 所示。

表 3-4　儿童票购票规则

双轨制	车票	规则
实行车票实名制的情形（按年龄标准）	免费票	每 1 名持票成年人旅客可免费携带 1 名未满 6 周岁且不单独占用席位的儿童，超过 1 名时，超过人数应当购买儿童优惠票
	儿童优惠票	年满 6 周岁且未满 14 周岁的儿童，享受半价优惠
	全价票	年满 14 周岁的儿童需购买全价票
未实行车票实名制的情形（按身高标准）	免费票	每 1 名持票成年人旅客可以免费携带 1 名身高未达到 1.2 米且不单独占用席位的儿童乘车；超过 1 名时，超过人数应当购买儿童优惠票
	儿童优惠票	身高 1.2 米且不足 1.5 米的儿童，享受半价优惠
	全价票	身高达到 1.5 米的儿童需购全价票

证件要求：所有儿童（含免费儿童）乘车需携带有效身份证件（如身份证、户口本、护照等），未办证的可通过 12306 App 申领电子临时证明。

同行限制：儿童票车次、席别应当与同行成年人所持车票一致，到站不得远于成年人车票的到站。

3. 购票

全国所有旅客列车实行车票实名制，旅客需凭本人有效身份证件购买车票。同一乘车日期、同一车次，一张有效身份证件只能购买一张实名制车票。自 2021 年 12 月 1 日起，无论是在线上或者是线下购买车票，购票前均需要完成乘车人本人的手机预留及采集核验。旅客可在车站售票处及各售票网点购票，也可以通过中国铁路客户服务中心网站（http://www.12306.cn）进行网络订票或通过电话订票，然后到车站取票。旅客可在各地购买带有席位号的异地票、联程票和往返票。购票前或购票后无法出示有效身份证件原件的，可到车站办理“乘坐旅客列车临时身份证明”，但需提供自己的姓名和身份证号码。

根据《铁路旅客车票实名制管理办法》，自 2023 年 1 月 1 日起，旅客购买车票以及办理补票、取票、改签、退票时均应提供乘车人真实有效的身份证件或者身份证件信息。对殴打、冲闯、堵塞实名查验通道、相关场地，破坏、损毁、占用相关设施设备、系统等扰乱车票实名制管理工作秩序、妨碍车票实名制管理人员正常工作的行为，铁路运输企业要予以制止，对涉嫌违反治安管理或者犯罪的行为，要及时报告公安机关。

4. 退票

旅客开始旅行后一般不能退票。在 http://www.12306.cn 网站上购票后，若没有换成纸质车票，且不晚于开车前 30 分钟的，可在 http://www.12306.cn 网站上办理退票。若已换取纸质车票或者在开车前 30 分钟之内的，需携带购票时所使用的乘车人有效身份证件原件到车站售票窗口办理。根据梯次退票政策，在车票预售期为 15 天时，开车前 8 天（含 8 天）以上退票的，不收退票费；开车前 48 小时以上的按票价的 5% 计退票费；开车前 24 小时以上、不足 48 小时的按票价的 10% 计退票费；不足 24 小时的按票价的 20% 计退票费。开车前 48 小时至 8 天期间内，改签或变更到站至距开车 8 天以上的其他列车，又在距开车 8 天前退票的，仍核收 5% 的退票费。

旅客办理退票、申请退款后，铁路运输企业应当在 7 个工作日内办理完成退款手续（不含金融机构处理时间和旅客自身原因导致的时间延误）。按照铁路部门发布的火车票退改签规定，无论是网上订票还是窗口订票，都只能改签 1 次。旅客换取纸质车票后，不能再在 http://www.12306.cn 网站办理改签、退票手续，应凭纸质车票在车站售票窗口办理。

按团体旅客（20 人以上乘车日期、车次、到站、座别相同的有组织旅客可作为团体旅客）办理的车票，改签、退票时，应不晚于开车前 48 小时。

5. 乘车

（1）持有效身份证件乘车。旅游者必须持车票和与票面所载信息相符的有效身份证件原件进站、乘车（免费乘车的儿童及持儿童票的儿童除外）。票、证、人不一致或无法出示有效身份证件的旅游者，不得进站乘车。

（2）免费携带行李的重量及尺寸。每名旅客免费携带品的重量和体积是：儿童（含免费儿童）10 千克，外交人员 35 千克，其他旅客 20 千克。每件物品外部尺寸长、宽、高之和不超过 160 厘米，杆状物品不超过 200 厘米，但乘坐动车组列车不超过 130 厘米，重量不超过 20 千克，超过 20 千克应办理托运。残障人士代步所用的折叠式轮椅不计入上述范围。

（3）限量携带的物品包括以下几类。

①包装密封完好、标志清晰，酒精体积百分含量大于或者等于 24%、小于或者等于 70% 的酒类饮品累计不超过 3000 毫升。

②香水、花露水、喷雾、凝胶等含易燃成分的非自喷压力容器日用品，单体容器容积不超过100毫升，每种限带1件。

③指甲油、去光剂累计不超过50毫升。

④冷烫精、染发剂、摩丝、发胶、杀虫剂、空气清新剂等自喷压力容器，单体容器容积不超过150毫升，每种限带1件，累计不超过600毫升。

⑤安全火柴不超过2小盒，普通打火机不超过2个。

⑥标志清晰的充电宝、锂电池，单块额定能量不超过100Wh，含有锂电池的电动轮椅除外。

⑦法律、行政法规、规章规定的其他限制携带、运输的物品。

（4）禁止托运和随身携带的物品。禁止托运和随身携带的物品包括枪支、子弹类（含主要零部件），爆炸物品类，管制器具，易燃易爆物品，毒害品，腐蚀性物品，放射性物品，感染性物质，其他危害列车运行安全的物品，法律、行政法规、规章规定的其他禁止携带、运输的物品。

（5）禁止随身携带但可以托运的物品。禁止随身携带但可以托运的物品包括以下几类。

①锐器：菜刀、水果刀、剪刀、美工刀、雕刻刀、裁纸刀等日用刀具（刀刃长度超过60毫米）；手术刀、刨刀、铣刀等专业刀具；刀、矛、戟等器械。

②钝器：棍棒、球棒、桌球杆、曲棍球杆等。

③工具农具：钻机、凿、锥、锯、斧头、焊枪、射钉枪、锤、冰镐、耙、铁锹、镢头、锄头、农用叉、镰刀、铡刀等。

④其他：反曲弓、复合弓等非机械弓箭类器材；消防灭火枪；飞镖、弹弓；不超过50毫升的防身喷剂等。

⑤持有检疫证明、装于专门容器内的小型活动物，铁路运输企业应当向旅客说明运输过程中通风、温度条件。但持工作证明的导盲犬和作为食品且经封闭箱体包装的鱼、虾、蟹、贝、软体类水产动物可以随身携带。

（6）注意事项。2023年实施的《铁路旅客运输规程》规定，若发现变造、伪造车票或者证件乘车，霸座或者其他扰乱秩序的行为，铁路运输企业应当及时报告公安机关。上述规程还规定，有下列情形之一的，铁路运输企业可以拒绝运输。

①拒不支付补票款、加收票款的。

②不接受安全检查的。

③购买实名制车票但不接受身份信息核验，或者车票所记载信息与所持身份证件或者真实身份不符的。

④按照《中华人民共和国传染病防治法》等传染病防治的法律、行政法规和国家有关规定，应当实施隔离管理的。

⑤扰乱车站、列车秩序，严重精神障碍和醉酒等有可能危及列车安全或者其他旅客以及铁路运输企业工作人员人身安全的。

⑥国家规定的其他情况。

（7）乘列车赴香港的要求。乘火车赴香港必须提前办好赴香港特别行政区的证件，并持该证件与有效车票提前90分钟到出入境联检大厅办理通关手续。

（8）乘列车赴西藏的要求。乘列车赴西藏必须先行阅读火车站公布的“高原旅行提示”，然后认真填写“旅客健康登记卡”。上车时，需同时出示车票和填写完整的“旅客健康登记卡”。外国人、台湾同胞购买赴藏列车票，必须出示西藏自治区外事办公室或文化和旅游部、商务厅的批准函（电），或者出示中国内地司局级接待单位出具的、已征得自治区上述部门同意的证明函。

三、水路客运知识

（一）水运交通服务

水运交通服务是指旅游企业为了满足旅游者在各种水域中旅行游览的需求，向内河航运、沿海航运和国际航海等水上客运部门或企业购买的交通服务。水运交通服务所提供的交通工具包括普通客轮、豪华客轮、客货混装轮船和气垫船等。每种轮船分别设有各种不同舱位，供不同类型的乘客选用。水运交通服务主要分为四种，即远程定期班轮服务、海上短程轮渡服务、游船服务和内河客轮服务。

（二）水路旅客运输业务规定

根据《国内水路运输管理规定》，水路旅客班轮运输业务经营者应当自取得班轮航线经营许可之日起60日内开航，并在开航的15日前通过媒体并在该航线停靠的各客运站点的明显位置向社会公布所使用的船舶、班期、班次、票价等信息。水路旅客运输业务经营者应当向旅客提供客票。客票包括纸质客票、电子客票等乘船凭证，一般应当载明经营者名称、船舶名称、始发港、目的港、乘船时间、票价等基本信息。同时向旅客明示退票、改签等规定。

（三）物品行李规定

2020 年交通运输部发布的《国内水路运输旅客禁止携带和禁止托运物品目录》《国内水路运输旅客限制携带和限制托运物品目录》中，对旅游者物品行李的相关规定如下。

1. 国内水路运输旅客限制携带和限制托运物品目录（部分）

（1）有条件携带的物品，超出部分可托运。

①不超过 50 毫升的指甲油、去光剂。

②不超过 200 毫升的冷烫精、染发剂、摩丝、发胶、杀虫剂、空气清新剂等自喷压力容器。

③安全火柴不超过 10 小盒，普通打火机不超过 2 个。

（2）禁止携带但可以托运的物品。

①锐器：菜刀、水果刀、剪刀、美工刀、裁纸刀等日用刀具；手术刀、屠宰刀、雕刻刀、刨刀、铣刀等专业刀具；刀、矛、剑、戟等表演刀具。

②钝器：棍棒、球棒、桌球杆、曲棍球杆等。

③工具农具：钻机、凿、锥、锯、斧头、焊枪、锤、冰镐、扁担、耙等。

④其他：飞镖、弹弓、箭、胡椒辣椒喷剂、体积百分含量小于 24% 的酒精或酒精饮料（包装完整且标识清晰）等。

2. 国内水路运输旅客禁止携带和禁止托运物品目录（部分）

（1）枪支、子弹类。

①手枪、气枪、猎枪、运动枪、麻醉注射枪、道具枪、发令枪、钢珠枪、射钉枪等。

②上述物品的样品、仿制品（不含玩具）。

（2）爆炸物品。

①信号弹、催泪弹、毒气弹、手雷等弹药，雷管、导火索等爆破器材。

②爆竹、双响、喷花、吐珠、组合烟花、玩具烟花、礼花弹等各类烟花爆竹品。

③摔炮、拉炮、砸炮、法令纸等烟火药、黑火药制品。

（3）管制器具。

①匕首、三棱刀（包括机械加工用的三棱刮刀）、带有自锁装置的弹簧刀以及其他类似的单刃、双刃刀等管制刀具。

②警棍、警用电击器、军用或警用的匕首、手铐、拇指铐、脚镣、催泪喷射器等军警械具和弓、弩等其他器具。

③上述物品的样品、仿制品（不含玩具）。

（4）易燃易爆物品、氧化物和有机过氧化物。

①氢气、甲烷、乙烷、丁烷、天然气、氧气（供病人在船上吸氧的袋装医用氧气、供活海鲜补充氧气除外）、水煤气、硫化氢等压缩气体和液化气体。

②汽油、煤油、柴油及体积百分含量大于75%的酒精或酒精饮料等易燃液体。

③油漆、松香油、樟脑油及含易燃溶剂的制品和椰棕丝、木炭等易燃固体。

第三节　出入境知识

出入境是指一国公民经本国政府主管机关批准和前往国家或地区以及途经国家或地区的许可，持规定有效的证件和签证，通过对外开放或指定的口岸从本国出境进入其他国家或地区，或者从其他国家或地区返回本国境内。出入境的概念包括两个方面：一是指一国公民经本国政府批准，持用合法证件出入本国国（边）境；二是指外国人持用合法的证件，经一国政府批准入出该国国境。在中国，依据《中华人民共和国出境入境管理法》的相关法条，出境，是指由中国内地前往其他国家或者地区，由中国内地前往香港特别行政区、澳门特别行政区，由中国大陆前往台湾地区。入境，是指由其他国家或者地区进入中国内地，由香港特别行政区、澳门特别行政区进入中国内地，由台湾地区进入中国大陆。

中国的出境入境管理是指国家主管机关依据法律法规，对中国公民和外国人出境入境活动及与之相关的事务行使管辖权的一种法律行为，是国家涉外管辖的一个重要组成部分。

一、出入境证件

中华人民共和国在对外开放的港口、航空港、车站和边境通道等口岸设立出境入境边防检查站（以下简称边防检查站），边防检查站由国家移民管理局（又称中华人民共和国出入境管理局）出入境边防检查机构、中华人民共和国海关、中华人民共和国国境卫生检疫三方组成。中华人民共和国内地公民、港澳台同胞、外国人、华侨出境、入境，必须按照规定填写出境、入境登记卡，向边防检查站交验本人的有效护照或者其他出境、入境证件（以下简称出境、入境证件），经查验核准后，方可出境、入境（中国公民返归时，只要在入境口岸的边检站出示有效证件，不必填写入境卡）。

有效证件指各国政府为其公民颁发的出国证件，其种类很多，不同类型的人员使用的有效证件名称也不同。中国公民和绝大多数外国旅游者使用的是护照以及前往国在护照中签注和盖印的签证。中华人民共和国内地公民前往港澳地区使用的是“往来港澳通行证”；中华人民共和国大陆居民前往台湾地区使用的是“往来台湾通行证”；港澳同胞前往内地使用的是“港澳居民来往内地通行证”，台湾同胞前往大陆使用的是“台湾居民来往大陆通行证”，华侨（定居在国外的中国公民）凭有效的中华人民共和国护照或者有效的中华人民共和国旅行证或者其他有效证件出入境。下面介绍与旅游有关的几种证件。

（一）中华人民共和国护照

中华人民共和国护照是中华人民共和国公民出入国境和在国外证明国籍和身份的证件。

中华人民共和国护照一般分为外交护照、公务护照（分为公务护照和公务普通护照）、普通护照以及特区护照（香港特区护照和澳门特区护照）。外交护照、公务护照可统称为“因公护照”，普通护照俗称“因私护照”。

1. 外交护照

外交护照（图 3–2）由外交部颁发给中国党、政、军高级官员，全国人民代表大会、中国人民政治协商会议和各民主党派的主要领导人，外交官员、领事官员及其随行配偶、未成年子女和外交信使等。

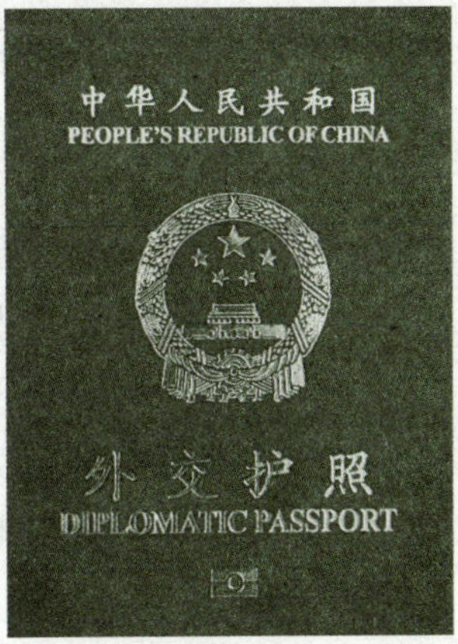

图 3–2　中华人民共和国外交电子护照（2021 版）

2. 公务护照

公务护照（图 3–3）由外交部、中华人民共和国驻外使领馆或者外交部委托的其他驻外机构以及外交部委托的省、自治区、直辖市和设区的市人民政府外事部门颁发给中国各级政府部门县处级副职（含）以上公务员、中国派驻国外的外交代表机关、领事机关和驻联合国组织系统及其专门机构的工作人员及其随行配偶、未成年子女等。公务普通护照（图 3–4）由外交部、中华人民共和国驻外使领馆或者外交部委托的其他驻外机构以及外交部委托的省、自治区、直辖市和设区的市人民政府外事部门颁发给中国各级政府部门县处级副职以下公务员和国有企事业单位因公出国人员等。

根据规定，外交护照、公务护照和公务普通护照有效期最长不超过5年。

图 3–3　中华人民共和国公务电子护照（2023 版）

图 3–4　中华人民共和国公务普通电子护照（2023 版）

第三章

各类护照不再办理延期、加页。

3. 普通护照

普通护照（图 3-5）由公安部或者公安部委托的地方公安机关，以及驻外使、领馆和驻香港、澳门公署颁发给前往国外定居、探亲、学习、就业、旅行、从事商务活动等非公务原因出国的中国公民。

公民申请普通护照时，应当提交本人的居民身份证、户口簿、近期免冠照片以及申请事由的相关材料。普通护照的登记项目（图 3-6）包括护照持有人的姓名、性别、出生日期、出生地，护照的签发日期、有效期、签发地点和签发机关。

普通护照的有效期为：护照持有人未满 16 周岁的 5 年，16 周岁以上的 10 年。

自 2020 年 2 月 1 日起，各驻外使领馆将实现护照“全球通办”和取消对海外中国公民护照遗失、被盗或损毁后申请补发护照的限制条件两大便民举措。海外中国公民可向中国任何驻外使领馆申请护照换补发。若是换发，仅需提供原护照、国籍状况声明书、照片和申请表。若是补发，另提供遗失或损毁情况说明即可，驻外使领馆可以应要求补发护照。短期出国的公民，若申请补发护照时间不允许，还可向中华人民共和国驻外使馆、领馆或者外交部委托的其他驻外机构申请中华人民共和国旅行证。

图 3-5　中华人民共和国普通电子护照

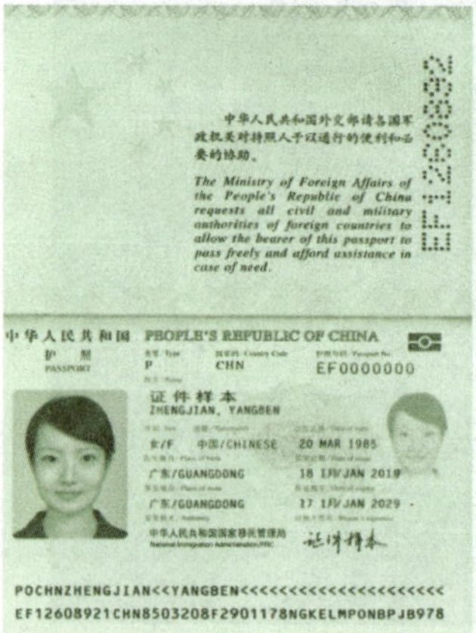

图 3-6　中华人民共和国普通护照首页

4. 特区护照

特区护照由香港特别行政区护照（图 3–7）和澳门特别行政区护照（图 3–8）组成。香港特别行政区护照由香港特别行政区入境事务处颁发给享有香港特别行政区居留权及持有有效香港永久居民身份证的中国公民。海外符合条件者可向我国使、领馆提出申请。澳门特别行政区护照由澳门特别行政区身份证明局颁发给澳门特别行政区的永久性居民中的中国公民和持有澳门特别行政区永久居民身份证者。

图 3–7　中华人民共和国香港特别行政区护照

图 3–8　中华人民共和国澳门特别行政区护照

（二）签证

1. 签证概述

签证（Visa）是一国政府机关依照本国法律规定为申请入出或通过本国的外国人颁发的一种许可证明。签证通常是附载于申请人所持的护照或其他国际旅行证件上。在特殊情况下，凭有效护照或其他国际旅行证件可做在另纸上。随着科技的进步，有些国家已经开始签发电子签证和生物签证，极大增强了签证的防伪功能。根据国际法原则，任何一个主权国家都有权自主决定是否允许外国人入出其国家，有权依照本国法律颁发签证、拒发签证或者对已经签发的签证宣布吊销。

2. 签证类别

世界各国的签证一般分为入境签证和过境签证两个类别，有的国家还有出境签证。中国的签证分为入境签证和过境签证两个类别。

（1）入境签证。入境签证是准予持证人在规定的期限内，由对外开放或指定的口岸进入该国国境的签证。中国入境签证自颁发之日起生效，有的国家则另行明示入境签证生效日期。

（2）过境签证。过境签证是准予持证人在规定的期限内，由对外开放或指定的口岸经过该国国境前往第三国的签证。要取得过境签证，须事先获取目的地国家的有效入境签证或许可证明（免签国家除外）。按国际惯例，有联程机票，在24小时之内不出机场直接过境人员一般免办签证，但部分国家仍要求过境本国的外国人办理过境签证。

3. 签证类型

根据持照人身份、所持护照种类和访问事由不同，各国签证的种类多又不尽相同。中国的签证种类分为外交签证、公务签证、礼遇签证和普通签证四种。现在分别介绍如下。

（1）外交签证。外交签证（Diplomatic Visa）是一国政府主管机关依法为进入或经过该国国境应当给予外交特权和豁免的人员所颁发的签证。外交签证一般发给持外交护照人员。签证颁发国依据本国法规和国际惯例，给予持证人相当的方便、优遇、特权和豁免。

（2）公务签证。公务签证（Service Visa）是一国政府主管机关依法为进入或经过该国国境应当给予公务人员待遇的人士所颁发的签证。有的国家将该种签证称为官员签证（Official Visa）。公务签证一般发给持公务护照人员。官员签证（Official Visa）是公务签证的一种，指一些国家向持有官员护照的申请人颁发的符合其官员身份的签证，其效力同公务签证。颁发官员护照的国家一般实行相应的官员签证制度。中国没有官员签证制度。中国签证机关通常为来华执行公务的持官员护照的外宾颁发公务签证。

（3）礼遇签证。礼遇签证（Courtesy Visa）是一些国家政府主管机关依法为进入或经过该国国境可给予相应礼遇的人员所颁发的签证。这些人一般是身份高但又未持有外交护照的人员或已卸任的外国党政军高级官员及知名人士。签证颁发国根据本国法规和国际惯例，给予持证人应有的尊重和礼遇。

（4）普通签证。普通签证（Visa）是一国政府主管机关依法为因私人事务进入或过境该国的人员颁发的一种签证。普通签证一般发给持普通（因私）护照或其他有效国际旅行证件的人员。

4. 签证形式

签证在其发展过程中有不同的形式和称谓，如签注式签证、印章式签证、贴纸式签证，还有另纸签证、机读签证、电子签证、个人签证和团体签证等。

（1）签注式签证。签注式签证是指在有效护照上做简单的文字签注，注明准予持证人出入境的具体要求。早期的签证多采取此种形式。

（2）印章式签证。印章式签证是指将签证的固定格式刻在印章上，在做签证时，将印章盖在申请人护照或其他旅行证件的签证页上，并填写必要的内容，全部过程由手工操作。随着技术的进步，改用签证机代之，或用电脑按固定格式将签证的内容打印在护照上。

（3）贴纸式签证。贴纸式签证是将签证的内容按照固定的格式做在签证专用纸上，用不干胶将打印完成的签证贴在申请人的护照上。贴纸式签证通常是用计算机打印制作。美国的贴纸签证还将申请人的照片扫描在签证纸上。加拿大的贴纸签证上无申请人的照片，但附有防伪标记，并用塑封技术将此部分塑封。

（4）另纸签证。另纸签证指做在与护照或其他国际旅行证件分离的单页纸上的签证，是签证的一种特殊形式，必须与申请人所持的护照或其他国际旅行证件同时使用。另纸签证颁发的对象，不同国家有不同的规定。

（5）机读签证。机读签证指适用于机器阅读的签证。该签证为国际民航组织机读旅行证件咨询部在机读护照技术的基础上开发的一种用机器阅读和识别签证的技术。这种技术大大简化了国际旅行手续，缩短了通关时间。

（6）电子签证。电子签证又称“E-VISA”，是指将传统的纸质签证“电子化”，以电子文档形式将护照持有人签证上的所有信息储存在签证签发机关的系统中。电子签证办理成功后，将签证打印出来即可使用。澳大利亚和新加坡等国家已开始使用这种签证。

（7）个人签证与团体签证。个人签证是指做在每个申请人的护照或其他国际旅行证件上的签证。团体签证是指做在一个团体名单上的签证。持用同一团体签证的人员必须随团一同出入境。

5. 导游带团过程中常见的签证类型

（1）外国人来中国旅游的旅游签证（L 字签证）。

外国人来中国旅游，需向中国驻外国的使、领馆办理旅游签证（L 字签证），旅游签证属于普通签证类型。9 人以上组团来中国旅游的可申请办理团体旅游签证。

中国签证（旅游签证）上除载有申请人姓名、性别、出生日期及护照号码等个人身份信息外，还载有有效期、入境次数及停留期等签证信息。

签证有效期（enter before）指签证本身的有效期限即自签证颁发之日起到持证人可入境中国的截止日期（以北京时间为准）。如仍有未使用的入境次数，在有效期满前（含当日），持证人均可入境。

签证的入境次数（entries）指持证人在签证有效期内可进入中国国境的次数。入境次数用完或入境次数未用完，但已过有效期的签证，均为失效签证。如需前往中国，须重新申请签证。如持证人持失效签证来华，将被拒绝入境。

签证的停留期（duration of each stay）指持证人每次入境中国后被允许在华停留的最长天数，即从入境之日起计算，持证人可在华停留的最长天数（图 3-9）。

图 3-9　外国人来中国旅游的旅游签证（L 字签证）

（2）申根签证。申根签证（Schengen Visa）是指根据申根协议而签发的签证。这项协议由于在卢森堡的申根签署而得名，协议规定了成员国的单一签证政策。据此协议，任何一个申根成员国签发的签证，在所有其他成员国也被视作有效，而无须另外申请签证。实施这项协议的国家便是通常所说的“申根国家”。

1985年6月14日，德国、法国、荷兰、比利时、卢森堡五国在卢森堡边境小镇申根（SCHENGEN）签订协议规定：其成员国对短期逗留者颁发统一格式的签证，即申根签证。申请人一旦获得某个国家的签证，即可在签证有效期内在所有申根国家自由旅行。但从第二国开始，需在3天内到当地有关部门申报。《申根协定》同时包括旅客必须落实沿途经停申根国家饭店等若干原则规定。截至2025年1月，申根的成员国共计29个，分别为奥地利、比利时、丹麦、芬兰、法国、德国、冰岛、意大利、希腊、卢森堡、荷兰、挪威、葡萄牙、西班牙、瑞典、匈牙利、捷克、斯洛伐克、斯洛文尼亚、波兰、爱沙尼亚、拉脱维亚、立陶宛、瑞士、列支敦士登、马耳他、克罗地亚、罗马尼亚和保加利亚。另外，下列国家因为与申根邻国没有实际上的边境检查，也可以任意进入，分别是安道尔、梵蒂冈、圣马力诺、摩纳哥。

6. 免办签证的几种情形

（1）中外互免签证协定。截至2024年12月31日，中华人民共和国与157个国家缔结互免签证协定。中国公民根据不同类型的护照前往这些国家无须事先申请签证。

（2）过境免签。参照国际通行做法，中国所有对外开放口岸对世界各国公民实施24小时过境免签政策。外国人持订妥座位的联程客票搭乘国际航行的航空器、船舶、列车从中国过境前往第三国或地区，在中国境内停留不超过24个小时且不离开口岸的，可免办签证；如需离开口岸，应当向口岸出入境边防检查机关申请办理临时入境许可。截至2023年11月17日，中国有18个省23个城市31个口岸，对54个国家人员实施72/144小时过境免签政策，即奥地利、比利时、捷克、丹麦、爱沙尼亚、芬兰、法国、德国、希腊、匈牙利、冰岛、意大利、拉脱维亚、立陶宛、卢森堡、马耳他、荷兰、波兰、葡萄牙、斯洛伐克、斯洛文尼亚、西班牙、瑞典、瑞士、摩纳哥、俄罗斯、英国、爱尔兰、塞浦路斯、保加利亚、罗马尼亚、乌克兰、塞尔维亚、克罗地亚、波黑、黑山、北马其顿、阿尔巴尼亚、白俄罗斯、挪威、美国、加拿大、巴西、墨西哥、阿根廷、智利、澳大利亚、新西兰、韩国、日本、新加坡、文莱、阿联酋、卡塔尔 54 国人员凭有效国际旅行证件和限定时间内确定日期及座位的联程客票从我国过境前往第三国（地区），可向我国实施过境免签政策城市的口岸出入境边防检查机关提出过境免签申请，出入境边防检查机关将为其办理临时入境手续，免签停留时间自入境次日零时起算。实施 72/144 小时过境免签政策的城市口岸详见表 3-5。2024 年 12 月 17 日，国家移民管理局发布公告，即日起全面放宽优化过境免签政策，将过境免签外国人在境内停留时间由原 72 小时和 144 小时均延长为 240 小时（10 天），同时新增 21 个口岸为过境免签人员入出境口岸，并进一步扩大停留活动区域。符合条件的俄罗斯、巴西、英国、美国、加拿大等 54 国人员，从中国过境前往第三国（地区），可从 24 个省（区、市）60 个对外开放口岸中任一口岸免签来华，并在规定区域停留活动不超过 240 小时。

表 3-5　实施 72/144 小时过境免签政策的城市口岸

<table>
<tr><th>序号</th><th>省（区市）/ 地区</th><th>适用城市</th><th>适用口岸</th><th>停留范围</th><th>备注</th></tr>
<tr><td colspan="6">72 小时过境免签政策</td></tr>
<tr><td>1</td><td>湖南省</td><td>湖南长沙</td><td>长沙黄花国际机场</td><td>湖南省</td><td></td></tr>
<tr><td>2</td><td>黑龙江省</td><td>黑龙江哈尔滨</td><td>哈尔滨太平国际机场</td><td>哈尔滨市</td><td></td></tr>
<tr><td>3</td><td>广西壮族自治区</td><td>广西桂林</td><td>桂林两江国际机场</td><td>桂林市</td><td></td></tr>
<tr><td colspan="6">144 小时过境免签政策</td></tr>
<tr><td>1</td><td rowspan="7">京津冀区域</td><td rowspan="3">北京</td><td>北京首都国际机场</td><td rowspan="7">北京、天津、河北三省（市）</td><td rowspan="7">京津冀区域联动实施 144 小时过境免签政策，对符合政策适用条件的外国人，可自京津冀区域内任一适用政策口岸入境，在北京、天津、河北三省（市）停留不超过 144 小时，自京津冀区域内任一适用政策口岸出境</td></tr>
<tr><td>2</td><td>北京大兴国际机场</td></tr>
<tr><td>3</td><td>北京西客站</td></tr>
<tr><td>4</td><td rowspan="2">天津</td><td>天津滨海国际机场</td></tr>
<tr><td>5</td><td>天津国际邮轮母港</td></tr>
<tr><td>6</td><td>河北石家庄</td><td>石家庄正定国际机场</td></tr>
<tr><td>7</td><td>河北秦皇岛</td><td>秦皇岛海港</td></tr>
</table>

续表

序号	省（区市）/地区	适用城市	适用口岸	停留范围	备注
8	江浙沪区域	上海	上海虹桥国际机场	上海、江苏、浙江三省（市）	江浙沪区域联动实施144小时过境免签政策，对符合政策适用条件的外国人，可自江浙沪区域内任一适用政策口岸入境，在上海、江苏、浙江三省（市）停留不超过144小时，自江浙沪区域内任一适用政策口岸出境
9			上海浦东国际机场		
10			上海海港口岸		
11			上海铁路口岸		
12		江苏南京	南京禄口国际机场		
13		浙江杭州	杭州萧山国际机场		
14		浙江宁波	宁波栎社国际机场		
15	广东省	广东广州	广州白云国际机场	广东省	对符合政策适用条件的外国人，可自广州、深圳、揭阳任一空港口岸入境，在广东省停留不超过144小时，自广东省具备客运功能的32个对外开放口岸出境。具体信息见：http://gdga.gd.gov.cn/xxgk/zcjd/wjjd/content/post_2286867.html
16		广东深圳	深圳宝安国际机场		
17		广东揭阳	揭阳潮汕国际机场		
18	辽宁省	辽宁沈阳	沈阳桃仙国际机场	辽宁省	对符合政策适用条件的外国人，可自沈阳或大连任一空港口岸入境，在辽宁省停留不超过144小时，自沈阳或大连任一空港口岸出境
19		辽宁大连	大连周水子国际机场		
20	山东省	山东青岛	青岛胶东国际机场	山东省	
21			青岛海港口岸		
22	重庆市	重庆	重庆江北国际机场	重庆市	
23	四川省	四川成都	成都双流国际机场	成都、乐山、德阳、遂宁、眉山、雅安、资阳、内江、自贡、泸州、宜宾市	
24	陕西省	陕西西安	西安咸阳国际机场	西安市、咸阳市	
25	福建省	福建厦门	厦门高崎国际机场	厦门市	
26			厦门海港口岸		

续表

序号	省（区市）/地区	适用城市	适用口岸	停留范围	备注
27	湖北省	湖北武汉	武汉天河国际机场	武汉市	
28	云南省	云南昆明	昆明长水国际机场	昆明市	

（3）外国人区域性入境免签政策。外国人区域性入境免签政策（截至2025年2月13日）主要包括以下6项。

① 59国人员入境海南30天免签政策。俄罗斯、英国、法国、德国、挪威、乌克兰、意大利、奥地利、芬兰、荷兰、丹麦、瑞士、瑞典、西班牙、比利时、捷克、爱沙尼亚、希腊、匈牙利、冰岛、拉脱维亚、立陶宛、卢森堡、马耳他、波兰、葡萄牙、斯洛伐克、斯洛文尼亚、爱尔兰、塞浦路斯、保加利亚、罗马尼亚、塞尔维亚、克罗地亚、波黑、黑山、北马其顿、阿尔巴尼亚、美国、加拿大、巴西、墨西哥、阿根廷、智利、澳大利亚、新西兰、韩国、日本、新加坡、马来西亚、泰国、哈萨克斯坦、菲律宾、印度尼西亚、文莱、阿联酋、卡塔尔、摩纳哥、白俄罗斯59个国家人员持普通护照，因旅游、商贸、访问、探亲、就医、会展、体育竞技等短期来华事由（工作、学习事由除外）可免办签证入境海南，活动范围为海南省行政区域，入出境口岸为海南省所有对外开放口岸，停留时间不超过30天。

②外国旅游团乘坐邮轮入境免签政策。乘坐邮轮并经由中国境内旅行社组织接待的外国旅游团（2人及以上），可从天津、辽宁大连、上海、江苏连云港、浙江温州和舟山、福建厦门、山东青岛、广东广州和深圳、广西北海、海南海口和三亚13个城市的邮轮口岸免办签证整团入境，旅游团须随同一邮轮前往下一港口，直至本次邮轮出境，活动范围为天津、河北、辽宁、上海、江苏、浙江、福建、山东、广东、广西、海南11个沿海省（自治区、直辖市）和北京市，停留时间不超过15天。

③东盟国家旅游团入境云南西双版纳免签政策。东盟国家（马来西亚、印度尼西亚、泰国、菲律宾、新加坡、文莱、越南、老挝、缅甸、柬埔寨）旅游团（2人及以上），持普通护照经我国境内旅行社组织接待，采取团进团出方式，可由西双版纳嘎洒国际机场口岸、磨憨铁路口岸、磨憨公路口岸

免办签证入境出境，活动范围为云南省西双版纳傣族自治州行政区域，停留时间不超过 6 天。

④东盟国家旅游团入境广西桂林免签政策。东盟国家（马来西亚、印度尼西亚、泰国、菲律宾、新加坡、文莱、越南、老挝、缅甸、柬埔寨）旅游团（2 人及以上），持普通护照经我国境内旅行社组织接待，采取团进团出方式，可由桂林机场口岸免办签证入境出境，活动范围为广西壮族自治区桂林市行政区域，停留时间不超过 6 天。

⑤港澳地区外国旅游团入境广东免签政策。与中国建交国家的公民持普通护照，经在香港、澳门合法注册的旅行社组团（2 人及以上），采取团进团出方式，可免办签证进入大湾区内地 9 市和汕头市旅游，活动范围为广州、佛山、肇庆、深圳、东莞、惠州、珠海、中山、江门、汕头，入出境口岸为上述 10 个城市的对外开放口岸，停留时间不超过 6 天。

⑥港澳地区外国旅游团入境海南免签政策。与中国建交国家的公民持普通护照到香港、澳门后，经在香港、澳门合法注册的旅行社组团（2 人及以上），采取团进团出方式，可免办签证入境海南旅游，活动范围为海南省行政区域，入出境口岸为海南省所有对外开放口岸，停留时间不超过 6 天。

以上政策停留计算时间均自入境次日零时起算，符合与中国签署互免签证协定或中国政府其他免签政策的，可从其规定。

（三）港澳居民来往内地通行证

港澳居民来往内地通行证，俗称回乡证，由中华人民共和国出入境管理局（国家移民管理局，一个机构，两块牌子）签发，是具有中华人民共和国国籍的香港特别行政区及澳门特别行政区居民来往中国内地所用的证件。通行证的有效期分为 5 年和 10 年。申请人年满 18 周岁的，签发 10 年有效通行证，未满 18 周岁的，签发 5 年有效通行证（图 3-10）。

（四）台湾居民来往大陆通行证

台湾居民来往大陆通行证（Mainland travel permit for Taiwan residents）简称“台胞证”，台胞证是签发给台湾居民来往大陆的法定旅行证件，持该证可出入境大陆、在大陆合法停居留。为方便台胞来往两岸，公安机关出入境

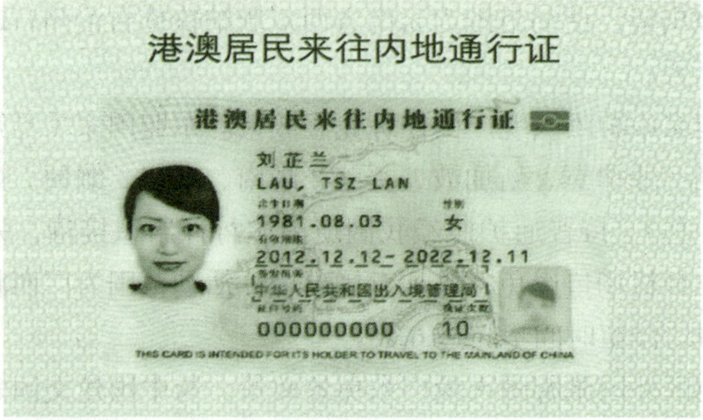

图 3-10 港澳居民来往内地通行证

管理部门 2015 年 7 月 1 日起全面取消台胞签注政策，台胞持有有效台胞证即可来往大陆并在大陆停居留。为进一步提高证件安全性和口岸查验效率，公安机关出入境管理部门于 2015 年 9 月 26 日全面启用卡式电子台胞证。台湾居民来往大陆通行证分为 5 年有效和 3 个月一次有效两种（图 3-11）。

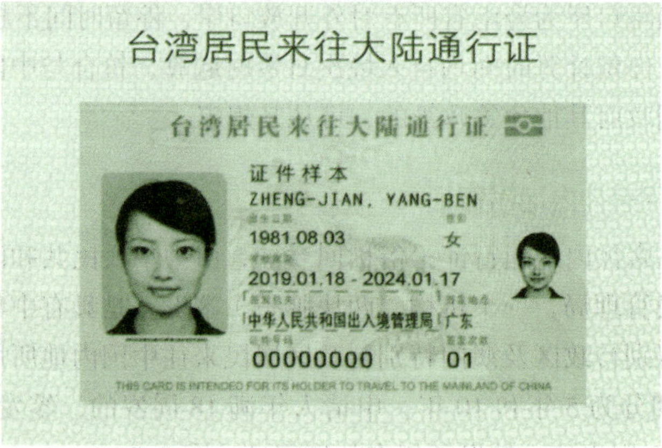

图 3-11 台湾居民来往大陆通行证

（五）往来港澳通行证

往来港澳通行证，俗称双程证，是由中华人民共和国出入境管理局签发给中国内地居民因私往来香港或澳门地区旅游、探亲、从事商务、培训、就业、留学等非公务活动的旅行证件。通行证分为个人旅游、团队旅游、探亲、商务、其他、逗留等种类。自 2019 年 4 月 1 日起，中华人民共和国往来港澳通行证，实行“全国通办”。申请人既可异地申办赴港澳团队旅游签注，还可在自助签注机上办理，立等可取。

未满 16 周岁的申请者通行证有效期为 5 年，16 周岁（含）以上的申请者的通行证有效期则为 10 年。签注分为探亲签注（T）、商务签注（S）、团队旅游签注（L）、个人旅游签注（G）、其他签注（Q）和逗留签注（D）。

持证人须在往来港澳通行证和签注有效期内，按照规定的次数和停留时限往来香港或者澳门（图 3–12）。

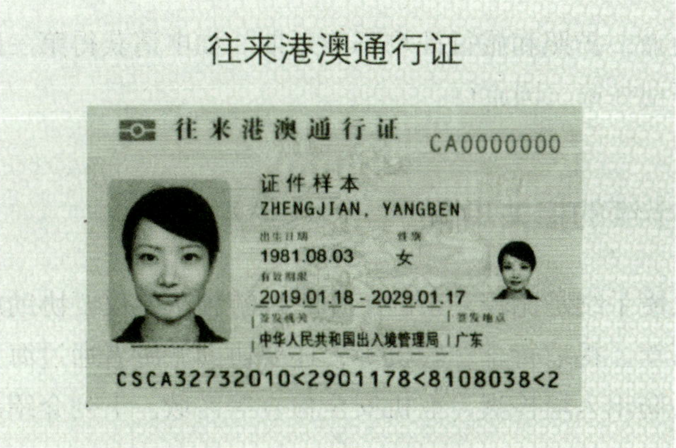

图 3–12　往来港澳通行证

（六）往来台湾地区通行证

大陆居民往来台湾通行证是中国大陆地区居民往来中国台湾地区所持有的证件，一般与入台证一起检查。从 2015 年 7 月 1 日起，大陆居民往来台湾通行证的有效期由原来的 5 年改为 10 年（图 3–13）。

（七）中华人民共和国旅行证

中华人民共和国旅行证（图 3–14）是中华人民共和国护照的替代证件，发给不便或不必持用护照的中国公民。如无特殊加注，旅行证均为两年内多

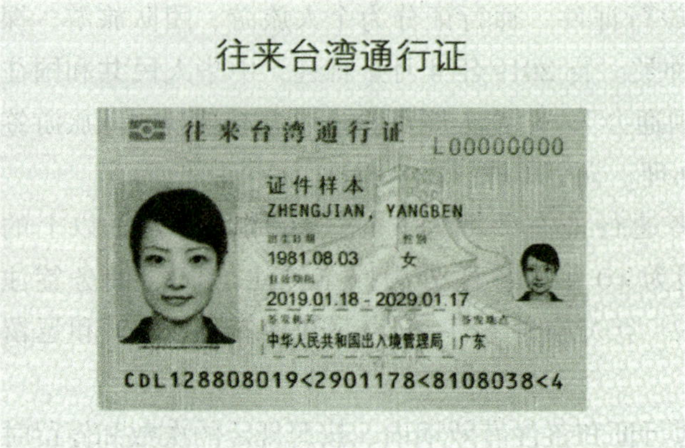

图 3-13 往来台湾通行证

图 3-14 中华人民共和国旅行证

次往返中国有效。护照和旅行证均不能延期。如申请获得第三国签证，旅行证持有人可以前往第三国旅行。

二、出入境手续的相关知识

办理出入境手续是比较复杂的工作，导游领队不仅要协助旅游者办理登机牌、托运行李、提取行李、转机等，还要协助旅游者通过海关检查、卫生检疫检查、边防出入境检查、登机安全检查等区域。下列介绍出入境手续的相关知识。

（一）海关检查

根据《中华人民共和国海关法》和《中华人民共和国海关对进出境旅客行李物品监管办法》的相关规定，出入境旅客行李物品必须通过设有海关的地点出入境，并接受海关监管。海关检查一般询问是否有需要申报的物品，或填写旅客携带物品进出境申报单，必要时海关有权开箱检查所携带物品。旅客行李申报单须在出境前填写，一式两份，详细列明携带出境的旅途自用的手表、照相机等物品的数量、品牌名称、规格、新旧程度。海关在入境旅游者申报单上加上“△”记号的必须复带出境。各国对出入境物品的管理有各自不同的具体规定。一般烟、酒等物品按限额放行。文物、武器、毒品、动植物等为违禁品，非经特许不得入出国境。对于海关加封的行李物品，不要擅自拆开或者损毁海关施加的封志。

海关通道分为“红色通道”和“绿色通道”两种。不明海关规定或不知如何选择通道的旅客，应选择红色通道通关。

1. 红色通道

红色通道也称“应税通道”。旅游团到达出境地点，首先办理海关手续，如有物品申报，要认真填写《中华人民共和国海关进出境自用物品申报单》（图 3–15），走红色通道，办理海关手续，经海关查验后放行。申报单应妥善保管，不得涂改，不得遗失。

2. 绿色通道

绿色通道也称“免税通道”或“无申报通道”。携带无须向海关申报物品的旅游者和持有外交签证或礼遇签证的人员，可选择“绿色通道”通关，但需向海关出示本人证件和按规定填写申报单据。

3. 卫生检验检疫

为了防止传染病由国外传入或由国内传出，实施国境卫生检疫，保护人身健康，根据国际惯例及习惯法，我国颁布了《中华人民共和国国境卫生检疫法》。要求入境者如实填写健康申明卡，来自疫区的人员还必须出示有效的有关疾病预防接种证明。卫生检疫机关可对无证者施以 6 日的强制留验。如遇传染病患者隐瞒不报，按逃避检疫论处，可禁止入境或责令其提前离境。

我国依照《中华人民共和国国境卫生检疫法》设立了国境卫生检疫机关（出入境检验检疫局，中国海关总署下属部门），在出入境口岸依法对包括旅游者在内的有关人员及其携带的动植物和交通运输工具等进行传染病检疫、检测和卫生监督，只有经过检疫，由国境卫生检疫机关许可，才能出入境。

4. 边防检查

中华人民共和国出入境边防检查机关（China Immigration Inspection），简称中国边检，是中华人民共和国公安部的一个内设辅助机构。由公安部出入境管理局统一指导全国出入境边防检查工作，各出入境边防检查总站负责具体的边防检查工作，是国家设立在对外开放口岸的执法机关（机构）。中国

海关编号
Customs Serial No.______

中华人民共和国海关
CUSTOMS OF THE PEOPLE'S REPUBLIC OF CHINA
进出境自用物品申报单
DECLARATION FORM FOR IMPORT/EXPORT OF ARTICLES FOR PERSONAL USE

姓名（中英文） 性别 国籍 出生年月 ___年___月___日
Name（Chinese and/or English）______ Sex____ Nationality______ Date of Birth Year____ Month___ Date___
所在机构名称及海关代码 住址
Organization and Customs Code________ Address________
护照或通行证号码 居留证件号码 身份证件号码 物品批文号
Passport / Pass No.______ Residence Permit No.____ ID No.______ Permit No. of Articles____
电话 进 / 出境 进出境口岸
Telephone______ Entry / Exit______ Entry / Exit Port________
起运 / 运抵国（地区） 装货 / 指运港
Departure / Destination Country（Region）______ Port of Loading/Delivery______
运输方式（江海 铁路 汽车 航空 邮政 其他） 运输工具名称
Means of Transport:（water rail road air mail other）______ Carrier's Name______
航次（班）号 提运单号 件数 毛重（千克）
Voyage / Flight No.______ Bill of Lading No._____ Number of Piece（s）_____ Gross Weight（kg）_____
备注
Remarks____________

以下内容可委托代理公司（人）填写
The following may be completed by the Agency（Agent）entrusted.

申报人身份类别 进 / 出境日期 ___年___月___日 包装种类 体积 标箱数 Status of Applicant___ Entry/Exit Date Year___ Month___ Date___ Type of Package___ Volume___ Number of TEU___ 内包装件数 受托方名称及海关代码（身份证件号码） Quantity of Inside Packages______ Agency/Agent and Customs Code/ID No.______

本人申报进 / 出境下列行李物品，并保证所有申报属实。
I, the undersigned, hereby apply for the importation /exportation of the following luggage items and guarantee that all my declaration is true.

项号 Item No.	物品税号 Tariff Code	物品名称 Descriptions	规格 / 型号 Speci./Model	数量 Quantity	单位 Unit	币制 Currency	总价 Total Value	备注 Remarks

签名 Signature 机构签章 Seal of Organization 申报日期 ___年___月___日 Date of Application___Year___Month___Date 附___页 Pages Attached	海关意见 Customs Remarks 海关签章 Customs Seal

图 3-15《中华人民共和国海关进出境自用物品申报单》

边检机关担负着维护国家主权、安全和社会秩序、管理人员和交通运输工具出入境的重要职责。

边防检查是指对进出国境人员的护照、证件、签证、出入境登记卡、出入境人员携带的行李物品和财物、交通运输工具及其运载的货物等的检查和监护，以及对出入国境上下交通运输工具人员的管理和违反规章行为的处理等。边防检查的内容包括护照检查、证件检查、签证检查、出入境登记卡检查、行李物品检查、交通运输工具检查等。因私出国人员到达出境口岸时，首先要填写一张《出境登记卡》并将自己的护照、签证等一并交给边防检查人员，由边防检查人员进行逐项检查；边防检查人员对持照人的证件进行核查（包括护照是否真实有效，签证是否真实有效，护照和身份证内容是否一致等）后在护照上加盖验讫章（该章内包括出境口岸的名称、编号、“出境边防检查”字样和年月日等），并将出境登记卡留存于边防检查站；上述手续完毕后，将护照当面交给持照人。

5. 安全检查

安全检查是出入境人员必须履行的检查程序，是保障旅客人身安全的重要预防措施。安全检查事关旅客人身安全，所以旅客都必须经过检查后，才能允许登机，也就是说，安全检查不存在任何特殊的免检对象。所有外交人员、政府官员和普通旅客，不分男女、国籍和等级，都必须经过安全检查。安全检查的内容主要是检查旅客及其行李物品中是否携带枪支、弹药，易爆、腐蚀、有毒放射性等危险物品，以确保航空器及乘客的安全。安全检查必须在旅客登机前进行，拒绝检查者不准登机，损失自负。中国海关和边防站，为保证旅游者生命和财产安全，禁止携带武器、凶器、爆炸物品。采用通过安全门使用磁性探测检查、红外线透视、搜身、开箱检查等，对旅游者进行安全检查。安全检查的环节主要有托运行李物品检查、旅客证件检查、手提行李物品检查和旅客身体检查。

根据 2017 年 1 月 1 日实施的《民用航空安全检查规则》，携带贵重物品、植入心脏起搏器或身患残疾等情况的旅客可要求在非公开场所进行安检。该规则还规定，旅客若有“对民航安检工作现场及民航安检工作进行拍照、摄像，经民航安检机构警示拒不改正的”“故意散播虚假非法干扰信息的”“在行李物品中隐匿携带民航禁止运输、限制运输物品的”等行为，将会被移交公安机关处理。旅客若逃避安全检查，殴打辱骂民航安检员或者其他妨碍民航安检工作正常开展，扰乱民航安检工作现场秩序的行为，也将移交公安机关处理。

（二）不准出入境的规定

1. 中国公民不准出境的情形

中国公民有下列情形之一的，不准出境。

（1）未持有效出境入境证件或者拒绝、逃避接受边防检查的。

（2）被判处刑罚尚未执行完毕或者属于刑事案件被告人、犯罪嫌疑人的。

（3）有未了结的民事案件，人民法院决定不准出境的。

（4）因妨害国（边）境管理受到刑事处罚或者因非法出境、非法居留、非法就业被其他国家或者地区遣返，未满不准出境规定年限的。

（5）可能危害国家安全和利益，国务院有关主管部门决定不准出境的。

（6）法律、行政法规规定不准出境的其他情形。

2. 外国人不准入境的情形

外国人有下列情形之一的，不准入境。

（1）未持有效出境入境证件或者拒绝、逃避接受边防检查的。

（2）被处驱逐出境或者被决定遣送出境，未满不准入境规定年限的。

（3）患有严重精神障碍、传染性肺结核病或者有可能对公共卫生造成重大危害的其他传染病的。

（4）可能危害中国国家安全和利益、破坏社会公共秩序或者从事其他违法犯罪活动的。

（5）在申请签证过程中弄虚作假或者不能保障在中国境内期间所需费用的。

（6）入境后可能从事与签证种类不符的活动的。

（7）法律、行政法规规定不准入境的其他情形。

对不准入境的，出入境边防检查机关可以不说明理由。

3. 外国人不准出境的情形

外国人有下列情形之一的，不准出境。

（1）被判处刑罚尚未执行完毕或者属于刑事案件被告人、犯罪嫌疑人的，但是按照中国与外国签订的有关协议，移管被判刑人的除外。

（2）有未了结的民事案件，人民法院决定不准出境的。

（3）拖欠劳动者的劳动报酬，经国务院有关部门或者省、自治区、直辖市人民政府决定不准出境的。

（4）法律、行政法规规定不准出境的其他情形。

三、海关对出入境旅游者所携带物品的规定

（一）部分限制入出境物品

1. 烟酒

（1）香港、澳门地区居民及因私往来香港、澳门地区的内地居民，免税香烟 200 支，或雪茄 50 支，或烟丝 250 克；免税 12 度以上酒精饮料限 1 瓶（0.75 升以下）。

（2）其他旅客，免税香烟 400 支，或雪茄 100 支，或烟丝 500 克；免税 12 度以上酒精饮料限 2 瓶（1.5 升以下）。

2. 旅行自用物品

非居民旅游者及持有前往国家或地区再入境签证的居民旅游者携带旅行自用物品照相机、便携式收录音机、小型摄像机、手提式摄像机、手提式文字处理机每种一件。超出范围的或单价超过 5000 元人民币的物品，需向海关如实申报，并办理有关手续。经海关放行的旅行自用物品，旅游者应在回程时复带出境。旅游者在海外购买了音像制品（如录音带、录像带、唱片、电影片、VCD 光盘等）和印刷品（如书报、刊物、图画等）也必须申报和交验。若藏匿不报，海关将按规定处理。

3. 金银

根据《中华人民共和国金银管理条例》（2011 年修订），入境旅客携带金银入境，数量不受限制，但必须向入境地海关申报，由海关登记。携带或者复带金银出境，海关凭中国人民银行出具的证明或者原入境时申报单登记的数量查验放行，不能提供证明的或者超过原入境时申报登记数量的，不许出境。携带在中华人民共和国境内购买的金银饰品（包括镶嵌饰品、工艺品、器皿等）出境，海关凭国内经营金银制品的单位开具的特种发货票（由中国

人民银行统一印制，各地分行分发）查验放行。无凭据的，不许出境。居住在中华人民共和国境内的中国人、外国侨民和无国籍人员出境定居，每人携带金银的限额为：黄金饰品 1 市两（31.25 克），白银饰品 10 市两（312.50 克），银质器皿 20 市两（625 克）。经海关查验符合规定限额的，予以放行。

4. 外汇

非居民旅客携带外币、旅行支票、信用证等入境，数量不受限制。非居民旅客携带 5000 美元或等值其他外币入境，必须向海关如实申报；复带出境时，海关凭本次入境申报的数额核放。旅游者携带外币现钞数额不超过等值 5000 美元（含 5000 美元）出境的，海关准予放行；旅游者携带折合 5000 美元以上至 10000 美元（含 10000 美元）出境的，应向银行申领“携带外汇出境许可证”，海关凭加盖银行印章的“携带外汇出境许可证”放行；旅游者携带超过等值 10000 美元外汇现钞出境的，应当向存款或购汇银行所在地国家外汇管理局各分支局申领“携带外汇出境许可证”，海关凭加盖银行印章的“携带外汇出境许可证”放行。

5. 人民币

旅游者携带人民币现钞入出境，限额 2 万元。超出限额的禁止出境。

6. 文物

根据《中华人民共和国文物保护法》的规定，历史上各时代重要实物、艺术品、文献、手稿、图书资料、代表性实物等可移动文物，分为珍贵文物和一般文物，珍贵文物分为一级文物、二级文物、三级文物。国有文物、非国有文物中的珍贵文物和国家规定禁止出境的其他文物，不得出境，但是依法出境展览或者因特殊需要经国务院批准出境的除外。文物出境，应当经国务院文物行政部门指定的文物进出境审核机构审核。经审核允许出境的文物，由国务院文物行政部门发给文物出境许可证，从国务院文物行政部门指定的口岸出境。任何单位或者个人运送、邮寄、携带文物出境，应当向海关申报，海关凭文物出境许可证放行。

7. 中药材、中成药

根据海关总署公告 2010 年第 43 号（2024 年 176 号修订），旅游者携带中药材、中成药出境，前往国外的，总值限人民币 300 元；前往港澳地区的，总值限人民币 150 元；寄往国外的中药材、中成药，总值限人民币 1000

元；寄往港澳地区的，总值限人民币800元。海关对旅客携带或邮寄出境的中药材、中成药按照自用、合理数量原则进行管理。含有虎骨、犀牛角成分的中药材、中成药禁止出境。

旅客携运入出境的行李物品有下列情形之一的，海关暂不予放行：旅客不能当场缴纳进境物品税款的；入出境的物品属于许可证件管理的范围，但旅客不能当场提交的；入出境物品超出自用合理数量，按规定应当办理货物报关手续或其他海关手续，其尚未办理的；对入出境物品的属性、内容存疑，需要由有关主管部门进行认定、鉴定、验核的；按规定暂不予以放行的其他行李物品。

（二）禁止入出境物品

1. 禁止入境物品

禁止入境物品包括以下七类。

（1）各种武器、仿真武器、弹药及爆炸物品。

（2）伪造的货币及伪造的有价证券。

（3）对中国政治、经济、文化、道德有害的印刷品、胶卷、照片、唱片、影片、录音带、录像带、激光视盘、计算机存储介质及其物品。

（4）各种烈性毒药。

（5）鸦片、吗啡、海洛因、大麻以及其他能使人成瘾的麻醉品、精神药物。

（6）带有危险性病菌、害虫及其他有害生物的动物、植物及其产品。

（7）有碍人畜健康的、来自疫区的以及其他能传播疾病的食品、药物或其他物品。

2. 禁止出境物品

禁止出境物品包括以下四类。

（1）列入禁止进境范围的所有物品。

（2）内容涉及国家秘密的手稿、印刷品、胶卷、照片、唱片、影片、录音带、录像带、激光视盘、计算机存储介质及其他物品。

（3）珍贵文物及其他禁止出境的文物。

（4）濒危的和珍贵的动物、植物（均含标本）及其种子和繁殖材料。

四、领事保护

根据《中华人民共和国领事保护与协助条例》（中华人民共和国国务院令第 763 号），领事保护与协助是指在国外的中国公民、法人、非法人组织正当权益被侵犯或者需要帮助时，驻外外交机构（指承担领事保护与协助职责的中华人民共和国驻外国的使馆、领馆等代表机构）依法维护其正当权益及提供协助的行为。

外交部建立公开的热线电话 12308。12308 全称是外交部全球领事保护与服务应急呼叫中心，旨在为海外中国公民提供全天候、零时差领事保护与服务的应急呼叫热线。中国公民无论身处世界哪个角落，遭遇紧急情况时均可第一时间通过拨打 +86-10-12308（如中国公民在境外因通信网络问题无法正常拨打 12308 短号码，可拨打备用热线电话 +86-10-65612308），向祖国寻求领事保护与协助。中国公民、法人、非法人组织请求领事保护与协助时，应当向驻外外交机构提供能够证明其身份的文件或者相关信息。驻外外交机构应当在履责区域内履行领事保护与协助职责。在国外的中国公民、法人、非法人组织因与中介机构、旅游经营者、运输机构等产生纠纷向驻外外交机构求助的，驻外外交机构应当根据具体情况向其提供依法维护自身正当权益的有关信息和建议。

国务院文化和旅游主管部门会同外交部建立国外旅游目的地安全风险提示机制，根据国外安全提醒，公开发布旅游目的地安全风险提示。经营出国旅游业务的旅行社应当关注国外安全提醒和旅游目的地安全风险提示，通过出行前告知等方式，就目的地国家或者地区存在的安全风险，向旅游者作出真实说明和明确提示；通过网络平台销售的，应当在显著位置标明有关风险。中国公民、法人、非法人组织在领事保护与协助过程中，得到第三方提供的食宿、交通、医疗等物资和服务的，应当支付应由其自身承担的费用。

第四节　其他相关知识

在与导游工作紧密相关的知识中，货币知识、保险知识、安全知识，以及时差和度量衡换算知识等的运用都很普遍，其中也会涉及离境退税知识、旅游保险报案与索赔和各种安全事故的处理知识，这些内容都是作为一名导游的必备知识。

一、货币知识

（一）外汇

1. 外汇的概念

外汇是指以外币表示的可用于国际清偿的支付手段和资产，包括外币现钞（纸币、铸币）、外币有价证券（债券、股票等）、外币支付凭证或支付工具（票据、银行存款凭证、银行卡等）、特别提款权以及其他外币资金。

2. 货币兑换

海外旅游者来华时携入的外汇和票据金额没有限制，但数额较大时必须在入境时据实申报；在中国境内，海外旅游者可持外汇到银行各兑换点（机场、饭店或商店）兑换成人民币。在中国境内能兑换的外币主要有美元USD、欧元EUR、英镑GBP、日元JPY、澳大利亚元AUD、加拿大元CAD、瑞士法郎GHF、丹麦克朗DKK、挪威克朗NOK、瑞典克朗SEK、新加坡元SGD、新西兰元NZD、菲律宾比索PHP、泰国铢THB、韩元KRW、俄罗斯卢布RUB以及港币HKD、澳门元MOP、新台币TWD等。兑换外币后，旅游者应妥善保管银行出具的外汇兑换证明（俗称“水单”），该证明有效期为6个月，旅游者若在半年内离开中国，而兑换的人民币没有花完，可持护照和水单将其兑换成外币，但不得超过水单上注明的金额。

3. 人民币进入SDR

2015年12月1日，国际货币基金组织（IMF）宣布把人民币纳入SDR，权重定为10.92%。2022年5月，该组织将人民币的权重提高至12.28%。SDR是特别提款权（Special Drawing Right）的英文首字母，SDR是国际货币基金组织创造的国际储备资产，目前由美元、英镑、欧元、日元和人民币组成。中国加入SDR意味着人民币真正跻身于全球主要货币之列，人民币作为结算货币将得到更广泛的使用，也将推动人民币成为可兑换、可自由使用的货币。

（二）信用卡

信用卡是银行和其他专门机构为提供消费信用而发给客户在指定地点按照给予的消费信用额度支取现金、购买货物或支付劳务费用的信用凭证，实际上是一种分期付款的消费者信贷。

信用卡是一种电子智能卡，卡上印有信用卡品牌、发卡行名称、持卡者姓名、卡号、有效日期和防伪标记等内容。信用卡的种类有很多，按持卡人的资信程度，可分为普通卡、金卡、白金卡和无限卡；按流通范围，可分为国际卡和地区卡。如中国银行的外汇长城万事达卡是国际卡，而人民币万事达信用卡和中国工商银行的牡丹卡都是地区卡。

我国目前主要受理的外国信用卡有：维萨卡（Visa Card），总部设在美国旧金山；万事达卡（Master Card），总部设在美国纽约；运通卡（American Express），由美国运通公司及其世界各地的分公司发行；大莱卡（Dinners Club Card），该卡是世界上发行最早的信用卡，由大莱卡国际有限公司统一管理；JCB 卡（JCB Card），1981 年由日本最大的 JCB 信用卡公司发行；百万卡（Million Card），由日本东海银行发行；发达卡（Federal Card），由中国香港南洋商业银行发行。

维萨卡、万事达卡、银联卡（China Union Pay）在全球范围构建了一个刷卡消费的联盟，国内银行与它们合作以后，国内银行发行的信用卡就能在它们联盟范围内刷卡消费，在部分国家地区甚至可以持银联卡直接消费。消费者可以在申请信用卡的时候选择申请维萨信用卡或万事达信用卡。

（三）离境退税

离境退税政策是指境外旅客在离境口岸离境时，对其在退税商店购买的退税物品退还增值税的政策。2025 年，国家税务总局重新发布了《境外旅客购物离境退税管理办法（试行）》。该办法规定了以下内容。

1. 退税对象

在我国境内连续居住不超过 183 天的外国人和港澳台同胞。

2. 退税物品

服装、鞋帽、化妆品、钟表、首饰、电器、医疗保健及美容器材、厨卫用具、家具、空调、电冰箱、洗衣设备、电视机、摄影（像）设备、计算机、自行车、文具、体育用品等，共计21个大类324种。但不包括《中华人民共和国禁止、限制进出境物品表》所列的禁止、限制出境的物品，如食品、饮料、水果、烟、酒、汽车、摩托车等。

3. 退税条件

（1）同一境外旅客同一日在同一退税商店购买的退税物品金额达到200元人民币，并且按规定取得退税申请单（凭购买退税物品的增值税普通发票向退税商店索取）等退税凭证。

（2）在离境口岸办理离境手续，离境前退税物品尚未启用或消费。

（3）离境日距退税物品购买日不超过90天。

（4）所购退税物品由境外旅客本人随身携带或托运出境。

（5）所购退税物品经海关验核并在退税申请单上签章。

（6）在指定的退税代理机构办理退税。

4. 退税率

退税率为11%（适用13%税率的离境退税物品）和8%（适用9%税率的离境退税物品）。退税机构会收取2%的手续费，旅客应得退税金额为商品价格的9%或者6%。

5. 退税币种

退税币种为人民币。选择以银行转账方式进行退税的，退税金额不设上限。采用现金方式退税的，限额为20000元人民币。

6. 退税流程

购买退税物品→退税商店开具《离境退税申请单》（持本人有效身份证件、退税物品销售发票）→海关验核确认（退税物品、《离境退税申请单》、身份证件、发票）→退税代理机构办理退税。

2025年4月8日，国家税务总局发布公告，对离境退税“即买即退”的服务措施从多地试点推广至全国。

7. 离岛免税

根据《财政部　海关总署　税务总局关于海南离岛旅客免税购物政策的公告》（2020），年满16周岁，已购买离岛机票、火车票、船票，并持有效身份证件（国内旅客持居民身份证、港澳台旅客持旅行证件、国外旅客持护照），离开海南本岛但不离境的国内外旅客，包括海南省居民，实行限值、限量、限品种免进口税购物。离岛免税的税种包括关税、进口环节增值税和消费税。

离岛免税商品目前为45种，包括化妆品、工艺品、箱包、首饰、手表、玩具、平板电脑、手机、电子游戏机、酒类等消费品。除了对酒类、手机和化妆品有每人每次限购数外，其他都不限制。离岛免税额度目前为每年每人10万元。2020年7月6日，海关总署发布新修订的《中华人民共和国海关对海南离岛旅客免税购物监管办法》规定，离岛旅客有下列情形之一的，由海关按照相关法律法规处理，且自海关作出处理决定之日起，3年内不得享受离岛免税购物政策，并可依照有关规定纳入相关信用记录：以牟利为目的为他人购买免税品或将所购免税品在国内市场再次销售的；购买或者提取免税品时提供虚假身份证件或旅行证件、使用不符合规定身份证件或旅行证件，或者提供虚假离岛信息的；其他违反海关规定的。

二、保险知识

（一）旅行社责任保险

1. 旅行社责任保险的概念

旅行社责任保险是指旅行社根据保险合同的约定，向保险公司支付保险费，保险公司对旅行社在从事旅游业务经营活动中，致使旅游者人身、财产遭受损害应由旅行社承担的责任，转由承保的保险公司负责赔偿保险金的行为。旅行社责任保险属于强制保险。

2. 保险期限

旅行社责任保险的保险期限为一年。

3. 旅行社不承担赔偿责任的情形

旅游者参加旅游活动时，应当保证自身身体条件能够完成旅游活动。因此在旅游过程中，旅游者由于自身疾病引起的各种损失或损害，旅行社不承担任何赔偿责任。但是在签约时旅游者已经声明且为旅行社接受的需要旅行社照顾的情形，旅行社及其工作人员没有尽到应尽的照顾义务的，仍然应当承担赔偿责任。

旅游者参加旅行社组织的旅游活动时，应当服从导游或领队的安排，在旅行过程中注意保护自身和随行的未成年人的安全，妥善保管随身携带的行李、物品。由于旅游者个人过错导致的人身伤亡和财物损失，以及由此产生的各种费用支出，旅行社不承担赔偿责任。

旅游者自行终止旅行社安排的旅游行程后，或者没有参加约定的旅游活动而自行活动时，发生的人身、财物损害，旅行社不承担赔偿责任。

（二）旅游意外保险

1. 旅游意外保险的概念

旅游意外保险是指旅行社在组织团队旅游时，为保护旅游者的利益，代旅游者向保险公司支付保险费，一旦旅游者在旅游期间发生事故，按合同约定由承保保险公司向旅游者支付保险金的保险行为。旅游意外保险属自愿保险。

2. 保险期限

旅行社组织的入境旅游，旅游意外保险期限从旅游者入境后参加旅行社安排的旅游行程时开始，直至该旅游行程结束办理完出境手续时为止。

旅行社组织的国内旅游、出境旅游，旅游意外保险期限从旅游者在约定的时间登上由旅行社安排的交通工具开始，直至该次旅行结束离开旅行社安排的交通工具为止。

3. 不承担赔偿责任的情况

旅游者自行终止旅行社安排的旅游行程，其保险期限至其终止旅游行程的时间为止；旅游者在中止双方约定的旅游行程后自行旅行的，不在旅游意外保险之列。

4. 旅游意外保险的索赔时效

按照《中华人民共和国保险法》的规定，人寿保险以外的其他保险的被保险人或者受益人，向保险人请求赔偿或者给付保险金的诉讼时效期为两年，自其知道或者应当知道保险事故发生之日起计算。

（三）交通意外伤害保险

交通意外伤害保险也称为交通工具意外伤害保险。它是以被保险人的身体为保险标的，以被保险人作为乘客在乘坐客运大众交通工具期间因遭受意外伤害事故，导致身故、残疾、医疗费用支出等为给付保险金条件的保险，主要包括火车、飞机、轮船、汽车等交通工具。

1. 航空旅客意外伤害保险

航空旅客意外伤害保险简称航意险，属自愿投保的个人意外伤害保险。此种保险旅游者可自愿购买一份或多份。其保险期限自旅游者持保险合同约定航班的有效机票到达机场通过安全检查时起，至旅游者抵达目的港走出所乘航班的舱门时止（不包括舷梯与廊桥）。在此期间，若飞机中途停留或绕道飞行中，只要被保险人一直跟机行动，其遭受的意外伤害均在保险责任范围内。当被保险人进入舱门后，由于民航原因，飞机延误起飞又让旅客离开飞机，在此期间被保险人遭受的伤害，保险公司也负责。

2. 铁路意外伤害保险

自 2015 年 11 月 1 日起，铁路部门为境内乘车旅客提供最新的铁路旅客人身意外伤害保险，简称乘意险。铁路乘意险将保险责任扩展到旅客自持有效乘车凭证实名制验证或检票进站时起，至旅客到达所持乘车凭证载明的到站检票出站时止，即由“车上”扩展到“车上和站内”。成年旅客购买乘意险为 3 元，最高保障 50 万元意外身故、伤残保险金和 5 万元意外医疗费用；未成年人购买乘意险为 1 元，最高保障 20 万元意外身故、伤残保险金和 2 万元意外医疗费用。

（四）旅游保险报案与索赔

1. 及时报案

旅游者发生意外事故后，应及时向投保的保险公司报案。

2. 收集证据并妥善保存

导游应提醒当事人收集、保存医院诊断证明、化验单据、意外事故证明等证据。

3. 转院需取得保险公司同意

旅游者因意外住院后，如需要转回本地医院继续治疗，应事先征得保险公司同意，并要求救治医院出具书面转院报告。

三、特色旅游安全知识

（一）高原旅游安全知识

高原反应多发生在海拔2500米以上的地区。由于到达这一高度时，气压低、空气干燥、含氧量少，人体会产生高原反应。

1. 症状与体征

高原反应即急性高原病，是指人体在短时间内（通常＜24小时）进入海拔2500米以上的低氧环境后，因氧气摄入不足引发的非适应性生理反应。症状分级及具体的表现有以下几种。

（1）轻度症状：头疼、头晕、心慌、气短、胸闷、食欲缺乏、手脚发麻、恶心、呕吐、口唇指甲发绀。

（2）中度症状：头痛加剧、频繁呕吐、呼吸急促、嘴唇和指甲床呈青紫色（缺氧标志）。

（3）重度症状：呼吸极度困难，静息时也无法平卧，需端坐呼吸；咳嗽带痰，有粉红色或泡沫状痰液；面色灰白、皮肤湿冷、神志模糊、胡言乱语或昏迷；步态不稳、无法走直线；剧烈头痛，伴随喷射性呕吐。

2. 预防及处理常识

（1）在高原上动作要缓，尤其是刚刚到达的时候要特别注意，不可急速行走，更不能跑步或奔跑，也不要做体力劳动，遵循“慢动作、轻活动原则”。

（2）不可暴饮暴食，不要饮酒和吸烟，多食蔬菜和水果等富含维生素的食品，注意保暖，少洗或不洗澡以避免受凉感冒和消耗体力。

（3）进入高原后要不断少量喝水，以预防血栓。一般每天需补充4000毫升液体。因湿度较低，嘴唇容易干裂，除了喝水外，还可以外用润唇膏改善症状。

（4）尽量避免将皮肤裸露在外，可以戴上防紫外线的遮阳镜和撑遮阳伞，在可能暴露的皮肤上涂上防晒霜。

（5）高原反应容易导致失眠，可以适当服用安全助眠的药物保证睡眠，以及时消除疲劳，保证旅游顺利进行。

（6）提前服用抗高原反应药，如红景天、高原康、高原安等，在反应强烈时，可以通过吸氧来缓解。

（7）出现中度症状应及时就医处理，特别是出现重度症状时，会危及生命，应立即送往医院。

（二）冰雪旅游安全知识

在进行冰雪旅游活动前，旅游者应选择正规、有资质的滑雪场或冰场。这些场地通常拥有完善的设施和专业的管理团队，能够提供更安全的冰雪运动环境。

1. 滑冰

（1）冰面坚固性判断。在进行冰上活动前，首先应判断冰面的坚固性。一般而言，新结的冰面较为脆弱，而经过一段时间冻结的冰面则更为坚固。通过观察冰面的颜色、气泡、裂纹等特征，结合气温、冰层厚度等因素，可以对冰面的坚固性做出初步判断。此外，还可以咨询当地的专业人士或机构，获取更准确的冰面信息。

（2）防护措施与装备。在进行冰上活动前，旅游者须佩戴适当的防护装备，包括防滑鞋、防寒衣物、头盔等，以减少意外发生时受伤的风险。同时，还应准备必要的急救用品，如创可贴、消毒液等，以应对突发状况。

（3）救援设备与措施。冰上旅游场地通常会配备相应的救援设备，如救生圈、救援绳索等。在参与冰上活动时，导游和旅游者应了解这些设备的存放位置和使用方法，以便在紧急情况下能够迅速找到并使用。此外，还应了解救援措施和紧急联系方式，确保在发生意外时能够及时求助。

（4）天气与冰面变化。冰上旅游受天气影响较大，导游和旅游者应密切关注天气预报，以便及时调整行程。在恶劣天气条件下，如大风、降雪等，应尽量避免进行冰上活动。同时，冰面的状况也会随着气温的变化而发生变化。游客应留意冰面的变化情况，如出现裂纹、塌陷等迹象，应立即停止活动并远离危险区域。

（5）禁止危险行为。在冰上旅游时，导游应告知旅游者遵守相关规定，禁止危险行为。例如，禁止在冰面上随意穿行、打闹嬉戏等，以免发生碰撞或摔倒等意外。同时，也应避免在冰面上使用明火或进行其他可能破坏冰面的活动。

2. 滑雪

（1）滑雪装备选择。选择合适的滑雪装备是滑雪安全的第一步。滑雪板、滑雪靴、滑雪杖等应根据个人技术水平、身体条件以及滑雪场地类型进行选择。旅游者选择滑雪服的颜色最好与雪面白色有较大反差，以便他人辨认和避免相撞，并佩戴好合适的全封闭保护眼镜，避免阳光反射及滑行中冷风对眼睛的刺激。

（2）滑雪场地了解。在选择滑雪场地时，旅游者应了解场地的类型、难度等级、安全设施等信息。初学者应选择平缓、宽敞的初级场地，避免前往高级场地或陡峭的山坡。同时，关注天气变化和雪质情况，以便及时调整滑雪计划，严格遵守滑雪场的有关安全管理规定。

（3）滑行速度控制。在滑行过程中，旅游者应根据场地条件和自身技术水平调整速度，避免失控摔倒。应时刻保持与其他滑雪者的安全距离，避免在拥挤的滑雪道上高速滑行，以免发生碰撞事故。同时，注意观察周围环境，避免与静止的滑雪者、滑雪设备或障碍物发生碰撞。

（4）防晒保暖措施。旅游者在冬季滑雪时，阳光中的紫外线同样强烈，因此需要采取防晒措施，如涂抹防晒霜、佩戴太阳镜等。此外，进行滑雪活动时也需要注意保暖，选择保暖性能好的滑雪服装，佩戴手套、帽子等保暖物品。

（三）温泉旅游安全知识

1. 不适宜泡温泉的情形

（1）癌症、白血病患者，不宜泡温泉，以防刺激新陈代谢，加速身体衰弱。

（2）皮肤有伤口、溃烂或真菌感染，如足癣、湿疹的患者，都不适合泡温泉，以免引起伤口恶化。过敏性皮肤疾病患者也不适合浸泡在高温的泉水中，以免由于加速皮肤水分蒸发、破坏皮肤保护层而引发荨麻疹。

（3）女性生理期来时或前后，怀孕的初期和末期，最好不要泡温泉。

（4）睡眠不足、熬夜之后、营养不良、大病初愈等身体疲惫的状态下，不适合泡温泉，以免因为突然接触过高温度引起脑部缺血或休克。

2. 泡温泉时注意事项

（1）高血压和心脑血管疾病患者，在规则服药或经医生允许的前提下，可以泡温泉，但每次不超过 20 分钟为宜。同时注意：入水前，先用温泉水缓慢地擦拭身体，待适应后再进入，以免影响血管正常收缩；出水时，缓慢起身，以防因血管扩张、血压下降导致头昏眼花而跌倒，诱发脑卒中或心肌梗死。

（2）糖尿病患者在血糖控制较好、体征比较稳定的情况下，可以泡温泉。如果血糖不稳定，会因为在温泉中容易出汗，造成脱水，引起血糖变化。此外，大多数糖尿病患者都伴有周围神经病变，手掌、脚掌感觉异常，温度敏感度较差，容易因为长久浸泡造成烫伤而不自知。

（3）空腹或太饱时不宜入浴，以免出现头晕、呕吐、消化不良、疲倦等症状。

（4）入水时，应从低温到高温，逐次浸泡，每次 15 ~ 20 分钟即可。

（5）泡温泉的时间应根据泉水温度来定，温度较高时，不可长久浸泡，以免出现胸闷、口渴、头晕等症状。

（6）泡温泉时，应多喝水，随时补充流失的水分。

（7）泡温泉时，由于脸上的毛孔会释放大量自由基而损伤皮肤，最好敷上面膜或用冷毛巾敷面，同时闭上双眼，以冥想的心情，配合缓慢的深呼吸，真正舒缓身心压力。

（8）泡温泉时，如果感觉身体不适，应马上离开，不可勉强继续。

3. 泡温泉后注意事项

（1）如果是浸泡有较强酸性或硫化氢含量高的温泉，泡完温泉后，应用清水冲洗，以免刺激皮肤，造成过敏。

（2）泡温泉后要注意保暖，迅速擦干全身，特别是腋下、胯部、肚脐周围和四肢皮肤的皱褶处，及时涂抹滋润乳液，锁住皮肤水分。

（3）泡温泉后，人体水分大量蒸发，应多喝水补充。

（四）沙漠旅游安全知识

（1）充分规划：提前了解沙漠地区的气候特点、地形地貌、潜在危险等，做好详细的行程规划，在确保安全的情况下制订出可行的旅游方案。

（2）充足准备：①携带足够且合理分配的饮用水，根据人数和行程天数精确计算；②携带高能量、耐储存的食物，如坚果、肉干、能量棒等；③准备透气、轻便、长袖长裤的衣物，以减少皮肤暴露，同时准备保暖衣物应对夜晚低温；④准备宽边帽子、太阳镜、高倍数防晒霜等，防止阳光暴晒导致晒伤；⑤准备防沙装备，如防沙面罩、护目镜等，防止风沙伤害眼睛和呼吸道；⑥准备专业的沙漠徒步鞋，为沙漠行走提供良好的支撑和防滑。

（3）导航与通信：携带可靠的地图和指南针，或者使用专业的卫星导航设备，确保不迷失方向；携带移动电源，确保手机电量充足，在有信号的地方保持通信畅通。

（4）行进过程中：导游首先应告知旅游者做好防晒、防寒、防沙、防叮咬、防中暑、防脱水等措施。严格按照预定路线行走，避免偏离，进入未知区域。旅游者不能单独行动，保持团队成员之间的联系和互相照顾。控制行进速度，注意休息，避免过度疲劳。随时关注身体状况，定时补充水分和盐分，防止中暑、脱水等。

（5）特殊情况：沙漠面积广阔且气候多变，方向难辨，一旦迷失，很可能危及生命。提醒旅游者千万不要一个人离开团队。若在沙漠旅游中走散，迷失方向，不要慌张，也不要乱走，应在原地等待救援。

（五）水上旅游安全知识

水上旅游指依托江河、湖泊、海域等水域，以船舶、艇筏、潜水器、水上飞行器等载具为载体，由专业机构组织的游览观光或休闲娱乐活动。

1. 水上旅游安全注意事项

（1）强制穿戴救生设备。登船前确保全员规范穿戴救生衣，卡扣与裆带双重固定，反光标识朝外；儿童须使用儿童专用救生设备。

（2）管控特殊人群与行为。高血压、心脏病患者、孕妇及醉酒者禁止参与潜水、漂流等高危项目；严禁在船上追逐打闹、攀爬护栏、进入非客舱区域。

2. 应急响应规范

（1）出现险情应立即拨打全国水上遇险电话 12395。

（2）采用“呼叫（呼救）→报警（12395）→伸（长竿救援）→抛（漂浮物）”四步法，禁止非专业人员下水。

（3）当出现风力≥4级、暴雨、雷电、大雾等气象预警时应停止活动，及时调整行程，规避风险。

总之，导游在带领游客在水上旅游时应以“安全第一”为核心，贯彻“预防为主、过程控制、科学救援”方针，通过设备核查、行为约束、应急准备三重步骤保障旅游者安全。

四、时差和度量衡换算知识

（一）时区与时差

1. 国际标准时间

英国格林尼治天文台每天播报的时间被称为国际标准时间，即“格林尼治时间”。

2. 地方时

人们在日常生活中所用的时间是以太阳通过天体子午线的时刻——“中午”作为标准来划分的。每个地点根据太阳和子午线相对位置确定的本地时间即为“地方时”。地球每24小时自转一周（360°），每小时自转15°。自1884年起，国际上将全球划分为24个时区，每个时区的范围为15个经度，即经度相隔15°，时间相差1小时。以经过格林尼治天文台的零度线为标准线，从西经7.5°到东经7.5°为中区（称为0时区）。然后从中区的边界线分别向东、西每隔15°划1个时区，东西各有12个时区，而东、西12区都是半时区，合起来称为12区。各时区都以该区的中央经线的“地方时”为该区共同的标准时间。

3. 北京时间

北京位于东经116.24°，划在东8区，该区的中央经线为东经120°，因此，“北京时间”是以东经120°的地方时作为标准时间。中国幅员辽阔，东西横跨经度64°，跨5个时区（从东五区到东九区），为了统一，以“北京时间”作为全国标准时间。

（二）时差换算

时差换算公式：甲乙两地的时区差 = 两地时区数相加减（甲乙两地同在东时区或同在西时区用"–"，甲乙两地一个在东时区另一个在西时区时用"+"）。

如北京在东 8 区，伦敦在 0 时区，则 8–0=8，即相隔 8 个时区，时差为 8 小时。北京 12 时，伦敦为 12–8=4 时。

如北京在东 8 区，悉尼在东 10 区，则 10–8=2 时，即相隔 2 个时区，时差为 2 小时。北京 12 时，悉尼为 12+2=14 时。

如北京在东 8 区，纽约在西 5 区，则 8+5=13 时，即相隔 13 个时区，时差为 13 小时。北京 12 时，纽约为 12–13=–1 时（前日 23 时）。

时刻换算公式：甲地时刻 = 乙地时刻 ± 甲乙两地的时区差（甲在乙东则"+"，甲在乙西则"–"）。

部分国家和地区实行冬令时和夏令时两种时间制度。在冬令时期间，使用标准时间；而在夏令时期间，时间则比标准时间快 1 小时。下表展示了北京时间与各个国家和地区标准时间的时差情况（表 3–6）。

表 3–6　北京与世界主要城市时差表

城市名称	时差数	城市名称	时差数
中国香港　中国澳门　吉隆坡　新加坡　马尼拉	0	莫斯科　巴格达	–5
首尔　东京　平壤	+1	开罗　开普敦	–6
悉尼　堪培拉　墨尔本	+2	巴黎　柏林　日内瓦　罗马	–7
河内　金边　曼谷　乌兰巴托	–1	伦敦	–8
塔什干　阿斯塔纳	–3	纽约　华盛顿　渥太华　多伦多	–13
新德里　孟买	–2.5	洛杉矶　温哥华	–16
迪拜	–4	夏威夷	–18

注：北京 0 时与世界主要城市相比。"+"表示比北京时间早，"–"表示比北京时间晚。各地时间均为标准时间。

（三）温度换算

温度的测算标准有两种：摄氏温度和华氏温度。我国习惯用摄氏温度，而西方国家则较多地用华氏温度。二者的换算公式如下：摄氏度（℃）= 5 ÷ 9 ×［华氏度（°F）–32］

例如：将 90 华氏度换算成摄氏度：5 ÷ 9 ×（90–32）≈ 32.2℃

华氏度 = 摄氏度 ×9 ÷ 5+32

例如：将 30 摄氏度换算成华氏温度：30 × 9 ÷ 5+32=86℉

（四）度量衡换算

世界上的度量衡有公制和英美制，中国还有市制，虽然它们之间的换算比较复杂，但是导游在工作中会经常遇到此类的换算问题，所以应该了解常用的度量衡换算（表 3–7 ~表 3–12）。

表 3–7 长度换算（一）

公制	中国市制	英美制	英制
公里（千米）	里	英里	海里
1	2	0.6214	0.53996
0.5	1	0.3107	0.26998
1.60934	3.2187	1	0.86842
1.853	3.706	1.1515	1

注：英制 1 海里 =6080 英尺（实用通常为 6000 英尺 = 纬度的 1/60）

美制 1 海里 =（国际海里）=6076 英尺（1954 年 7 月 1 日起美国改用国际海制）

表 3–8 长度换算（二）

公制		中国市制	英美制		
米	厘米	尺	码	英尺	英寸
1	100	3	1.0936	3.2808	39.37
0.01	1	0.03	0.01094	0.03281	0.3937
0.3333	33.33	1	0.3645	1.094	13.123
0.9144	91.44	2.743	1	3	36
0.3048	30.48	0.9144	0.3333	1	12
0.0254	2.54	0.0762	0.0278	0.0833	1

表 3–9 容（体）积换算（一）

公制	中国市制	英制	美制
升	升	（英）加仑	（美）加仑
1	1	0.22	0.264
4.546	4.546	1	1.201
3.785	3.785	0.833	1

表 3-10　容（体）积换算（二）

公制		英美制			中国市制
立方米	立方厘米	立方码	立方英尺	立方英寸	立方尺
1	1000000	1.308	35.3147	61023.7	27
0.000001	1	0.0000013	0.00004	0.06102	0.000027
0.76456	764555	1	27	46656	20.643
0.02832	28317.016	0.037	1	1728	0.76455
0.000016	16.3871	0.00002	0.00058	1	0.00044
0.037	37037	0.0484	1.308	2260.137	1

表 3-11　重量换算

公制		英美制常衡		英美制金衡或药衡		中国市制
千克	克	磅	盎司	磅	盎司	两
1	1000	2.20462	35.2736	2.679227	32.15072	20
0.001	1	0.0022	0.035274	0.0026792	0.03215	0.02
0.45359	453.592	1	16	1.2152777	14.5833324	9.072
0.02835	28.3495	0.0625	1	0.07595486	0.91145833	0.567
0.37324	373.2418	0.82285714	13.1657	1	12	7.465
0.031103	31.1035	0.06857143	1.0971428	0.08333	1	0.622
0.05	50	0.11023	1.76368	0.13396	1.60752	1

注：宝石：1 克拉 =0.2 克；1 金衡盎司 =155.5 克拉。

表 3-12　面（地）积换算

公制	中国市制	英美制	公制		中国市制	英美制
平方千米（公里）	平方里	平方英里	公顷	公亩	亩	英亩
1	4	0.3861	100	10000	1500	247.106
0.25	1	0.0965	25	2500	375	61.78
2.59	10.36	1	259	25900	3885	640
0.01	0.04	0.003861	1	100	15	2.471
0.0001	0.0004	0.000039	0.01	1	0.15	0.0247
0.00067	0.002667	0.000257	0.0667	6.667	1	0.165
0.00405	0.016187	0.00156	0.4047	40.468	6.07	1

注：1 公顷 =100 米的平方 =10000 平方米；1 亩 =666.67 平方米。

第二篇

基本程序

第四章 地陪导游服务程序

章节练习
增值服务

学习目的

掌握：《导游服务规范》关于地陪导游准备工作，出发与迎接、交通、住宿、用餐、游览、购物、文化娱乐、送行等服务及后续工作要求的规定；《国家旅游局 交通运输部关于进一步规范导游专座等有关事宜的通知》关于导游专座设置和使用要求的规定；《文化和旅游部市场管理司关于进一步规范导游旗使用和管理有关事项的通知》关于导游旗使用和管理要求的规定。

第一节 准备工作

做好接团前的准备工作是地陪导游提供良好服务的前提。中国有句古语“凡事预则立，不预则废”，地陪导游工作千头万绪，事无巨细，考虑稍有不周就可能出错，进而影响整个导游服务质量。因此，地陪导游的准备工作应细致、周密。

一般来说，地陪导游的准备工作包括以下几个方面。

一、熟悉接待计划

接待计划是组团社委托各地方接待社组织落实旅游团活动的契约性文件，是地陪导游了解该团基本情况和安排活动日程的主要依据。地陪导游在接到旅游团接待计划后，应认真阅读、思考，全面、准确地了解旅游团在当地的活动内容和要求，对旅游服务中的重点或疑难点做记录，并了解清楚以下情况（表 4–1）。

表 4–1　旅游团队接待计划

组团社名称、团号			客源国（地区）		全陪导游、联系方式		
地接社团号					地陪导游、联系方式		
总人数	人	男	人	用车情况	车队	司机	
		女	人				

时间	游览项目及景点	用餐	入住宾馆
D1 月 日		早餐：	
		中餐：	
		晚餐：	
D2 月 日		早餐：	
		中餐：	
		晚餐：	
D3 月 日		早餐：	
		中餐：	
		晚餐：	
D4 月 日		早餐：	
		中餐：	
		晚餐：	
D5 月 日		早餐：	
		中餐：	
		晚餐：	
D6 月 日		早餐：	
		中餐：	
		晚餐：	
D7 月 日		早餐：	
		中餐：	
		晚餐：	
交通方式	来程：		
	返程：		
备注			

旅行社（公章）

线路：

签发日期：　　　　　　签发人：　　　　　　地陪导游签名：

（一）旅游团及成员基本情况

1. 旅游团概况

组团社名称，相关联络人及联络方式，国籍，导游语言要求，旅游团名称或团号，旅游团类型、收费标准和费用结算方式等。

2. 旅游者基本情况

旅游者客源地、人数、姓名、性别、年龄、职业、宗教信仰、护照或身份证号码等。

3. 旅游线路和交通工具

旅游团的全程线路、入出境地点和乘坐交通工具的情况等。

4. 交通票据

旅游团去往下一站的交通票据是否已按计划订妥，有无变更以及变更后的落实情况，有无返程票。

（二）旅游团及成员的特殊要求与注意事项

1. 食、住、行、游、购、娱等方面的特殊要求

旅游团在用餐、住房、用车、游览等方面是否有特殊要求。

2. 重要人物迎送、会见、宴请等注意事项

旅游团有无迎送、会见、宴请等礼遇的安排。

3. 需要特殊重点照顾的客人

旅游团是否有老弱病残及婴幼儿等需要特殊照顾的旅游者。

二、落实接待计划

在旅游团抵达前，地陪导游应与各有关部门或人员一起落实、检查旅游团的日程、交通工具、住房及用餐、参观及游览项目等事项。

（一）核对日程安排

地陪导游应根据接待计划安排的日程（电子行程单），认真核对旅游团在当地活动日程表中所列日期、时间、游览项目、用餐地点、购物地点、娱乐活动、自由活动等项目。如发现有出入，应立即与地接社计调人员联系核

实，以免实施时出现麻烦。

（二）与全陪导游或者领队①联系

地陪导游应提前与全陪导游或者领队取得联系，了解旅游团有无变化情况，对在当地的安排有无特殊要求。告知全陪导游或者领队行程中景点对旅游者的优惠政策和需要携带的相关证件以及相关的注意事项。

（三）落实接待车辆

地陪导游应在接团前同司机联系，商定会面时间和车辆停放位置。提醒司机检查车辆空调、话筒及音响、座椅及安全带等，保证旅途中这些设备能够正常使用。接待大型旅游团时，地陪导游应在车身合适的位置贴上醒目的编号或标记，以便旅游者识别。

（四）落实住房及用餐

地陪导游应该提前熟悉旅游团下榻饭店和用餐餐厅的名称、位置、服务设施和服务项目。

地陪导游在接团前要与计调人员核实旅游团所住房间的数量、房型、用房时间是否与旅游接待计划相符，同时与饭店销售部或总台核实。若接待的是重点旅游团，地陪导游可亲自到旅游团下榻的饭店向饭店接待人员了解团队排房情况，主动介绍旅游团的特点，配合饭店做好接待工作。

地陪导游应提前熟悉旅游团用餐餐厅的位置、特色。与餐厅联系，确认旅游团日程表上每一餐的落实情况，并告知旅游团的人数、用餐标准、日期、特殊要求和饮食禁忌等。

（五）核实交通票据

地陪导游应主动与计调部门联系，认真核实旅游者离开当地的交通工具出票情况、航班（车次、船次）的出发时间，合理安排旅游者离开饭店前往机场（车站、码头）的时间。

---

① 本书第四章、第五章中提到的“领队”是指接受国外组团社委派，全权代表国外组团社带领旅游团队到中国旅游，监督中国地接社和地陪导游等执行旅游计划，并为入境旅游者提供出入境等全程陪同服务的旅行社工作人员。

（六）落实其他项目

如果旅游接待计划中还有一些宴请、品尝风味餐、会见、社区参观等活动，地陪导游应在接团前与地接社相关部门联系，跟进项目活动的落实。

三、物品与资料准备

上团前，地陪导游应根据实际需要做好接团物品准备，确保旅游活动能够正常有序开展。

（一）准备必要的票证、表格和费用

包括接待计划（电子行程单）、旅游服务质量反馈表、各类（如餐饮、住宿、景区门票、旅游团费用等）结算单据。

（二）准备工作物品

1. 导游证

导游证是证明导游身份的证件，同时也是导游开展工作时必须携带的证件。从 2017 年开始，全国各地开始换发电子导游证并且逐渐停止使用 IC 卡导游证。导游应遵守国家相关规定，换发并使用电子导游证。

2. 导游旗

在人流量大的景点，导游使用导游旗可以方便旅游者紧跟旅游团队，不至于走失。根据《文化和旅游部市场管理司关于进一步规范导游旗使用和管理有关事项的通知》（市场函〔2023〕38 号），使用导游旗时应注意以下要求：导游旗的形状宜为长方形或三角形，其尺寸应适中，旗面宽高为 45 厘米 ×30 厘米或 60 厘米 ×40 厘米，色彩需鲜艳引人注目，材质则应便于飘扬。此外，旗面上必须清晰地印制旅行社的名称、标志或产品名称，且无任何违反社会公序良俗的文字、符号或图案。在导游服务过程中，当旅游者人数超过 10 人时，导游必须携带导游旗；若人数少于 10 人，则可根据现场情况灵活决定是否携带。在使用时，导游应确保旗杆挺立，使旗面处于旅游者易于识别的位置；在不使用时，则需妥善保管，避免垫坐或随意玩耍等不当行为。

3. 接站牌

醒目而清晰的字体可以使旅游者和全陪导游、领队方便快捷地找到自己。接站牌的内容可以是全陪导游、领队的名字，也可以是双方约定好的某个名字。如果对方是团体参观，还可以是对方单位的名字。

4. 讲解器

传统扩音器以声音向外传播为主，易形成各种噪声，在一些场馆内被禁止使用。导游可以使用清晰无干扰、体验感强的新一代无线讲解器。

5. 其他工作物品

其他工作物品包括旅游车标志、宣传资料、行李牌（或行李标签）以及给旅游团成员按人数发放的物品（如旅游帽、导游图或其他旅游纪念品）等。

（三）准备应急用品

要做到有备无患，地陪导游上团前要根据接待计划内容和旅游者情况，带上相应的应急用品，如手机充电器、充电宝、雨伞、创可贴、润喉糖、塑料袋、其他小工具等；也可以准备一些途中与旅游者互动的活动小奖品，如本地旅游图以及具备本地特色的小纪念品、宣传资料等。

此外，导游要学会照顾好自己，把自己照顾好了才能更好地为旅游者服务，所以地陪导游要准备好个人必需物品，如自用药物、个人衣物等。

四、知识准备

导游的工作是以丰富的知识为基础，高超的语言技能为手段，为旅游者提供各种服务。因此，在旅游行程开始之前，地陪导游人员应根据旅游团的计划和旅游团的特点准备相应知识。

（一）专业知识准备

地陪导游应根据接待计划确定的参观游览线路，做好有关知识和资料（史地文化知识、政策法规知识等）的准备，注意知识的更新，及时掌握最新信息。接待有相关专业要求的团队要做好相关专业知识和专业术语的准备。

（二）交谈话题知识

带团服务时，地陪导游想要融入旅游团队，就要找到一个切入点，因此，热门话题知识必不可少。地陪导游应做好当前热门话题、国内外重大新闻，以及旅游者可能感兴趣的话题的准备。同时，对旅游者所处的国家（地区）有关知识也应该进行相应准备。

（三）语言词汇知识

若接待的是入境旅游团，尤其是一些学术会议团、专业考察团、访问代表团等，地陪导游还要做好语言翻译和外语词汇的准备，注意表达应清楚、生动、流畅。

五、形象准备

在旅游者的审美过程中，导游一方面扮演着美的传递者，另一方面又是旅游者所面对的审美对象。导游的形象和气质将给旅游者留下深刻的印象，在一定程度上左右着旅游者对导游的主观态度。当旅游者对导游的形象满意甚至欣赏时，他会主动接近导游，也乐意听从其安排；而如果旅游者对导游的形象不满意甚至反感时，往往就会怀疑、挑剔导游，甚至不愿与其合作，导游带团就会困难重重。

地陪导游要在旅游者心目中树立起良好的形象，首先应注意自己的仪表和着装须符合职业身份，以端庄大方、整洁自然为宜，不能不修边幅，不能显得太落伍，也不能太前卫。一般来说，地陪导游带团时穿着干净整洁的休闲服装即可。如果是政务或者商务接待，男士可穿西服，女士可穿职业装。

六、心理准备

地陪导游应具备良好的心理素质，在出团前要善于把自己的情绪调整到最佳状态，并做好以下三个方面的心理准备。

（一）树立带好旅游团的自信

应有带好旅游团的充分自信，有自信的导游才值得旅游者信赖和依靠。第一，旅游团成员尽管来自不同的国家或地区，相互之间的知识层次与社会财富可能差距很大，在旅游过程中却有着相同的身份——旅游者。导游看到的应是人格平等的旅游者，而不是他们背后的职衔和财富，这样就不会患得患失，从而减轻心理负担。第二，导游在对旅游目的地风土人情、社会文化等知识的了解上有着得天独厚的优势，这是导游所“长”，也正是旅游者所“短”。所以，导游讲解时应充满自信，充分发挥自身的知识优势。一般来说，如果导游有比较好的综合素养，有针对性地做了充分的知识准备，完成一个团队的导游服务任务是没有问题的。

（二）准备面对艰苦复杂的工作

首先，在旅游服务中，导游的工作时间不固定，经常是早出晚归，遇到突发情况，甚至晚上也不能好好休息，第二天又要辛苦一天。其次，导游的工作环境也是不固定的，经常会遇到高温、寒冷、雨雪、风沙等恶劣天气，还要面对嘈杂、拥挤的场景。最后，导游不能仅仅考虑按照标准化和规范化的工作程序提供服务，还要有充分的思想准备考虑如何为特殊旅游者提供个性化服务。上述情况让导游服务工作变得越发复杂、困难，所以，导游在上团前要有面对艰苦复杂工作的充分心理准备，这样才能做到遇事不慌，遇到问题也能迅速、妥善地处理。

（三）准备可能面对抱怨和投诉

导游工作繁杂辛苦，有时可能出现导游已经尽其所能、热情周到地为旅游团服务，但还是出现个别旅游者挑剔、抱怨、指责，甚至提出投诉的情况。面对这种情况，导游要有足够的心理准备，沉着冷静地面对，无怨无悔地为旅游者服务。

第二节　迎接服务

迎接服务是指导游按照接待计划安排或约定时间，提前 30 分钟到达机场、车站、码头迎接旅游团前后所提供的各项服务。在迎接过程中，地陪导游应使旅游团在接站地点得到及时、热情、友好的接待。

一、旅游团即将抵达前的工作

（一）确认旅游团抵达的时间和地点

接团当天，地陪导游应尽早与旅游团全陪导游或领队联系，了解旅游团所乘交通工具的运行情况，尤其是在天气恶劣的情况下，应随时掌握旅游团的动向，了解其抵达的准确时间和站点。国内有些城市可能有多处车站或多个机场，地陪导游千万要留意，不要弄错、接错站点。

大雾、雷雨、台风、下雪等恶劣天气往往影响飞机、火车、汽车、轮船的顺利抵达，地陪导游应尽早与旅游团领队或全陪导游取得联系，了解交通工具的运行情况，也可以通过相关 App、机场网站或机场（车站、码头）问询处，查询了解旅游团所乘交通工具到达的准确时间。

（二）与旅游车司机对接

确认旅游团所乘交通工具到达的准确时间后，地陪导游应与司机联系，确保提前 30 分钟抵达约定位置接站地点。见面后，告知司机旅游团的整个活动日程，在旅游交通方面征求司机的意见和建议。

（三）再次核实旅游团抵达的时间

地陪导游在到达接站地点后，应再次确认航班（车次）抵达的准确时间。如被告知所接航班（车次）晚点，但推迟时间不长，地陪导游可留在接站地点继续等候旅游团；如推迟时间较长，应立即将情况报告地接社有关部门，听从安排。

二、旅游团抵达后的工作

（一）持证上岗

地接导游再次确认佩戴了导游身份标志，开启了导游执业相关应用软件，手持旅行社标志准备迎接旅游团。

（二）迎接旅游团

在确认旅游团所乘飞机（火车、轮船）抵达后，地陪导游可以与团队全陪导游、领队通过电话取得联系，告诉其自己所在位置、体貌特征和接站标志等。在旅游团出站时，地陪导游应站在出口醒目位置高举接站牌或导游旗迎接，尽快找到所接旅游团。迎接的方法主要有以下两种。

1. 原地迎候

地陪导游站在醒目位置高举接站牌或导游旗，以便领队、全陪导游（或旅游者）前来联系。

2. 主动认别、寻找

根据旅游者的民族特征、衣着、组团社的徽记、人数等分析判断，主动上前友好询问。

（三）核实团队信息

接到旅游团后，地陪导游应仔细核对领队、全陪导游或旅游者代表的姓名、国别、客源地、组团社名称等信息，以及向领队、全陪导游或旅游者代表核实实到人数，如该团无领队和全陪导游，应与该团成员逐一核对团员、客源地及团员姓名等，无任何出入时才能确定是自己所接的旅游团，防止错接。如因故出现人数增加或减少等与计划不符的情况，应及时通知旅行社。

（四）集中清点行李

地陪导游应协助旅游者将行李集中放在指定位置，清点行李件数，提醒旅游者检查自己的行李物品是否齐全、完整无损。

（五）集合登车

带领旅游者前往乘车处集合登车，协助司机在车辆行李舱安放好旅游者的大件行李物品。旅游者上车时，地陪导游应恭候在车门旁，协助旅游者上车。上车后，地陪导游应协助全陪导游或者领队安排旅游者就座，并安置好随身行李。待旅游者坐稳后，地陪导游应先检查行李架上的物品是否稳固，再礼貌地清点人数，提醒旅游者坐稳、系好安全带，最后请司机开车。

为了服务工作的方便和安全，地陪导游应当坐在导游专座上。根据《国家旅游局 交通运输部关于进一步规范导游专座等有关事宜的通知》（旅发〔2016〕51号），“导游专座”是指旅游客运车辆在提供旅游服务时，为导游人员设置的专用座位。“导游专座”应设置在旅游客运车辆前乘客门侧第一排乘客座椅靠通道侧位置；旅游客运企业在旅游服务过程中，应配备印有“导游专座”字样的座套；旅行社制订团队旅游计划时，应根据车辆座位数和团队人数，统筹考虑，游客与导游总人数不得超过车辆核定乘员数。地陪导游途中如果需要讲解时，应提醒司机放慢车速并保持匀速前进状态。当汽车高速行驶时，禁止导游在车内站立讲解。

第三节 首次途中服务

首次途中服务是指地陪导游带领旅游者离开机场（车站、码头）前往饭店或景区的途中所提供的旅游服务。这是地陪导游首次在全体旅游者面前较为正式地展示自己的业务水平和个人魅力，也是地陪导游给全团留下良好第一印象的重要环节。地陪导游在此过程中要做好以下几方面的工作。

一、致欢迎词

致欢迎词是地陪导游第一次与旅游者进行信息交流和情感交流。做好这个环节的工作，能够使地陪导游在旅游者面前树立良好的形象和较好的威信，激发旅游者游兴，从而建立良好的对客关系，保障旅游计划的顺利实施。

致欢迎词应把握好时机，因为旅游者初到一地，对周围环境充满了新奇感，左顾右盼，精神不易集中，这时致欢迎词，往往效果不好。一般应在旅游者把手头上的事情处理完毕，在座位上安静下来，地陪导游再开始致欢迎词。

欢迎词一般包括如下内容。

（1）问候语，向旅游者问好。

（2）欢迎语，对旅游者的到来表示欢迎。

（3）介绍语，介绍旅行社、旅游车司机和自己。

（4）希望语，表达提供优质服务的态度和希望支持合作等。

（5）祝福语，预祝旅游活动愉快、顺利。

欢迎词内容应根据旅游团的性质及其成员的文化水平、职业、年龄及居住地区等情况而有所不同。欢迎词要求有激情、有特点、有新意、有吸引力，同时也要注意避免华丽的辞藻堆砌，给旅游者以亲切、热情、诚恳、可信之感。例如：

朋友们，大家好！欢迎您来到“人间天堂”——杭州。我是大家本次杭州之旅的地陪导游王 ××，来自 ×× 旅行社，大家可以叫我王导或者小王。为本次旅程保驾护航的是司机周师傅，他可是行业内公认的“活地图”，十年安全驾驶零事故，坐他的车，您尽管放心。我和周师傅将竭诚为大家做好服务，努力给您留下一段美好的回忆。同时也希望大家能够配合我们的工作，文明旅游！最后祝愿大家旅途愉快！

二、行程介绍

地陪导游在致欢迎词后，向旅游者说明当前乘车前往的地点、需要的时间，让他们胸中有数，然后地陪导游可以根据实际情况对整个行程进行简单的介绍。旅游行程是旅游企业根据旅游合同制定的，包括在旅游目的地的景区景点、住宿餐饮、购物娱乐、交通方式等一系列旅游服务项目的安排。在介绍行程时，地陪导游需要解答旅游者对行程的疑问，提醒一些团队活动注意事项，让旅游者对此次旅游行程有一个总体印象，为下面的旅游活动顺利开展做好铺垫。如果接待的是入境旅游团，地陪导游还应介绍两国的时差，请旅游者及时、准确调整时间，并告知在之后的游览中以北京时间为准。

三、沿途导游

首次沿途导游是地陪导游接到旅游团队后的第一次导游讲解。旅游者初到异地，充满了强烈的好奇心。所以，地陪导游必须做好首次沿途导游，这个环节既可以满足旅游者的好奇心和求知欲，又是一次显示地陪导游知识、技能的大好机会。精彩成功的首次沿途导游会使旅游者产生信任感和满足感，从而在他们的心目中树立良好的第一印象。

首次沿途导游可以根据路途的远近合理组合，一般可以讲解以下内容。

（一）当地概况

包括当地的地理位置、气候环境、历史文化、经济发展、社会生活、风物特产等。

（二）沿途景观

沿途景观是指从机场（车站、码头）到下榻饭店或参观景点道路沿线存在的景观，可以是建筑、雕塑、河湖、道路，也可以是绿化植物、飞禽走兽等。只要是醒目的，或者虽然不醒目，但是旅游者感兴趣的景观，都可以讲解。讲解的内容不局限于具体景观本身，还可以延伸到相关知识。讲解时要注意触景生情、点面结合、简明扼要；要“眼疾嘴快”，善于察言观色、随机应变、见人说人、见物说物，即注意使讲解速度与旅游车进行的速度一致，准确地对景物进行描述。

（三）下榻饭店

在旅游车快到下榻的饭店时，地陪导游应向旅游者介绍该团所住饭店的基本情况：饭店的名称、位置、星级、距机场（车站、码头）的距离、提供的服务项目、入住手续及注意事项等。

第四节　核对商定日程

旅游团在一地的参观游览内容一般都已明确规定在旅游合同书上，而且在旅游团抵达前，旅行社有关部门已经安排好该团在当地的活动日程。即便如此，地陪也必须把旅行社有关部门已经安排好的活动日程与领队、全陪导游一起核对、商定，征求他们的意见。

一、核对商定日程的作用

首先，与领队、全陪导游核对行程安排是对他们的尊重。领队和全陪导游是组团社的代表，他们有事先了解和审核各地接社对旅游日程的安排以及对安排提出自己的意见并予以修改的权利。其次，与领队、全陪导游核对日程是实施接待计划的必要准备。在旅游团抵达前，旅行社有关部门已经安排好该团在本地的活动日程，但是通过领队、全陪导游的认真核对，可以进一步发现问题，弥补漏洞和不足，有助于旅游团的游览更为圆满地完成。最后，与领队、全陪导游核对日程有利于双方的沟通，对未尽事宜达成共识。由于旅游计划的拟订已经有了一段时间，在主观和客观方面都有可能发生变化，因此，事先商定日程可以针对已经变化了的各种因素及时做出必要调整。

总之，核对、商定日程是旅游团的一项重要工作，是保证团队顺利运行的必要程序，地陪导游要予以特别重视。

二、核对商定日程的时间、地点

如果旅游团抵达后是直接去游览点的，核商日程可以选择在机场或者行车途中；如果旅游团是先前往饭店的，可以选择在旅游团入住后，地点宜在公共场所，如饭店大厅等。在旅游行程核对无误后，地陪导游可请领队或全陪导游及时通知旅游者。

三、核对商定行程时，可能出现的问题及处理措施

（一）领队（全陪导游）或旅游者提出小的修改意见或增加新的游览项目时

（1）地陪导游及时向旅行社有关部门反映，对“合理又可能”满足的项目，应予以安排。

（2）需要加收费用的项目，地陪导游要事先向领队（全陪导游）或旅游者讲明，按有关规定收取费用。

（3）对确有困难且无法满足的要求，地陪导游要详细解释、耐心说服。

（二）领队（全陪导游）或旅游者提出的要求与原行程不符且又涉及接待规格

（1）一般应婉言拒绝，说明这涉及变更旅游合同，需要双方协商。

（2）如确有特殊理由，并且由领队（全陪导游）提出时，地陪导游必须请示旅行社有关部门，视情况而定。

（三）领队（全陪导游）手中的旅行计划与地陪导游的接待计划有部分出入

（1）要及时报告旅行社，查明原因，分清责任。

（2）若是地接社的责任，地陪导游应实事求是地说明情况，并向领队（全陪导游）和全体旅游者赔礼道歉。

第五节　住宿服务

饭店是旅游者“临时的家”，为其提供周到体贴的住宿服务非常重要。

地陪导游应一方面在旅游团抵达饭店后协助全陪导游或领队尽快办理入住手续，让旅游者了解饭店的基本情况和入住注意事项，另一方面做好旅游者离店时的提醒和退房服务。

一、协助办理入住

旅游团进入饭店后，地陪导游应先安排旅游者在大堂休息区等候，请领队或全陪导游收齐旅游者证件。然后，地陪导游把旅游者证件、《团队名单表》一起交到饭店前台，讲明团队名称、订房单位，快速办理好入住登记手续。拿到房号和房卡（钥匙）后，地陪导游请领队或者全陪导游根据准备好的住房名单分发房卡，并把分房情况迅速地登记在《分房名单表》上。最后，请饭店前台人员将《分房名单表》复印两份，一份交给领队或者全陪导游，另一份自己留存，以便准确掌握领队、全陪导游和旅游者的房间号。此外，地陪导游还应在饭店前台领取印有饭店名称、地址和电话的饭店卡片分发给旅游者。地陪导游若住在饭店，应将自己的房号告知领队或者全陪导游；若不留宿饭店，地陪导游在离开饭店前应再次与领队或者全陪导游确认互留了联系方式，以备不时之需。

二、宣布当天或次日活动的安排

在分发房卡或钥匙后，地陪导游应与全陪导游或领队商量当日或次日的活动安排，达成一致。然后，地陪导游向全体旅游者宣布当天或次日的活动安排、集合时间和地点，提醒旅游者做好必要的游览准备。为了表示尊重，也可以请全陪导游或领队来宣布，以树立他们在旅游团中的威信。

三、照顾旅游团入住

（一）提醒入住注意事项

地陪导游在旅游者入住前还应说明注意事项，如部分饭店安保制度严格，乘电梯上楼需要刷房卡；提醒旅游者将贵重物品放到房间保险箱或交由前台保管；提醒房内收费项目（如小酒吧、长途电话、收费电视等）；强调饭店的安全通道位置；提醒进入房间的安全注意事项，如检查房内设施物品是否完备无损；洗澡前确保垫好地巾，以防止地滑跌倒；睡觉前注意关紧门窗，以防治安事故的发生；不要在床上吸烟，防止火灾等。

（二）处理入住出现的问题

旅游者进入房间后，可能会发生一些临时性的问题。因此，地陪导游可以根据实际情况告知旅游者自己会在饭店大堂等候 20 ~ 30 分钟或者每个房间都巡视一遍，随时处理这些问题，如房间卫生问题、空调问题、淋浴问题、旅游者要求调换房间及提出个人需求等，地陪导游要协助饭店有关部门处理此类问题。

四、安排叫早服务

地陪导游在结束当天活动离开饭店之前，应与全陪导游或领队商定第二天的叫早时间，并请全陪导游或领队将时间通知全团，地陪导游则负责将叫早时间通知饭店前台，办理叫早手续。

五、离店服务

（一）提醒注意事项

旅游团离开饭店前，地陪导游应提醒旅游者带好个人物品及证件。如果旅游者在饭店有消费，如洗衣费、长途电话费、食品饮料费等，地陪导游应提醒、督促旅游者尽早与饭店结清有关账目。

（二）办理退房手续

旅游团离开饭店前，地陪导游可将旅游者的房卡（钥匙）收齐交到饭店前台（也可由旅游者自交），并及时办理退房手续。在办理退房手续时，地陪导游要再次认真核对旅游团的用房数，确认无误后按规定结账签字。退房当天有特殊情况的，地陪导游应提前告知饭店前台，适时延后退房时间或者采取其他处理方法。

（三）集合登车

所有离店手续办好后，地陪导游应照顾旅游者上车入座，再次仔细清点人数，并再次提醒旅游者带好随身行李物品和证件。经确认没有遗漏后，请司机开车前往机场（车站、码头）。

第六节　用餐服务

俗话说“民以食为天”，用餐是旅游者最关心的旅游服务内容之一。地陪必须对用餐服务给予高度重视。

一、餐前准备

（一）提前落实用餐

在旅游团队用餐前，为了确保用餐顺利，地陪导游要提前落实本团当天的用餐事宜，对用餐地点、时间、人数、标准、形式及旅游者特殊要求等逐一核实、确认。

（二）引导旅游者入座

地陪导游应事先了解团队用餐的位置，并对旅游者做出指引。进入餐厅后，地陪导游应告知餐厅迎宾员团队的团号、旅行社名称以及人数等信息。引导旅游者落座后，地陪导游应督促服务员上茶水，介绍餐厅的有关设施，尤其是洗手间的位置，同时向旅游者说明用餐的具体时间。

二、餐中服务

（一）巡视用餐

在用餐过程中，地陪导游应巡视旅游团用餐情况 1～2 次，引导旅游者文明用餐、使用公筷公勺。在用自助餐时，提倡旅游者“厉行节约，反对浪费”。同时，监督检查餐厅是否按照标准提供服务。如果是用风味餐，地陪导游还应进行必要的介绍，帮助旅游者了解风味餐的历史、特色等，并掌握用餐的程序和方法，引导旅游者领略和体味中国饮食文化的精妙，如“叫花鸡”“臭鳜鱼”“东坡肉”“佛跳墙”等。

（二）处理问题

对旅游者在用餐中出现的相关问题和要求进行及时、有效的处理，如菜品里有头发、虫子之类的，地陪导游要及时向餐厅反映并立即换菜，必要时要求餐厅负责人出面赔礼道歉，适当给予补偿；如涉及口味咸淡、酸辣等问题，地陪导游要及时和餐厅协调，进行处理，同时在后续的餐饮安排中注意此类问题。

三、餐后服务

（一）提醒注意事项

旅游者在用餐结束准备离开餐厅时，地陪导游应提醒旅游者带好随身物品。如果下一站车程较长，地陪导游还应提醒旅游者提前去一下洗手间。

（二）结账、征求意见

用餐结束后，地陪导游应严格按照实际用餐人数、标准、饮用酒水数量等核实餐厅开列的账单，直接付款或者在结算单上签字。同时征求旅游者对用餐环境、餐饮质量的意见，并及时将收集的意见向餐厅反馈，以便餐厅对菜肴和服务质量不断改进。

第七节　游览服务

参观游览活动是旅游产品的核心内容，也是导游服务工作的中心环节。为了确保旅游者能够安全、顺利地参观游览，地陪导游必须认真准备、精心安排、热情服务、生动讲解。

一、出发前的服务

（一）做好出发前的准备

出发前地陪导游应准备好导游旗，携带电子导游证、行程单及必要的票证，佩戴导游身份标志，并开启导游执业相关应用软件，督促旅游车司机做好各项准备工作，核实用餐落实情况。

（二）提前到达集合地点

地陪导游应提前10分钟到达约定的集合点：一是向旅游者表示导游以身作则遵守时间，提前做好出发前的准备工作；二是为了热情招呼旅游者，表示对旅游者的尊重；三是地陪导游可趁旅游者还未到齐之前，向已到的旅游者了解他们的要求和想法，有针对性地提供旅游服务，应对可能出现的突发情况。

（三）核实、清点人数

当旅游者陆续来到集合点后，地陪导游就要开始核实、清点人数。若发现有旅游者未到，地陪导游应向领队、全陪导游或其他旅游者问明情况，设法及时找到；若旅游者留在饭店或不随团活动，地陪导游应问明情况并妥善安排。必要时应与不随团旅游者签订安全协议。

（四）提醒注意事项

地陪导游应向旅游者预报当日的天气和游览地点、地形、行走线路的长短等情况，必要时叮嘱旅游者带好所需的衣物、雨具、穿合适的鞋，提醒旅游者贵重物品不要留在房间里，等等。

（五）集合登车

旅游者按照约定的时间集合，在核实、清点人数后，地陪导游应站在车门一侧，热情招呼旅游者上车，对老弱病残者给予必要的帮助。旅游者全部上车后，地陪导游应再次清点人数，提醒大家系好安全带，并检查旅游者行李物品是否放置妥当，等所有旅游者坐稳后，地陪导游示意旅游车司机开车。

二、赴景点途中的服务

（一）宣布当日活动日程

在前往景点途中，地陪导游首先向旅游者寒暄问候，然后宣布（重申）当天的活动日程，包括途中所需时间、每个游览项目所需大致时间，午餐、晚餐的时间、地点等。若需乘船或乘坐缆车，要讲明准确的乘坐时间、地点，并提醒注意事项。

（二）沿途风光导游

在旅游团赴景点途中，地陪导游应向旅游者进行沿途风光讲解。沿途风光讲解的内容非常广泛，如道路、绿化、河流、建筑物、商业区（街）、人群、当地习俗、语言、特产以及当地趣闻逸事等。沿途风光导游一定要紧扣沿途景观，引出不同话题，将旅游者去不了的地方作出说明，并回答旅游者提出的各种问题，使旅游者始终有一种求知的满足感和兴奋感。

（三）组织途中活动

如前往景点路途较长，地陪导游可谈论一些国内外新闻，选择长一点的话题，讨论一些旅游者感兴趣的问题，也可组织适当的娱乐活动，如做游戏、猜谜语、唱歌等，以活跃车内气氛，使旅途变得轻松愉快。这些活动需要地陪导游具备渊博的知识和较强的组织能力。

（四）景点概况介绍

抵达景点之前，地陪导游应向旅游者介绍该景点的概况，重点介绍景点的历史价值和特色。介绍简单扼要，目的是满足旅游者事先想了解该景区（点）有关知识的心理，激起他们游览景区（点）的欲望，同时也为即将开始的参观游览活动做好铺垫。

三、抵达景点后的服务

（一）提醒游览中的注意事项

抵达景点后，在下车前，地陪导游要提醒旅游者记住旅游车的型号、颜色、标志、车牌号、停车地点和开车时间。如果遇到景点有下车和上车不在同一地点时，地陪导游要特别提醒旅游者不要弄错上车地点；下车后，地陪导游要及时引导旅游者站在景点示意图前，讲解游览线路，交代游览注意事项，提醒旅游者注意人身和财产安全并预防走失，讲清该景点停留时间以及参观游览结束后的集合时间和集合地点。

（二）景区导游讲解

在景区导游讲解过程中，地陪导游应保证在计划时间和计划费用内，使旅游者充分游览、观赏，做到导和游相结合，适当集中和分解相结合，劳逸结合。

在景点讲解时，地陪导游要做到胸中有数，先讲什么，后讲什么，中间穿插什么故事和趣闻都要预先设计；讲解内容要翔实，语言要流畅；要注意讲解方法和技巧，根据旅游者的文化程度、理解能力和地域（国界）差异等情况不断进行调整，使自己的讲解更具有针对性，同时注意观察旅游者的反应，灵活调整讲解内容和速度；力求做到有声有色，情景交融，详略得当，有虚有实，给旅游者以生动、形象、具体、亲切、灵活的感受。

游览中讲解的内容通常包括历史背景、景点概况介绍和实景讲解。背景介绍即介绍景点产生的由来和历史沿革，景点与相关历史事件和历史人物的关系。在游览讲解中，一般性的景观边讲边行即可，但对重要景观的讲解一定要先选好观赏角度，把握好观赏时机，全面、细致地进行讲解。景点作为文化的载体，往往是多种文化的交杂共存，特别是人文景观，更是一种文化的体现，讲解中要注意用文化诠释景点，使旅游者真正领悟景点的文化内涵，得到美的享受，这就要求地陪导游要从文化和审美的角度讲解主题，详略取舍得当。

为防止旅游者在游览中走失，除了在游览前做好提醒工作外，地陪导游还应做到时刻关注旅游者，并注意观察周围环境，特别关照老弱病残旅游者，同时注意与领队、全陪导游密切配合，随时清点人数。

四、返程导游服务

（一）回顾当天活动

地陪导游在返程中应回顾当天参观、游览的活动内容，做一些必要的补充讲解，并回答旅游者的提问，加深旅游者当日旅游活动的印象。适时征询旅游者对当日活动安排的意见。

（二）沿途风光导游

地陪导游在选择返程路线时，尽量避免原路返回，力求做到让旅游者看到更多景物，并做好沿途讲解工作。如返途时间较长，旅游者经过一天的游览活动后较疲惫，地陪可做简单回顾后尽早让旅游者休息。

（三）宣布次日活动安排

到达饭店前，地陪导游应向旅游者宣布次日的活动日程与时间安排，特别强调第二天的叫早时间，早餐时间和地点，出发时间和集合地点，提醒旅游者下车前带好随身物品。旅游车到达饭店后，地陪导游应先下车并站在车门一侧照顾旅游者下车，并与他们一一告别。

第八节 购物服务

“购”是旅游活动六要素之一。购买旅游目的地富有地方特色又物美价廉的旅游购物品，已成为人们旅游时必不可少的活动。同时，旅游购物对于宣传旅游目的地文化，促进当地社会、经济发展也发挥着重要作用。在国际上，旅游购物消费占比是衡量一个国家或地区旅游业是否成熟的重要标志。

一、按照接待计划安排购物，让旅游者购得舒心

《中华人民共和国旅游法》《导游管理办法》《导游服务规范》都对导游进行购物服务做出了明确要求。地陪导游应严格按照相关法律法规做好购物服务工作，根据旅游合同或接待计划规定的购物次数、购物场所和停留时间带领旅游者购物；不擅自增加购物次数和延长停留时间；不向旅游者兜售物品；不得以殴打、弃置、限制活动自由、恐吓、侮辱、咒骂等方式，强迫或者变相强迫旅游者参加购物活动；不得获取购物场所经营者以回扣、佣金、人头费或者奖励费等名义给予的不正当利益。

对于不愿参加购物活动的旅游者，要做出妥善安排，如就近参观其他景点，或安排到环境较好的地点休息等候。

二、介绍特色旅游商品，让旅游者购得开心

旅游者购物时，地陪导游应向旅游团讲清停留时间和有关购物的注意事项，并介绍本地商品的特色及选购方法，突出商品的实用性、收藏性、装饰性、纪念性等，当好旅游者的购物参谋。地接导游要注意摆正自己的位置和说话的角度，就商品本身做出客观的说明，实事求是。同时要引导旅游者自己观察，请旅游者自行选购，自主决定是否购买。

入境旅游者购物时，地陪导游要承担翻译工作，做好商品的介绍。遇到入境旅游者购买特殊商品，如中药或中药制成品时，要推荐旅游者到质量可靠、有信誉的大药店消费，并告知我国海关准许携带出境的药品限额（即合

理自用范围），尤其注意提醒旅游者我国海关严禁携带麝香、犀牛角和虎骨等中药材出境。

对商店不按质论价、以次充好、销售伪劣商品和不提供标准服务的行为，地陪导游应向商店负责人反映，以维护旅游者的利益。事后还应向地接社报告，通过地接社进行交涉，避免以后出现此类问题。

如果部分景区存在小贩强拉强卖的现象，地陪导游有责任提前提醒旅游者不要上当受骗，不能放任不管。

三、做好购物的售后服务工作，让旅游者购得安心

旅游者购买商品后，地接导游要提醒旅游者保存好购物发票，以便在商品出现问题时能够及时进行处理。部分体积过大、重量较重的商品，旅游者要求办理托运时，地陪导游应介绍托运的手续，并予以相应的协助。

第九节　文娱服务

文娱活动是旅游六要素的重要组成部分。我国历史悠久，文化底蕴深厚，民俗文化气息浓郁，加上现代高科技的应用，旅游演艺层出不穷，使得旅游中的文娱活动更加丰富多彩，极大地满足了旅游者对更高层次精神生活的追求。

一、计划内的文娱活动

（1）对计划内安排的文娱活动节目，地陪导游应陪同前往，并向旅游者概括性介绍节目内容和特点，同时做好文明旅游的引导工作。

（2）到达演出场所后，地陪导游要引领旅游者入座，介绍有关演出设施与位置，解答旅游者的问题。应安排自己的座位靠近过道，便于进出处理问题，并自始至终和旅游者在一起。如果是一些参与性的娱乐活动，如篝火晚会、火把节、泼水节，地陪导游要提醒旅游者在狂欢的同时注意保护好人身

安全和财物安全。

（3）在旅游者观看演出过程中，对入境旅游者，地陪导游要做好剧情介绍和必要的翻译工作。

（4）演出结束后，要提醒旅游者不要遗留物品并带领旅游者依次退场。

（5）在大型娱乐场所，地陪导游要提醒旅游者紧跟团队，随时注意旅游者的动向与周围的环境，了解出口位置，以便发生意外情况能及时带领旅游者撤离。

二、计划外的文娱活动

对旅游者要求观看的计划外的文娱节目，地陪导游应告知演出时间、地点和票价，必要时可协助他们购票，但一般不陪同前往。

对于旅游者要观看不健康的文娱节目和过不正常的夜生活，地陪导游应告知我国的相关法律法规，明确地予以拒绝。

第十节　送行服务

送行服务是旅游团接待工作的最后阶段。如果说迎接是地陪导游树立良好形象的开端，接待是保持良好形象的关键，那么送行就是旅游者对地陪导游良好印象的加深。地陪导游必须善始善终，以饱满的工作热情和良好的精神状态做好最后阶段的工作，让旅游者顺利、安全地离开。

一、送行前的业务准备

（一）核对交通票据

旅游团离开的前一天，地陪导游应认真核实旅游团离开的机（车、船）票，包括团名、代号、人数、全陪导游姓名、去向、航班（车次、船次）、起飞（开车、起航）时间（时间要做到四核实：计划时间、时刻表时间、票面时间、问询时间）、在哪个机场（车站、码头）离开等事项，然后移交给全陪导游。如果航班（车次、船次）和时间有变更，地陪导游应问清旅行社是否已通知了下一站，以免造成漏接。同时地陪导游应了解本地和下一站次日的天气情况，以便向旅游者做适当提示。若是乘飞机离境的旅游团，地陪导游除了要核实机票的上述内容外，还应掌握该团机票的种类，并提醒领队和旅游者提前准备好海关申报单，以备海关查验。

（二）商定出发时间

地陪导游一般应先与司机商定出发时间，因为司机比较了解路况。然后再与领队、全陪导游具体商议。在叫早和早餐、集合、出发时间确定后，地陪导游要及时通知饭店有关部门和旅游者。如果该团所乘交通工具班次时间较早，无法在饭店餐厅用早餐，地陪导游要及时做好相应的准备工作（如请饭店打包早餐），并向旅游者作出说明。

（三）提醒注意事项

提醒旅游者检查自己的随身行李物品、证件是否有遗漏，尤其是小物件，如首饰、手机、充电器、钱包、手表之类。

二、送行服务

（一）致欢送词

致欢送词是地陪导游情感的又一次集中表达，能够加深地陪导游与旅游者之间的感情，也可以为整个接待服务锦上添花。地陪导游在致欢送词时要真诚、富有感染力。致欢送词的场合多选择在行车途中，也可以选择在机场（车站、码头）。欢送词一般包括如下内容。

（1）回顾语，对旅游团在本地的整个旅游行程做一个简要回顾，尤其是那些让旅游者产生情感共鸣的人和事，从而加深旅游者对本次旅游经历的印象。

（2）感谢语和致歉语，感谢旅游者以及领队、全陪导游、司机的支持与配合，正是大家共同努力，才有了此次圆满顺利的旅程。行程中若有不尽如人意的地方，可以借此机会表达歉意。

（3）征求意见语，征求旅游者对本次旅游服务的意见和建议。

（4）惜别语，表达友谊和惜别之情。

（5）祝愿语，表达美好的祝愿，期待再次重逢。

例如：朋友们，本次的黄山之旅即将结束。两天来，我们游览了一山，世界文化与自然双重遗产——黄山；两村，世界文化遗产徽州古村落——西递、宏村。在黄山，大家互相鼓励，相互帮助，登上莲花峰，领略了“山登绝顶我为峰”的壮美；在西递、宏村，大家一起品味，共同探讨，领悟了徽州文化的博大精深。这两天，我和您不仅是导游与游客，更是同攀山峰的战友，齐数星河的伙伴。感谢大家一路上对我的理解、支持与帮助，才使得本次旅程圆满结束。途中若有不足之处还请您多多包涵，多提宝贵意见，以便您下次再来时我能提供让您更加满意的服务。古人常说“五岳归来不看山”，此时我想说“黄山别后常思人”。最后，借着黄山的千年灵气许愿：愿各位归途如九龙瀑流水般顺畅，生活似光明顶云海般壮阔！朋友们，再见！

致欢送词后，可以请旅游者通过纸质或在线等形式从政治思想、服务态度、仪表仪态、服务能力等方面填写《导游服务满意度评价表》。

（二）提前到达机场（车站、码头）

地陪导游带旅游团到达机场（车站、码头）必须留出充足的时间。一般来说，乘坐出境航班，地陪导游要在航班起飞前3小时把旅游者送到机场；乘坐国内航班，地陪导游要在航班起飞前2小时把旅游者送到机场；乘坐火车、轮船，地陪导游要在车次、船次离开前1小时把旅游者送到车站、码头。

（三）提醒注意事项

旅游车到达机场（车站、码头）前，地陪导游要提醒旅游者带齐随身行李物品，照顾全体旅游者下车。在旅游者拿取行李时，地陪导游应快速检查车内是否有旅游者遗落的物品。

（四）协助办理离站手续

地陪导游应协助领队或全陪导游办理离站手续。送出境旅游团，必要时可协助旅游者办理购物退税手续，并向领队和旅游者介绍办理出境手续的程序，将旅游团送至安检口或隔离区。

（五）送别旅游者

当旅游者进入安检口或隔离区时，地陪导游应与旅游者告别，并祝他们一路平安。

（六）安排好结算事宜

若接待的是国内团，地陪导游应在旅游团结束当地游览活动后，离开本地前与全陪导游办理好结算手续；若接待的是入境团，地陪导游应在旅游团离开后，与全陪导游办理好结算手续，并妥善保管好单据。

第十一节　后续工作

送走旅游团后，地陪导游应按照有关规定和旅行社的要求，认真做好善后、总结工作。

一、处理遗留问题

在送走旅游团后，地陪导游应认真妥善地处理好旅游团的遗留问题，按有关规定办理旅游者交代事宜，必要时请示旅行社领导后再办理。

二、结清账目

地陪导游首先要对本次带团所发生的所有费用进行一一核实，做到准确无误。然后按照旅行社的具体要求，在规定的时间内，填写有关接待和财务结算表，连同保留的各种单据、接待计划、活动日程表等资料上交有关人员，并到财务部门结清账目。

三、总结工作

地陪导游应养成每次带团结束后总结本次出团工作的良好习惯，认真填写导游日志，实事求是地汇报接团情况，尤其是突发事件。这样既有利于地陪导游业务水平的提高，又有利于旅行社及时掌握情况，发现不足，以便不断提高接待服务质量。

（1）由于自身原因导致接团中出现问题的，要认真思考，积极调整，总结提高。

（2）涉及相关接待单位，如餐厅、饭店、车队等方面的意见，地陪导游应主动说明真实情况，由旅行社有关部门向这些单位转达旅游者的意见或谢意。

（3）涉及一些旅游者意见较大或比较严重的问题时，地陪导游要整理成书面材料，内容要翔实，尽量引用原话，并注明旅游者的身份，以便旅行社有关部门与相关单位进行交涉。

（4）若行程中发生重大事故，地陪导游应详细报告事件经过和处理结果，提交相关证据材料。

四、提交物品

地陪导游应提交导游日志及旅游服务质量评价表，并及时归还从旅行社所借物品，如导游旗、扩音器等。

第五章 全陪导游服务程序

章节练习
增值服务

学习目的

熟悉：《导游服务规范》关于入境导游服务的特别要求。**掌握：**《导游服务规范》关于全陪导游准备工作，出发与迎接、交通、住宿、用餐、游览、购物、文化娱乐、送行等服务及后续工作要求的规定。

第一节 准备工作

全陪导游外出带团少则几天，多则十多天，涉及面广，加上旅途中可能出现的不可预测因素，使全陪导游接待服务具有艰苦性和复杂性。因此，全陪导游需要认真、细致、周全地做好有关准备。

准备工作是做好全陪导游服务的重要环节之一。全陪导游的工作时间长，与旅游者和领队相处的时间长，途经多个站点，协调工作内容较为繁杂。因此做好充分细致的准备工作，是全陪导游服务工作的重要环节和保障之一。

一、熟悉接待计划及相关资料

接待计划是组团社委托相关地接社组织落实团队旅游活动的契约性文件。除组团社、地接社和接待人员有关信息外，还包括旅游团的基本情况、旅游交通住宿和餐饮等旅游服务的安排与标准等。

（一）了解旅游团的基本情况

（1）熟记旅游团的名称（或团号）、旅游者国别、接待标准、团队人数、领队姓名等。

（2）熟悉旅游团成员的基本情况，包括姓名、职业、性别、年龄、民族、宗教信仰和生活习惯等。

（3）掌握旅游团内较有影响的成员、需要特殊照顾的对象和知名人士情况。

（二）熟悉行程安排

（1）了解旅游团所乘交通工具、抵离各站的时间，以及交通票据是否订妥或是否需要确认、有无变更等情况。

（2）了解旅游团在各地下榻饭店的名称、位置、星级和特色等。

（3）了解全程各站的主要参观游览项目，根据旅游团的特点和要求，准备好讲解和咨询时要解答的问题。

（4）了解全程各站安排的文娱节目、风味餐食、计划外项目及是否收费等。

（5）了解重点团是否有特殊安排，如座谈、宴请等。

（6）了解旅游团费用的支出项目、数额、结算方式等。

（三）掌握相关联系方式

（1）掌握旅游团所到各站地接社名称及联系方式、地陪导游的联系方式、司机联系方式，根据需要添加微信或者QQ，方便联系。

（2）掌握旅游团主要成员的联系方式，当暂时无法获得时，也应在接触旅游者后补充完整，方便在旅游过程中联系沟通。

二、物品与资料准备

全陪导游上团前要带齐必备的物品、证件及有关资料，主要包括导游服务用品和个人生活用品。

（一）准备导游服务物品

（1）证件：身份证、导游身份标识（电子导游证）等。

（2）相关资料：接待计划、行李卡、导游旗、全陪日志、讲解资料等。

（3）提前支取的备用金、费用结算单、银行卡等。

（二）准备个人生活物品

主要包括换洗衣物、常用药品、护肤品、雨具、通信设施（如手机、充电器、充电宝）等。

三、知识准备

全陪导游应根据旅游行程安排及旅游者的基本情况，通过阅读书籍、上网查询、请教资深导游等方式，有针对性地对旅游客源地和旅游目的地相关旅游吸引物、风土人情、法律法规等知识进行准备。

四、提前做好联络沟通工作

（1）与司机联系，确定会面时间和车辆停放位置。

（2）与旅游者联系，提醒出发时间、地点等旅游行程注意事项。

（3）与领队联系，核对旅游接待计划，确认旅游团的基本情况、抵离时间、服务标准、特殊情况等。

（4）与地陪导游联系，核对旅游接待计划，了解接待工作安排情况。

第二节　迎接服务

迎接服务是全陪导游第一次同旅游者见面的过程，在此期间，全陪导游的第一次亮相、第一次服务、一段精彩的欢迎词都将给旅游者留下深刻的印象。同时，全陪导游的第一次及时、热情、周到的接待服务是全陪导游同旅游者建立信任、友好关系的基础。

一、迎接旅游团

（一）入境团迎接服务

在迎接入境旅游团时，全陪导游应在接团前一天与首站接待社联系，了解接待工作的详细安排情况。全陪导游要与首站地陪导游一起提前 30 分钟到达接站地点迎候旅游团。全陪导游要协助地陪导游认找应接的旅游团，防止错接。接到旅游团后，全陪导游要向领队和旅游者问好，进行自我介绍，并介绍地陪导游，然后应立即询问和确认该团的实到人数。如实到人数与接待计划有出入，全陪导游应及时通报组团社，由组团社再通知各站地接社。

（二）境内团迎接服务

迎接境内旅游团时，全陪导游应提前 30 分钟到达组团社与旅游者事先约定的集合地点，举导游旗等候旅游者的到来，同时确认司机是否已经提前到达。在等待过程中，如果是单位整团，全陪导游应该先与单位负责人做好对接，而后请其协助确认旅游者是否到齐。如果是散客拼团，全陪导游应该对照旅游者名单表，逐一确认旅游者是否到来。必要时可以给旅游者分组，指定小组负责人，协助全陪导游工作。

二、首站讲解

为了使初次或即将踏上异地的旅游者心情放松和了解旅游行程安排，全陪导游应重视首站讲解，要在简明扼要的讲解中尽快与旅游者建立起相互信任的关系，主要包括如下内容。

（一）致欢迎词

全陪导游应代表组团社和个人向旅游者致欢迎词，其内容一般包括：问候语、欢迎语、介绍语（自我介绍、介绍地陪导游和司机）、恳请语（恳请大家能够支持、配合自己的工作）、祝愿语。对于入境旅游者，还要特别注意介绍中国概况，全陪导游可以从历史与文明、地理与资源、文化与艺术、政治与经济、语言与文字、民族与宗教等多个维度，结合地图、音视频、VR 资源等数字技术向入境旅游者讲好中国故事、传播中国声音，让入境旅游者对中国有一个全方位了解。

（二）介绍行程安排

全陪导游应将整个行程中所涉及的下榻饭店、餐饮安排、游览景点、风俗习惯、交通安排等，向旅游者做简要介绍，使其有相应的了解和准备。

（三）介绍消费支付和货币兑换方式

对于入境旅游者，全陪导游要向他们说明在中国旅游期间，可以使用现金、数字人民币、VISA、微信、支付宝等多种支付方式。如果需要人民币现金，可通过银行卡在有对应清算组织标识的 ATM 中提取。也可以在标有货币兑换标志的银行网点、外币兑换机构和自助兑换机直接用外币现金兑换人民币现金，可受理的币种现场咨询工作人员。

（四）提醒注意事项

全陪导游应向旅游者说明行程中的注意事项，尤其是旅游行程安全、文明旅游等，希望得到大家的支持与配合。对于入境旅游者，根据《导游服务规范》（GB/T 15971—2023）的定义，全陪导游还应特别告知：中国尊重境内外国人的宗教信仰自由，依法保护境内外国人的宗教活动。中国境内外国人进行宗教活动，应当遵守中国的法律、法规、规章，尊重中国宗教独立自主自办原则，接受中国政府依法管理；不得利用宗教损害中国国家利益、社会公共利益和公民合法权益，不得违背中国的公序良俗。

第三节　途中服务

途中服务始于旅游团通过机场（车站、码头）的安全检查，进入候机厅（候车室、候船室），结束于飞机（火车、轮船）抵达下一站，旅游团走出机场（车站、码头）。无论途中乘坐何种交通工具赴下一站，全陪导游都要提醒旅游者注意人身和财物的安全，积极争取交通营运部门工作人员的支持和配合，安排好旅游者的途中生活，努力使他们感到旅途舒适、愉快。

一、沿途服务

（一）协助旅游者登机（车、船）

旅游团乘坐飞机（车、船），全陪导游应协助旅游者办妥登机（车、船）、安检和行李托运等相关手续，并适时引导旅游者及时登机（车、船）。

（二）与旅游者多交流

在长途旅行中，全陪导游应在旅行途中加强与旅游者之间的信息沟通，了解旅游者的最新需求动态，回答旅游者的各种问题，征求他们对旅游服务质量的评价并组织一些活动活跃气氛。

1. 了解旅游者

全陪导游应利用陪同旅游团的机会，进一步了解旅游者的需要、个性与爱好，以及客源地、目的地的有关情况，以便能够及时了解旅游者的最新动态，并将其传递给地接社，以便适当调整接待服务策略，使各站的旅游接待更有针对性。

2. 解答问题

旅游者在旅游过程中往往会产生各种各样的问题和疑惑。全陪导游应该充分利用途中与旅游者密切接触的机会，回答旅游者的问题，为他们解惑。

3. 征求意见

全陪导游应通过与旅游者在途中的交谈，了解他们对前一阶段旅游接待服务质量的评价，以便为改进其后各站的旅游服务质量提供建议。

4. 组织活动

全陪导游可根据旅游者的特点和旅途中的具体情况，组织健康的文化娱乐活动或专题讲解，以活跃途中气氛，增强旅游体验。

（三）照顾患病旅游者

如有晕机（车、船）的旅游者，全陪导游要给予重点照顾。若有旅游者突患重病，全陪导游应通过所乘交通工具上的广播系统在乘客中寻找医生对其进行初步急救，并设法通知下一站有关方面（急救站、旅行社）尽早落实车辆，以便到站后争取时间送患者到就近医院救治。

（四）注意旅游者人身和财物安全

旅游团在乘坐交通工具过程中，特别是在乘坐火车（轮船）时，全陪导游要提醒旅游者注意长途旅行中的人身和财物安全，谨慎或者避免与陌生人接触，妥善保管好自己的贵重物品和证件。

（五）处理突发问题

处理途中可能出现的问题，如飞机延误、火车晚点、旅游者晕机（车、船）、途中饮食不适等。遇事同领队多商议，特殊情况，协助民航、铁路、航运等部门，或请示旅行社妥善处理各环节出现的各种问题。

（六）联络协调上下站

全陪导游要做好各站间的联络工作，架起沟通的桥梁。做好领队与地陪导游、旅游者与地陪导游之间的联络、协调工作。做好旅游行程各站间，特别是上、下站之间的联络工作。

二、抵站服务

（一）带领旅游团出站

当所乘交通工具即将抵达下一站时，全陪导游要提醒旅游者整理好并带齐个人随身物品，下机（车、船）时注意安全。带领旅游者领取托运行李，如发现旅游者行李丢失或损坏，要立即与有关部门联系处理并安抚好旅游者情绪。出港（站）时，全陪导游要高举导游旗走在旅游团的最前面，以便地陪导游认找旅游团，并尽快同地陪导游取得联系。

（二）向地陪导游通报情况

与地陪导游见面后，全陪导游要向地陪导游介绍本团领队和旅游团情况，告知旅游团的饮食要求、旅游者的兴趣爱好、旅游者的特性、个别较挑别旅游者的个性及要求以及旅游团在上一站旅游的情况等，以便地陪导游能提供更主动、更有效、更有针对性的服务。

（三）清点行李、集合登车

与地陪导游、领队（若有）一起清点旅游者行李，然后集合旅游者在地陪导游带领下前往登车点；协助地陪导游、司机一起帮助旅游者将行李放入行李舱；协助地陪导游组织旅游者登车，提醒旅游者注意安全并负责清点人数。

第四节　住宿、用餐服务

旅游团到达下榻饭店后，全陪导游应与地陪导游、领队各司其职，尽快帮助旅游团完成住宿登记手续，入住客房，并协助解决住宿中可能出现的各种问题。用餐时，全陪导游：一方面要协助地陪导游做好用餐服务，另一方面也要做好用餐的监督和反馈工作。

一、住宿服务

（一）协助办理入住手续

旅游团进入饭店后，全陪导游要协助地陪导游向饭店前台提供团名、《团队名单表》、旅游者证件、旅游团住房要求等，快速办理入住手续。

（二）请领队分房

拿到房卡后，全陪导游要协助领队根据准备好的《分房名单》分发房卡，但全陪导游要掌握全团旅游者的房间号，并与领队互通各自房号以便联系。如无领队，而旅游团是单位组团的话，则可以请旅游团的相关负责人分配住房；如无领队，而旅游团又是散客拼团的话，则由全陪导游负责分配住房。

（三）处理入住问题

旅游团入住后，全陪导游可以与地陪导游一起在饭店大堂等候 20 ~ 30

分钟或者每个房间都巡视一遍，随时处理入住时存在的问题，如房间卫生问题、空调问题、淋浴问题，旅游者要求调换房间及提出个人需求等。

（四）照顾好旅游者住宿

如果地陪导游不住饭店，全陪导游要负起全责，照顾好旅游团的安全和生活，协调、处理住宿中的各种问题。全陪导游应将自己的房号和联系电话告知旅游者，以方便旅游者联系。全陪导游还要掌握饭店前台电话号码及地陪导游的紧急联系方式，以备不时之需。

二、餐饮服务

（一）协助安排用餐

餐前，根据行程安排，全陪导游应提醒地陪导游落实好用餐。到达餐厅后，全陪导游应配合地陪导游热情引导旅游者进入餐厅落座用餐，必要时做好桌次分配，做好相关用餐提醒工作。

（二）巡餐服务

在用餐过程中，全陪导游应与地陪导游巡视旅游团用餐情况 1~2 次，引导旅游者文明用餐、使用公筷公勺。在用自助餐时，提倡旅游者“厉行节约，反对浪费”。同时，监督检查餐厅是否按照标准提供服务。

（三）特殊情况的处理

对旅游者在用餐中反映的相关问题和要求，全陪导游应与地陪导游或餐厅在第一时间进行有效沟通，及时处理。

第五节 游览、购物、娱乐服务

全陪导游在游览、购物、娱乐服务中主要是配合地陪导游做好安全协助、商品推介、活动组织等相关工作，确保旅游行程顺利开展。

一、游览服务

（一）协助做好游览工作

在游览活动中，地陪导游的主要精力是在前面引导、讲解；全陪导游要注意观察周围的环境，留意旅游者的动向，主动殿后，并随时清点人数，提醒旅游者跟上团队，以免走失或发生意外，协助地陪导游圆满完成讲解任务。

（二）协助处理突发事件

在整个游览中，全陪导游都要时时处处提醒旅游者保管好随身携带的物品，注意人身和财物安全。如遇突发事件，全陪导游应协助地陪导游请示旅行社领导，配合相关部门妥善处理。

（三）监督接待计划全面实施

在当地游览期间，全陪导游要与地陪导游保持有效沟通，全面落实旅游接待计划，并监督地陪导游服务适时到位，确保旅游者权益得到有效保障。

二、购物服务

与地陪导游相比，由于全陪导游自始至终和旅游者相处，感情上更融洽，也更能赢得旅游者的信任，特别是在购物时，旅游者会更多地向全陪导游咨询，请全陪导游帮忙拿主意。在这种时候，全陪导游一定要从旅游者的角度出发，结合自己所掌握的旅游商品方面的知识，为旅游者着想，当好购物顾问，使旅游者买到称心如意的物品。对于入境旅游者，全陪导游还要提醒他们购物退税的有关要求以及中国海关关于中药材、烟酒、古玩、文物等物品出关的规定。

三、文娱服务

无论是计划内的还是计划外的文娱活动，全陪导游都要协助地陪导游做好旅游者入场和离场人数的清点、引导旅游者入座、提醒旅游者注意人身和财物安全、解答旅游者相关疑问等。

第六节　末站服务和后续工作

末站服务是全陪导游服务的最后环节。对于入境旅游团，全陪导游应使旅游团顺利离开末站并给团队留下良好的印象；对于国内旅游团，全陪导游应将旅游团安全带回，直至散团。同时，全陪导游应该根据每个团的实际情况，做好行程结束后的后续工作。

一、末站服务

（一）离开末站前的准备工作

全陪导游要配合地陪导游、领队共同做好末站准备工作。末站准备工作主要包括以下内容。

（1）全陪导游要与地陪导游、领队提前落实离站的交通票据，核实离站的准确时间。

（2）提醒旅游者保管好自己的证件和物品，尤其不要将旅行证件存放在托运的行李中。

（3）与地陪导游结清各类费用，注意保管好相关票据，以备报账之用。

（4）请地陪导游安排好送站车辆和出发时间，确保旅游团在规定的时间到达机场（车站、码头）。

（二）做好营销工作

全陪导游应根据旅途中对旅游者的了解，对其中有意愿再次出游的旅游者进行必要的营销工作，适当介绍一些他们感兴趣的线路和景点，希望他们下次出游时再次与组团社联系，自己如有机会也乐意继续提供服务。

（三）致欢送词

向入境旅游团队致欢送词可安排在赴车站、机场途中进行；向境内旅游团致欢送词则应在返回当地后团队解散前进行。为避免与地陪导游的欢送词雷同，全陪导游的欢送词应总结团队整个行程，应更全面和宏观。内容包括：回顾整个旅程生活，尤其是旅程中难忘的人和事；感谢旅游者与领队、地陪导游、司机的支持，尤其是要感谢旅游者和领队的配合，肯定领队的功绩，提高领队在旅游者心中的地位，增强与客源地旅行社之间合作的信心；留下美好祝福，期待与旅游者再次相逢。欢送词内容仍旧以回顾、惜别、感谢、祝愿为主。

致欢送词后，可以请旅游者通过纸质或在线等形式从政治思想、服务态度、仪表仪态、服务能力等方面填写《导游服务满意度评价表》。

（四）送别旅游团

送别入境旅游团，全陪导游还应提醒旅游者准备好证件、交通票据、出境卡和申报单等，介绍办理出境手续的程序，包括行李托运的要求等，必要时可协助旅游者办理离境通关手续。当旅游者进入安检区（隔离区）时，全陪导游应热情地与他们挥手道别，并与地陪导游一起目送他们离开。

送别国内旅游团，全陪导游应在返回本地后照顾旅游者下车，提醒大家带好所有行李物品，然后与旅游者一一道别，目送旅游者离开。

二、后续工作

（一）处理遗留问题

在下团后，全陪导游应认真处理好旅游团的遗留问题。对旅游团遗留的重大、重要问题要先请示旅行社有关领导，再做处理。对旅游者委托代办的事情，全陪导游应根据旅行社领导的指示，依照导游服务规范，积极快速地办妥。

（二）做好带团总结

送走旅游团后，全陪导游应对自己的工作做一个全面的分析，总结自己带团过程中的经验和教训。做得好的方面，可以在今后的工作中进一步提高，不足之处要找出原因，避免再次发生。只有在一次次的带团实践中不断总结，才能逐步提高自己的导游服务水平。

（三）结清账目

行程结束后，全陪导游应按照相关财务规定与旅行社财务部结清账目，并及时归还所借钱物。

第六章 出境旅游领队服务程序

章节练习
增值服务

学习目的

熟悉：《旅行社出境旅游服务规范》《出境旅游领队服务规范》关于领队接待服务的要求。

第一节　准备工作

领队出团前的准备工作分为工作准备和物品准备两个方面。工作准备（图 6-1）主要有接受带团任务和召开行前说明会两部分。接受带团任务需要领队按照流程规范进行，才会使后面的实际带团顺利进行；召开行前说明

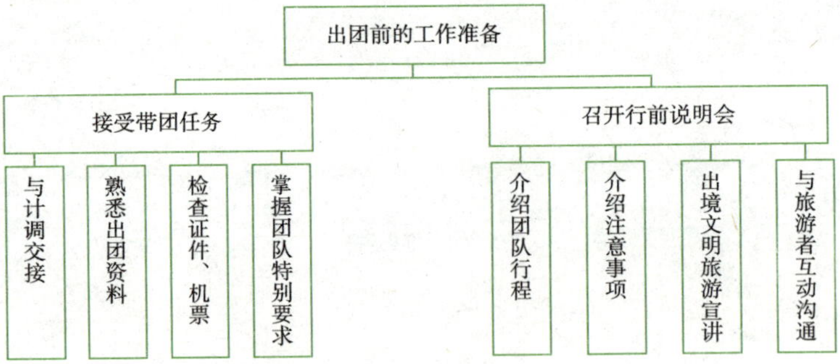

图 6-1　领队出团前的工作准备

会，也需要领队一丝不苟地实施，为正式出行做好稳妥铺垫。领队的物品主要由带团必备物品、工作辅助用品、个人生活物品三部分组成，三项内容缺一不可，否则就会给领队工作带来不便。因此，列出物品清单，使每次出行的物品准备按照程序化进行是专业化领队应该具备的基本功。

一、领队出团前的工作准备

（一）接受带团任务

根据《旅行社出境旅游服务规范》（GB/T 31386—2015），旅行社组织出境团队应当配备符合法定资质的领队。每一次的领队带团工作，都是从组团社与领队之间的工作交接开始，再到领队与组团社之间的工作交接结束。组团社与领队之间的工作交接，主要是计调（Operator，OP）与领队之间的交接。

1. 与计调交接带团任务

（1）听取旅行社计调介绍团队情况。团队情况内容包括：团队构成情况；团内重点团员情况；团队完整的行程安排；团队的特殊安排和要求；行前说明会的安排。

（2）领取旅行社计调移交的出团资料。根据《出境旅游领队服务规范》要求，出团资料包括:《旅游行程单》，必要时为地接社、地陪导游及其他履行辅助人准备外文版《旅游行程单》;《团队旅游者信息表》和《分房名单表》；旅游者及领队的出入境证件（如有）；旅游者及领队的旅游签证或签注（如有）；地接社、地陪导游及其他履行辅助人的联系信息；遇特殊事件时需要旅游者签订的各类制式文书；团队机（车、船）票等交通票据；保险资料（如有）；景点门票、餐券（如有）;《中国公民出境旅游团队名单表》（如有）；旅游目的地公共卫生情况，按需配备防护用品。

2. 熟悉接待计划

熟悉出境旅游接待计划要特别注意以下内容。

（1）记住旅游团的名称（或团号）和人数。

（2）熟悉旅游者的姓名、性别、年龄、宗教信仰、饮食禁忌等。

（3）掌握旅游团的详细行程计划，包括旅游团抵离各地的时间和所乘用的交通工具；旅游团的参观游览项目；旅游团入住的酒店、行程中的文娱节目安排、用餐安排等。

3. 检查证件（含签证或签注）、机票

查验全团旅游者的旅游证件（含签证或签注）、电子机票单等，防止这些与出境旅游息息相关的证件出现错误，是旅游出团前准备的一项重要内容。如出境旅游涉及护照、签证、电子机票单的，核查内容如下。

（1）护照。重点是核查姓名、护照号码、签发地、签发日期、有效期、有无本人签名等内容。

（2）签证。签证有的是用贴纸贴在护照上面，有的是电子签证，有的是团队签证。不管哪种签证形式，领队主要核查签证签发日期、截止日期、签证号码等。

（3）电子机票单。重点核查乘机人姓名、乘机日期、航班号等内容。

领队核查完毕后应复印全体旅游者的旅游证件、签证或签注的首页或保留其电子版本，以备需要时使用。

4. 掌握团队特别要求

为了更好提升领队服务水平和旅游者满意度，领队在出团前应和旅行社计调积极沟通，了解旅游者的特别要求。旅游者特别要求包含风俗禁忌、特殊饮食习惯、特别住宿要求等。领队也可以对旅游者进行分类，如分类列出旅游团中老人、小孩、情侣等，以便提供更具针对性的服务。

领队应根据旅游者的基本情况、特殊要求、行程特点等因素预判行程中可能出现的问题，考虑解决方案并与旅行社团队操作人员充分讨论，达成一致。双方确认的内容应保留书面记录。

（二）组织召开行前说明会

行前说明会通常会在旅游团队出发前 3 ~ 7 天召开，有的旅行社在报名时就将行前说明会召开的时间、地点等信息告知了旅游者，也有的是由旅行社销售或者计调电话通知旅游者。领队在领到团队计划后应该再次核对行前说明会开会的时间、地点，同时也应再次电话或短信通知旅游者。随着网络技术的发展，行前说明会可根据旅游者实际情况，采取线上线下融合召开的方式，以确保旅游者都能接收、明白行前说明会的内容。

行前说明会召开前，领队应提前进入会场。若采取线上线下融合说明会方式，应提前协同旅行社工作人员调试线上会议设备。若个别旅游者因特殊原因未能安排行前说明会的，或参团旅游者未能参加说明会的，领队应把行前说明会内容通过纸质说明书、微信、短信等方式提前告知相关旅游者。领队因特殊情况不能主持或参加行前说明会的，应及时报告旅行社，旅行社委派他人代为主持或参加。

行前说明会的内容主要有团队行程介绍、注意事项讲解、出境文明旅游宣讲、与旅游者互动沟通等。

1. 团队行程介绍

向旅游者介绍旅游行程安排，包括往返交通、住宿、餐饮、游览等，让旅游者了解整个行程的安排和标准；介绍旅游目的地的基本情况、文化、语言、气候等，帮助旅游者更好地了解目的地，做好行前准备；详细说明出入境手续的流程和需要准备的证件和材料，提醒旅游者提前做好准备，避免麻烦；介绍出境旅游目的地与境内时差，提醒旅游者在出境旅游前提前落实和调整时差；提醒旅游者在出行前及时兑换合理的当地货币，并告知清楚兑换的银行、汇率以及建议携带的金额，说明海关对携带货币的要求等内容。

2. 注意事项讲解

讲解旅游过程中需要注意的安全事项，包括交通、住宿、餐饮、游览等安全问题，提醒旅游者注意个人财物安全和遵守当地的法律法规；根据旅游目的地的气候和文化特点，给出行李要求和携带物品建议，帮助旅游者合理准备行李和物品；讲解紧急情况下如何处理和寻求帮助的方法，如突发疾病、意外事故等，让旅游者了解应对紧急情况的措施；告知旅游者领队和紧急联系人的联系方式，以便在需要时能够及时联系到相关人员。

3. 出境文明旅游宣讲

以《中国公民出国（境）旅游文明行为指南》为引领，向旅游者重点宣讲文明旅游基本常识：包括遵守当地法律法规、保护环境、爱护公共设施等；讲解文明旅游行为规范，强调在旅游过程中应该遵守的行为规范，如不随地乱扔垃圾、不在公共场合大声喧哗、不随意破坏景点设施等；强调在旅游过程中应该尊重当地的文化和风俗习惯，了解当地的文化背景和礼仪习惯，避免因文化差异引起的误解和冲突。宣传健康文娱的理念，抵制出境旅游活动中可能遇到的封建迷信活动，拒绝黄、赌、毒等文娱活动。

4. 与旅游者互动沟通

领队要仔细聆听和记录旅游者在行前说明会提出的各项问题，以“游客为本、服务至诚”的旅游行业服务理念和“合理而可能”的解决问题的原则为引领，回答或解决提出的各项问题。为了更好地与旅游者互动沟通，领队也可以使用图片、视频或音频来辅助说明行程、注意事项等内容，这样可以让旅游者更直观地接收各种信息。例如，可以展示目的地的风景图片或文化视频，帮助旅游者更好地了解即将游览的目的地。同时，领队也可根据旅游者实际情况建立微信或 QQ 群，方便旅游者随时提出问题，也可以增加领队与旅游者的互动。同时，微信或 QQ 群也可用作出境旅游全过程中的各项信息分享、注意事项提示。

根据《出境旅游领队服务规范》（LB/T 084—2022），领队应不迟于出团前 1 日与参团旅游者联系，再次提醒以下事项并请旅游者回复确认：团队集合时间与地点；出入境、出入海关的注意事项；团队所乘公共交通工具（如飞机、邮轮等）的行李要求和托运要求；出团时携带的证件资料；根据旅游目的地的气候等因素，旅游者需要备齐的物品；领队的联系方式；就旅游目的地与出发地的时差、当地气候、风俗禁忌、汇率及兑汇途径、需要备齐的物品等作出提醒；提醒旅游者根据自身身体状况，准备和携带必要和备用的药品；需要时，推荐旅游者购买相关旅游保险做补充提示。领队应确保与旅游者的联系方式畅通，随时解答旅游者的各项咨询。

第二节　国内出境服务

一、出发前集合

领队应至少提前 30 分钟在机场、车站、码头等出境口岸的集合地点（行前说明会所通知的地点）展示组团社的团队标志等候旅游者，为旅游者一一签到。待旅游者到齐后，告知旅游者办理登机、海关申报以及边防检查手续的步骤；回答旅游者提出的关于出境旅游各方面的问题；处理特殊情况等。如有旅游者在规定时间内未能抵达集合地点，或临时取消行程等，领队应在第一时间与旅游者取得联系或与旅行社计调人员取得联系，并采取相应措施。

二、协助旅游者办理乘机及行李托运手续

领队应协助旅游者办理登机牌（或邮轮登船卡）等公共交通工具登乘凭证。如乘坐飞机时，领队应告知旅游者航空公司关于旅客行李的规定，如水果刀不能放在随身行李中，要办理托运手续，充电宝和锂电池应随身携带等；将全体旅游者护照交予所乘航空公司柜台办理乘机手续，或由旅游者依次排队自行办理。同时，领队应协助旅游者在航空公司柜台办理行李托运。旅游团办完乘机手续后，领队应提醒旅游者认真清点和保管好航空公司值机人员交付的所有物品，包括护照、登机牌、行李票等。

三、带领旅游者办理海关申报手续

带领旅游者进入海关时，领队应告知旅游者海关规定：携带物品无须向海关申报的旅游者可从绿色（无申报）通道穿过海关柜台；携带需要申报的物品或者不清楚海关监管规定的，应选择红色（申报）通道，向海关柜台索取《中华人民共和国海关进出境旅客行李物品申报单》，如实申报。

四、通过卫生检验检疫

领队应根据《中华人民共和国国境卫生检疫法》以及机场检疫部门其他相关规定协助旅游者完成卫生检疫。机场、码头等检疫部门有权要求出境旅游者填写健康申明卡，出示某种传染病的预防接种证书、健康证明或者其他有关证件。

五、通过边防检查

领队告知旅游者持本人护照（含有效签证）、登机牌（登船卡等）凭证接受边防检查；检查完毕，边防人员在旅游者护照上加盖出入境验讫章，同

登机牌或其他凭证一起交还旅游者。北京、上海、广州等机场边防检查现在也可以采取自助核验的形式。

六、通过安全检查

安全检查主要检查旅游者及其行李中是否携带枪支、弹药、易爆、腐蚀、有毒放射性等危险物品，以确保航空器和乘客安全。

七、飞行途中服务

如乘坐飞机，在旅游者所乘航班空中飞行期间，领队应协助机组乘务人员做好以下工作。

（一）为旅游者提供乘机中的帮助

为旅游者提供乘机中的帮助主要包括以下内容。

1. 协助旅游者调换座位

由于航空公司通常会随机安排座位，可能导致家庭或者旅游团团友无法坐在一起。如果旅游者有特别要求，领队可在旅游团成员之间或其他乘客之间协商解决；如无法解决，需耐心解释，请求理解。

2. 关照特殊用餐要求

如果有旅游者对用餐有特殊要求或特别禁忌，领队应在供餐之前将此情况转告乘务员，以便其提供相应的服务。

3. 熟悉飞机上的救生设备

领队在登机前应提醒旅游者注意空乘服务人员的安全演示，并提醒旅游者在空乘服务人员演示下熟悉飞机上救生设备的使用和安全门的位置，一旦发生意外，带领旅游者正确使用救生设备。

4. 解答旅游者提问

在飞行途中，旅游者关注的诸如飞行时间多久、目的地的气候如何、进海关时需要注意什么等具体事项，对此，领队都要一一予以详细解答。

5. 提示旅游者妥善保管交通票证

领队对于需要销签[①]的团队，应提醒旅游者妥善保存好登机牌等凭证。

（二）帮助旅游者填写入境登记卡和海关申报单

在从一国（地区）飞往另一国（地区）的飞行途中，领队需为全团旅游者填写或协助填写将要抵达国家（地区）的入境登记卡和海关申报单。

第三节 国外（地区）入境服务

抵达目的地国家（地区）的机场/码头后，需办理一系列入境手续，包括卫生检疫关、海关检查、移民局边检等。各个国家（地区）对所需要办理的手续顺序并不一致，大致与中国关口出境时的环节顺序相反。

一、卫生检验检疫

（一）交验黄皮书（若需要）

国际通用的黄皮书是指“国际预防接种证书”，是世界卫生组织为了保障入出国（边）境人员的人身健康，防止危害严重的传染病通过入出国（边）境的人员、交通工具、货物和行李等传染和扩散而要求提供的一项预防接种证明，其作用是通过卫生检疫措施而避免传染。很多国家对来往特定国家、地区的旅客免验黄皮书，但对发生疫情地区的检查较为严格，对未进行疫苗接种的旅客，往往采取隔离、强制接种等措施。也有一些国家，如智利、墨西哥、肯尼亚、南非等入境需要查验黄皮书。

（二）交验健康申报单

有些国家（地区）需要旅游者在入境时填写健康申报单，其内容多是对一些疾病的询问，旅游者应如实填写。

---

① 销签是注销签证的过程，在获得某个国家的签证后，旅行结束后，需要在规定的时间内回到该国的使领馆进行签证登记核销，证明没有在该国逾期滞留。

二、入境边防检查

下飞机后，领队应带领旅游者沿“移民入境”（IMMIGRATION）标志前行，找到入境检查柜台排队等候入关。主要包括以下内容。

（一）向入境检查人员交付入境所需的证件和文件

有的国家只需向入境检查人员交付护照、签证、登机牌和入境登记卡即可，有的国家入境检查人员会要求旅游者或领队出示旅游计划或入境酒店和机票预订确认单。

（二）接受询问

入境检查人员可能会就入境后的情况进行简单询问，如来此地原因、停留时间、同行人员和数量等。领队要提前告知旅游者应如实且从容回答。入境检查人员审核无误后，在护照上加盖入境章，并将登机牌和护照归还旅游者。

三、托运行李领取

（一）到指定通道领取行李

过移民局边检后，领队应带领旅游者到航空公司的托运行李领取处（Baggage Claim）认领自己的行李。

（二）协助解决相关问题

如果旅游者发现自己所托运的行李损坏或遗失，领队要协助其持行李牌与机场行李问询处进行交涉、查询。如行李未能随乘客一起抵达，领队应告知本地下榻的酒店和联系电话，以便行李抵达后由航空公司负责送达酒店。如确系丢失，旅游者须填写行李报失单，交由航空公司解决，领队应记下机场行李部的联系人和电话，以便了解进展情况。

四、入境海关手续办理

各国出入境口岸都设有海关，以便对出入境人员携带的货物进行检查。因各国国情不同，海关监督检查的范围也不同，但是对出入境旅游者携带物品行李的查验都有明确的规定。

（一）交付海关申报单

领队带领旅游者交付海关申报单，海关人员要求查验证件时要服从。

（二）接受抽查

一般情况下，海关人员会口头询问旅游者是否带有香烟等物品，带了多少等问题，旅游者应如实回答。如遇被要求开箱检查，旅游者要予以配合，不应与海关人员争执。

五、与当地导游接洽

在旅游者办理完海关手续后，领队应手举旅行社社旗，带领他们到航站楼出口与前来迎接的当地导游接洽。领队应向对方介绍自己、告知旅游者的实到人数、转达旅游者的意见和建议等。

第四节 境外旅游服务

境外旅游期间，领队应配合、督促当地导游完成旅行计划中所涉及的食宿、行、游、购、娱等各项活动。

一、用餐服务

团队用餐时，领队应做到以下几点。

（1）监督地接社与地陪导游按照旅游合同的约定兑现用餐安排和用餐

标准。

（2）告知或要求地陪导游告知旅游者用餐后集合的时间、地点。

（3）与地陪导游一道引导旅游者按照餐位就座用餐；在用餐过程中进行巡视，了解旅游者的用餐情况及对餐食的意见。

（4）检查旅游者的特殊预订要求（如清真餐、素食）是否得到落实。

（5）在行程中如餐食需旅游者自理，领队应提前要求地陪导游向旅游者介绍可用餐的地点及相关信息。

二、住宿服务

在出境旅游全过程中，领队应做好相应住宿服务。

（1）住店时，领队应向地陪导游提供分房方案名单，协助地陪导游办理入住的相关手续。

（2）告知旅游者领队所住房间号，提醒旅游者保存并随身携带领队及地陪导游联系方式。

（3）敦促地陪导游告知旅游者：饭店基本设施、免费提供的服务内容和需要另付费的项目及收费标准；饭店周边环境和交通情况；房间商品 / 物品的收费情况；饭店有关住宿规定（如禁止吸烟区域、禁止开窗通风等）；住宿及外出的安全注意事项；饭店的逃生设施与逃生路线；次日行程安排、天气情况及着装建议；早餐的时间、地点及用餐凭证。

（4）协助地陪导游处理旅游者反馈的问题。

（5）与地陪导游一起检查房间设备、设施，需要时指导旅游者使用。

（6）离店前一晚，领队应提醒地陪导游：告知旅游者次日办理退房手续的相关程序与注意事项；告知旅游者离店集合时间与地点、需要旅游者配合的相关事项；落实叫早、早餐、行李等离店安排。

（7）离店时，领队应提示旅游者带齐所有行李物品，检查有无遗留物品；提示旅游者结清自费项目或商品费用；敦促并协助地陪导游为旅游者办理离店的相关手续。

三、游览服务

团队游览及行进时，领队应做好相应服务。

（1）领队与当地导游应择时进行沟通交流，核对双方所持的行程计划是否一致。如发现有误，请当地导游立即与接待社联系。

（2）监督地陪导游执行行程游览计划，保证合同约定的游览时间；全程提示文明旅游注意事项，提示旅游者遵守游览须知；留意观察周边环境，评估安全隐患，全程提示安全注意事项，劝阻旅游者不安全的行为；始终与旅游者在一起活动，随时清点人数，以防旅游者走失。

（3）领队应敦促地陪导游：带领旅游者游览，做好景点讲解；景点景区对参观游览有特别要求或安全注意事项时，对旅游者进行宣讲、提示；建议旅游者根据自身状况决定是否参加具有较高风险的游览项目，充分告知风险；旅游者参加较高风险的游览项目时，重点宣讲安全事项，要求旅游者严格遵守项目的操作指引和安全提示。

（4）团队自由活动前，领队应着重提示安全注意事项，并告知旅游者集合时间及地点。

（5）团队集合时，领队应先行到达集合地点，礼貌清点人数，主动联系并寻找迟到的旅游者。

在游览过程中，领队不应擅自安排另行付费旅游项目。如旅游者要求安排另行付费旅游项目，领队应在行程计划中“自由活动”时段内组织实施且不影响其他旅游者行程安排。在另行付费旅游项目实施前，领队应要求旅游者签订旅行社规定制式的书面协议。如地陪导游擅自安排另行付费旅游项目，领队应及时制止。

四、购物服务

领队应严格按照旅游合同约定的购物活动安排购物服务，不应擅自增、减购物安排或强迫旅游者购物。购物时，领队应做好相应服务。

（1）监督地接社和地陪导游严格执行在旅游合同或其附件中对购物安排

的约定，不擅自延长购物时间和增加购物场所，对地接社或地陪导游的违约行为及时制止。

（2）不干预旅游者自主购物行为，不强行要求旅游者购物。

（3）提示旅游者遵守购物须知，并保留购物凭据。

（4）需要时，提示旅游者随身携带旅游证件。

（5）需要时，向旅游者介绍退税相关规定，协助旅游者办理退税手续。

（6）旅游者坚持要求安排行程计划之外的购物活动且影响到原计划的执行时，领队应要求旅游者签订旅行社规定制式的行程变更确认单。如有旅游者不同意变更则不安排。

五、维护旅游者生命和财产安全

在境外旅游期间，旅游者可能会遭遇各种各样的威胁，既有来自自然灾害等不可抗因素，也有来自社会治安或国家暴乱等人为因素。在游览过程中，领队应当就可能危及旅游者财产与生命安全的情况，向旅游者做出真实说明和警示，并按组团社要求采取有效措施，防止伤害发生。

六、协调关系，处理矛盾

如果旅游者与地陪导游发生矛盾，领队应出面协调，努力消除矛盾。具体步骤如下。

（1）保持冷静和公正：领队应保持冷静，不偏袒任何一方，认真听取双方的意见和诉求。

（2）积极沟通：领队应积极与双方沟通，了解矛盾的具体原因，并尝试寻找双方都能接受的解决方案。

（3）尊重对方权限：领队应尊重地陪导游的权限范围，维护其利益，同时也要确保旅游者的合法权益得到保障。

（4）加强团队合作：领队应加强与地陪导游的团队合作，确保大家能够相互配合，共同解决问题。

（5）寻求第三方帮助：如果矛盾无法通过内部协调解决，领队应及时寻求旅行社或其他相关机构的帮助，以便更快地解决问题。

（6）记录和反馈：领队应详细记录矛盾的具体情况和处理过程，及时向旅行社反馈，以便后续改进和预防类似问题的发生。

七、处理突发事件

（一）旅游者滞留不归

根据《中华人民共和国旅游法》，出境旅游者不得在境外非法滞留，随团出境的旅游者不得擅自分团、脱团。领队在境外带团过程中，如发生出境旅游者在境外非法滞留，擅自分团、脱团情形时，领队应及时向旅行社和中华人民共和国驻该国使领馆、相关驻外机构报告。旅行社接到报告后，应及时向旅游行政管理部门和公安机关报告，并协助提供非法滞留者，擅自分团者、脱团者的信息。

（二）旅游者发生伤亡、病故事件

如发生旅游者在境外伤亡、病故事件，领队必须及时向旅行社、中国驻所在国使领馆、相关驻外机构报告。旅行社接到报告后，通知和协助死者家属前来处理相关事宜。同时，领队做好各项辅助工作。

第五节　国外（地区）离境与回国入境服务

一、国外（地区）离境阶段服务程序

旅游团结束境外的旅游行程，若搭乘飞机返回，一般应提前 3 小时抵达机场。

（一）办理离境乘机手续

办理离境乘机手续的主要流程如下。

（1）换领登机牌：在航空公司值机柜台前，领队应引领旅游者依次办理登机牌。

（2）托运行李：引领旅游者将托运行李放在行李传送带上进行检查，确认行李安检无误后，提醒旅游者保管好行李牌，带领旅游者办理乘机手续。

（3）向全团旅游者介绍离境手续，讲清所乘航班、登机时间和登机门，以避免旅游者在办完离境手续后因购物忘了时间而误机。

（4）需要销签的团队，在办理离境时，领队应告知旅游者在回国入境后交回旅游证件和登机牌。

（二）办理移民局离境手续

办理移民局离境手续的主要流程如下。

（1）填写出境卡。许多国家的出入境卡在一张纸上，入境时，移民官将入境卡撕下，把出境卡夹在护照里交还旅游者。离境时，旅游者需要将出境卡交给移民官，如遗失，需要补填一份。持另纸签证的旅游者则无须填写出境卡。

（2）与当地导游道别。在进入离境边检区域前，领队需要带领全体团员与当地导游道别，并向其表示感谢。

（3）有序办理离境手续。将出境卡、护照、登机牌等递给移民官，接受检查。查验无误后移民官会在护照上盖上离境印章或在签证上盖“已使用”（USED）的章，然后将所有物件交还旅游者，离境手续即告完成。

（三）办理海关手续

办理海关手续的主要流程如下。

（1）了解和告知携带物品限制。由于各国对旅客出境时携带的物品有不同的限制，领队应事先查询和了解并告知旅游者，以便出境时申报。

（2）接受海关检查。通常无申报物品的旅游者无须填写海关申报单；但如果携带了限制出境的物品，应主动申报。

（四）办理购物退税手续

欧洲、澳大利亚等许多地方都有对旅游者购物实行退税的规定。不同国家退税税率和程序有所差别，领队应熟悉目的地国家或地区退税程序与规定并告知旅游者。

（五）引领旅游者登机

引领旅游者登机主要包括以下流程。

（1）核实登机口。领队应注意收听机场内广播，或向机场内的咨询台询问，或从机场大屏幕上查看所乘坐航班登机口是否有改变，在确定无误后，要将正确的登机时间和登机口告诉旅游者。

（2）清点人数。为避免旅游者因为购物等原因发生误机事件，领队应提前赶到登机口清点人数，与未能及时赶到的旅游者进行联系，确保所有人准时登机。

二、归国入境阶段服务程序

（一）接受检验检疫

领队带领旅游者通过“中国检验检疫”柜台前，递交在返程飞机上填好的《入境健康申明卡》（一般可不填），如无意外，即可通过检验检疫。

（二）接受入境边防检查

领队应引领旅游者在边检柜台前排队，引领旅游者将护照和登机牌等交边检人员查验。边检人员核准后在护照上加盖入境验讫章，并将护照还给旅游者，旅游者即可入境。

（三）领取托运行李

在带领旅游者至行李转盘处之前，领队应协助旅游者各自认领自己的行李，并协助旅游者将行李牌交服务人员查验。若有旅游者遗失行李，领队应协助其与机场行李柜台联系寻找或办理赔偿事宜。

（四）接受海关检查

领队应了解中国海关对入境物品的限制规定，并告知旅游者；如旅游者有需要申报的物品，应在入境飞机上填写海关申报单，如没有则无须填写；出境时旅游者经过申报的旅行自用物品，旅游者复带入境应出示出境时填写的申报单，可将行李推到海关柜台前，接受 X 射线检测机检查。

第六节　后续阶段服务

领队一次完整的接团工作，从团队出发前与旅行社计调人员的交接开始，到旅游行程结束后与计调人员交接工作完成后结束。后续阶段的工作主要包括以下四个方面。

一、与旅行社计调人员交接

（一）交齐相关的书面资料

领队应将相关的书面资料交给旅行社计调人员存档，包括领队日志、旅游服务质量评价表、待销签旅游证件、有证据作用的凭证、旅游者书面意见以及接团工作小结等。

（二）团队情况报告

领队应按旅行社要求的形式，总结报告以下内容。

（1）旅游行程、接待标准落实情况。

（2）评价地接社、履行辅助人的服务质量。

（3）行程设计和服务质量的改进建议。

（4）旅游者的反馈信息，包括旅游需求、对产品的意见和建议等。

（5）旅游者在回国后需要协助的事项。

（6）需要时，协助旅行社处理投诉的相关事宜。

二、账务处理

（1）按照旅行社要求按时进行报账。

（2）领取带团酬劳并报清其他账目。

（3）归还所借物品。

三、服务质量改进

旅游行程结束后，领队应根据旅游者和团队操作人员的反馈，主动改进服务技能、服务技巧；积累工作经验；分析发生服务质量问题的根本原因，采取纠正措施和预防措施；根据后续服务的反馈验证所采取措施的有效性，达到服务质量的持续改进。

四、与旅游者保持良好联系

旅游行程结束后，领队还可通过多种方式与旅游者保持情感联系，使旅游者对领队以及旅行社留下良好印象，为旅行社争取回头客源。

第二篇

服务技能

第七章 导游服务技巧

章节练习
增值服务

学习目的

了解：导游语言的内涵和基本要求；研学旅游的安全常识。**熟悉：**导游主导地位的确立和导游形象塑造，信息技术应用的技巧；导游口头语言的表达技巧和体态语言的运用技巧。**掌握：**导游运用心理服务，引导旅游者审美，组织协调旅游活动，做好集体协作，接待不同类型旅游者的方法和技巧；常用的导游讲解方法、语言沟通技巧。

第一节 导游语言技巧

语言作为社会约定俗成的用于表达观念的符号，是人类进行沟通交流的重要手段，也是传承文化的重要载体。语言能力对一个人的认知、学习、工作和社交等方面的能力都有着重要影响。导游语言是导游在实施旅游接待计划期间与旅游者进行交流沟通、景观讲解时所使用的语言，导游掌握和运用语言的能力在很大程度上影响着旅游服务的效果。因此，导游应了解语言内涵，掌握语言技能，努力提升自己的语言运用能力。

一、导游语言的内涵和基本要求

（一）导游语言的内涵

导游语言可分为狭义和广义两种，狭义的导游语言是指导游在旅游接待过程中，为旅游者进行讲解、引导旅游者观景赏美以及交流思想情感的口头语言。广义的导游语言则是指导游在旅游接待过程中所运用的能传达信息的所有符号系统，包括口头语言和书面语言、体态语言和副语言。

1. 口头语言和书面语言

口头语言，即口语，是人们用于日常交流的一种自然语言，而书面语言则是人们在书写和阅读时所使用的语言。口语重在说和听，多为短句，结构简单，比较随意；书面语重在写和看，多长句，结构复杂，比较严谨。口头语言是导游语言的主体，具有丰富的表达力；书面语言则是导游讲解的辅助语言，可以提升导游语言的规范性。

2. 体态语言和副语言

体态语言和副语言同为非语言符号系统，但前者体现为视觉动作，后者则表现为听觉声音。体态语言又称为“态势语”“动作语言”等，是指通过表情、动作、姿态等来表达语义和传递信息的一种无声语言，主要包括手势、身姿、面部表情等，如导游对旅游者微笑，即传达出一份友善。副语言分广义和狭义，广义的副语言包括了体态语言。狭义的副语言仅指语调、重音、哭笑声、掌声等有声而无固定语义的语言，如旅游者用热烈的掌声回应导游的精彩讲解，就表达了一种赞赏和认可。

（二）导游语言的基本要求

导游语言是沟通导游与旅游者之间的桥梁，若想获得良好的沟通效果，导游不仅需要有扎实的语言功底、渊博的知识沉淀，还应重视导游语言的使用要求。在实践操作中，导游语言除了要符合常规语言规范之外，还应做到以下四点基本要求。

1. 准确性

准确性是导游语言的生命，也是导游讲解的立根之本以及获取旅游者信任的基本要素。要做到导游语言的准确性，导游应注意以下几点。

（1）思想观点准确。无论是接待境内旅游者，还是境外旅游者，导游都应该摆正自己的位置，用积极的态度引导旅游者观景赏美。热爱国家和家乡，热爱中华优秀传统文化，拥护社会主义核心价值观，坚持四个自信，努力将美好向上的一面传达给旅游者。

（2）讲解内容准确。导游的讲解内容要以客观现实为依据，力求无误，不能信口开河，胡编乱造。因此，导游应坚持学习，让自己具备扎实的知识储备，对游览点的历史、文化、风俗等都有深入准确的了解。

（3）遣词造句准确。句子由词语组成，导游准确表达内容的前提是词语的准确使用，这是每一位导游必须掌握的基本功。遣词造句的准确体现在三个方面，首先是词语的搭配准确，如导游为了赞叹北京秋天的美，说："秋天的北京是美丽的季节"，这里就出现了主宾搭配不当现象，正确表述应为"北京的秋天是美丽的季节"；其次是词语的用法准确，如下雨天的旅游客车玻璃上满是水汽，导游随口就说了一句："隔着水汽，窗外的景物都是糊糊涂涂的。""糊糊涂涂"一般只用于形容人，而用来形容物显然是用词不当，正确表述应为"模模糊糊"；最后是词语的感情色彩使用准确，如在红色旅游景点参观时，可以用"顽强"一词来形容革命斗士的意志，用"顽固"一词来形容敌对分子的最后挣扎，而不能反过来使用。

（4）语音语调准确。语音语调是构成讲解节奏的基础，准确的语音语调既可以让旅游者感到舒服自然，又能更有效地传递信息。对于一名优秀的导游而言，如果带有明显的地方口音，语调把握也不到位，那就要在平时勤下功夫，坚持练习，力争语音语调准确，以提升自身的专业度。

2. 通俗性

一般来说，导游所接待的旅游者往往年龄大小不一、素养高低不同、能力大小有别。因此，如果导游语言不通俗，让旅游者不容易听懂，自然就会影响讲解的整体效果。为了做到讲解语言通俗易懂，导游可以采用以下方法。

（1）多用口语短句。日常生活语言主要由短句构成，短句既便于讲，也利于听。同时比起书面语，口语更大众化，也更为简明易懂。因此，导游语言应化长句为短句，变书面语为口语，让表达更为浅白明了。

（2）多用熟语。熟语又叫习语，是人们常用且定型化了的固定短语，具有丰富的内容和精练的形式，主要有成语、惯用语、谚语和歇后语等，熟语言简意赅，通俗易懂，可以很好地提升讲解效果。如用一句“在家千日好，出门事事难”，就能很好地表达出人在异乡的窘迫。因此，多用熟语，避免用冷僻、晦涩的词语，可以有效提高导游语言的通俗性和流畅性。

（3）多用生活化的例子。在讲解当中，如果碰到一些抽象的数据或难懂的概念，就需要利用一定的技巧化繁为简，变晦涩为通俗。此时可以多用日常生活中大家都比较熟悉的现象或场景为例，通过类比法来加深旅游者的画面感，助其快速理解。如导游讲：“5G 技术很先进，能够让网速变得很快，每秒的峰值速率可以达到 10 ~ 20Gbit。”若不做进一步解释，估计旅游者听了以后不会有什么印象。但如果以身边熟悉的事物为例，表述为：“如果把我们现在手机的平均网速比作公交车的速度，那么 5G 就是高铁的速度。”经过这样一对比，旅游者就会有豁然开朗的获得感，自然印象深刻。

3. 清晰性

把话说清楚是一项基本要求，尤其对导游来说是必须掌握的技能。有些导游在语言的组织上缺乏条理，没有重点，经常东拉西扯而没有边际，让旅游者听得云里雾里，这就是导游语言缺乏清晰度的体现。要想把话讲清楚，可以从以下三个角度进行把关。

（1）思路清晰。把话说清楚的第一步，就是在大脑里要建立起清晰的思路，明白自己想要表达的是什么。这需要在平时做好资料的收集工作，并花时间按照一定的逻辑进行整理，以备随时使用。同时，平时还要锻炼自己讲话的逻辑性和条理性，讲之前先想一想，自己要传达的观点或信息是什么，确保思路的清晰。

（2）表达清晰。表达是将心中所想的内容用语言等方式展现出来的一种行为，有时候导游知道自己想要讲什么，但表达出来就会出现词不达意的现象。为了保证表达的清晰，首先，在讲解之前先明确要表达的中心主题是什么，即要围绕着什么来讲；其次，在讲解的时候应重点突出，即知道要讲的重点是什么，而不是东拉西扯，让人不知所云；最后，表达宜简洁明了，以确保信息的准确传达，提高沟通的效率。

（3）口齿清晰。发音清晰、口齿清晰是进行有效沟通的保证，当导游使用模糊不清的语言跟旅游者进行交流时，很可能会造成他们的困惑，甚至误解导游所讲的内容。因此，导游应根据自身情况进行纠正练习，做到讲解时口齿清晰，把话说得流利顺畅，让旅游者听得清楚明白。

4. 生动性

把话说准确、说清楚，说得通俗易懂，是导游语言的基础。但仅有这些还不够，只有让导游语言变得生动才能吸引人、感染人。孔子曾说："言而无文，行之不远"，意思是语言（文章）如果没有文采，那就很难被传播开来。可见，要想让旅游者听得津津有味，首先要把导游语言变得生动精彩。导游除了把握好讲解时的语音、语调以外，还可以通过具体的细节、起伏的情节、精彩的修辞来提升导游语言的生动性。

（1）细节化。绘声绘色的语言表达常使人有身临其境的感觉，要达到这种化无形为有形、化抽象为具体的效果，必须善于运用动词来抓取内容中的细节，从而达到加倍放大的效果，让人印象深刻。如朱自清在散文名作《背影》中，就利用细节语言，描写了父亲穿过铁道、爬上月台的感人形象：

我看见他戴着黑布小帽，穿着黑布大马褂，深青布棉袍，蹒跚地走到铁道边，慢慢探身下去，尚不大难。可是他穿过铁道，要爬上那边月台，就不容易了。他用两手攀着上面，两脚再向上缩；他肥胖的身子向左微倾，显出努力的样子。

文中一系列动词的运用让细节直抵人心，浓浓的父爱呼之欲出，令人难忘。

（2）情节化。将平淡的内容故事化，可以大幅提升导游语言的生动性。而要把故事说得好，则不妨适度将事件情节化。层层推进的逻辑，环环相扣的悬念，营造出引人入胜的情节。如导游在讲解西湖断桥景点时，如果只是介绍断桥的位置、来历、特点等知识，就只是简单地传递资讯。若想让旅游者留下深刻印象，不妨借助与断桥相关的民间传说，来增加导游语言的生动性。示例如下。

各位朋友，断桥很普通，跟西湖边的其他拱桥没多大区别，而且既不断，也不大，但为什么大家都想来看上一眼呢？这就不得不提到民间故事《白蛇传》。话说这一年，八仙之一吕洞宾羡慕杭州的繁华，就下凡变成一位老人在西湖断桥边卖汤圆。但他卖的汤圆大的便宜，小的反而更贵。于是大家都买便宜的大汤圆，只有小许仙同情老人的辛苦，就让父亲买了几粒贵的小汤圆。不想吃过后，竟然整天不吃东西还活蹦乱跳，急得许仙父亲赶紧带他去找老人。老人见状微微一笑，一把倒拎起许仙的双脚，抖了抖他的身体，汤圆竟然就从许仙嘴巴里滚落，掉进断桥下的湖水中。正在断桥水底修炼的白蛇发现后，一张嘴就吃下了这几粒汤圆。殊不知，这几粒汤圆是吕洞宾用仙丹变出来的，白蛇吃下以后，一下子法力大增，得道成仙……

通过这样一段情节化的故事，旅游者容易一步步被带入故事里，等到听完故事，也就加深了对断桥的印象。

（3）修辞化。别致的修辞就似开在导游语言中的一朵朵鲜花，常给人以“万绿丛中一点红”的惊喜，令人过目难忘。导游应当善于运用各种修辞手法来提升语言的表达效果，常见的修辞方法有比喻、比拟、夸张、排比、引用、对比等。

①比喻。比喻也称打比方，是一种常用的修辞方法，即利用不同事物之间的相似点，使用一事物来比方另一事物的修辞方法。比喻可以烘托气氛，增强感染力，是导游提升语言生动性的重要方法。

比喻的基本类型有三种，分别是明喻、暗喻和借喻。明喻如“雷峰如老衲，保俶如美人”，将西湖边的雷峰塔和保俶塔形容得既凝练简明，又生动传神；暗喻如“各位嘉宾，大家现在已经抵达了我们祖国的心脏——北京”，北京的重要地位在这番话中一目了然；借喻如“乱石穿空，惊涛拍岸，卷起千堆雪”，词中以“雪”借喻浪花，别开生面。

②比拟。比拟是指借助想象把人比作物或把物比作人的修辞方法。因此，比拟又分为拟人和拟物两类。拟人修辞如“大明湖里的荷花亭亭玉立，在微风中悄然起舞”，荷花为物，修饰以“亭亭玉立”“悄然起舞”后，就有了人的美丽，贴切形象；拟物还可分为以人拟物和以物拟物两种，拟物修辞如“那肥大的荷叶下面，有一个人的脸，下半截身子长在水里”。“长在水里”原是荷的特点，句中将人比拟为荷，情景交融，别有趣味。比拟感情色彩鲜明，描绘形象生动，表现力也更为丰富，是一种高级的修辞法，导游如能使用得当，则可让讲解语言变得更为优美。

③夸张。夸张是指为了达到某种表达效果的需要，运用丰富的想象力，对事物的形象、特征、作用和程度等方面着意夸大或缩小的修辞方式。在导

游工作中灵活运用夸张手法，可以传达出导游鲜明的讲解风格，给旅游者留下深刻的印象。

夸张可分为两类，即普通类和超前类，其中普通类又分为扩大夸张和缩小夸张。普通类夸张如“蜀道之难，难于上青天”，采用扩大难度的夸张，形象地写出了攀登蜀道的难度；超前类夸张如“胡雪岩奉行采办务真的理念，老百姓都喜欢到胡庆余堂看病抓药，即使药方还没开，人的病就已经好了三分”。利用心理感觉的超前夸张，生动表达了人们对胡庆余堂的信任感。

④排比。排比是指把结构相同或相似、意义密切相关、语气一致的词语或句子组合排列在一起以加强语势的一种修辞方法。在遇到需要铺排加强气势的讲解中，导游就可以灵活采用排比法，有助于营造声情并茂的讲解效果。如以下导游词化用作家陈淼在游记散文《桂林山水》中对漓江水的描述，就采用了排比修辞法：

桂林处处都是美景，而漓江山水更是其中的典范。正所谓“桂林山水甲天下，阳朔山水甲桂林。群峰倒影山浮水，无山无水不入神。”作家陈淼看过桂林山水以后，就曾赞叹：漓江的水真静啊，静得让你感觉不到它在流动；漓江的水真清啊，清得可以看见江底的沙石；漓江的水真绿啊，绿得仿佛那是一块无瑕的翡翠。只有当船桨荡起微波，扩散出一道道水纹时，才让你感觉到船在前进，岸在后移。

连续的排比句式强化了导游语言的力量，抒发了强烈的赞美之情，让人听后顿感心旷神怡，也会忍不住由衷地发出赞叹。

⑤引用。引用是指借用一些现成的语句或材料，如诗句、格言、评论等，以表达个人思想情感或说明某一问题的修辞方法。这也是导游在讲解中运用较多的一种方法，不但可增加导游语言的文采，而且能增强表达的效果。引用分为明引、意引和暗引。

明引是直接引用原文，并在原文加上引号，其特点是出处明确，说服力较强。如在以下介绍西湖的讲解词中，引用了联合国教科文组织的评价，增加了表达的信服度：

2011 年 6 月 24 日，中国“杭州西湖文化景观”被正式列入《世界遗产名录》。世界遗产委员会认为：“杭州西湖文化景观是文化景观的一个杰出典范，极为清晰地展现了中国景观的美学思想，对中国乃至世界的园林设计影响深远。”杭州西湖文化景观由此成为中国第41处世界遗产，也是当时中国列入《世界遗产名录》的世界遗产中唯一一处湖泊类文化遗产。

意引是指不直接引用原文，只间接引述原意，但一样有一定的说服力，如以下关于苏州园林造景手法的介绍，间接引用了明代计成的论述：

借景是古典园林建筑中经常用到的构景手法之一，是指在视力所及范围内，造园者有意识地把景物组织到园林视野范围中来，借以扩展景物的深度和广度、丰富游赏内容的手法。明代著名造园家计成在其著作《园冶》中指出，借景，是园林造景最重要的手法，其中的巧妙之处就在于能根据不同的地形特点来自然借势造景。

暗引是指把别人的话语融合在自己的内容中，而不说明引文的出处。这样既能修饰自己的语言，还能增添一定的感染力。例如：

杭州西湖晴雨两宜，晴天来西湖，我们可以感受到“水光潋滟晴方好”的浓艳美；而如果雨天到西湖，则可以领略到“山色空蒙雨亦奇”的素雅美。

⑥对比。对比也叫对照，是指把两个相对或相反的事物，或同一事物的两个方面放在一起，并相互作比较的一种修辞方式。对比可以增强导游语言的表现力和感染力，通过相互衬托，让好的显得更好、坏的显得更坏，给旅游者留下深刻的印象。对比分为反面对比和正面对比。反面对比如在杭州岳飞墓前的对联：“青山有幸埋忠骨，白铁无辜铸佞臣”，通过对比手法表达了对岳飞被害的惋惜和对秦桧杀害忠臣的憎恨；正面对比如“一骑红尘妃子笑，无人知是荔枝来”，诗句采用正面对比手法，讽刺了君王的骄奢淫侈，发人深省，耐人寻味。

二、导游口头语言表达技巧

语言表达能力分为口头语言表达能力和书面语言表达能力，而在导游服务过程中，口头语言是主要工作语言。因此，导游应该在口头语言的表达技巧上多下功夫，不断提高自己的口语表达能力，努力做到既能达意，又能让旅游者觉得舒服。

（一）口头语言的表达要领

导游口头语言的表达要领主要体现在音量大小适度、语速快慢相宜、语调高低有序、停顿长短合理这四个方面。

1. 音量大小适度

音量又称音强、响度，是指当一个人讲话时，其声音的大小强弱程度。在讲解过程中，导游应根据现场实际情况灵活把握自己的音量，力求做到音量大小合适。通常而言，导游讲解时音量的大小取决于三大要素，即旅游者人数的多少、讲解点环境情况和讲解内容的重要性。

（1）旅游者人数多少。一般旅游者人数较多时，导游应当适当提高音量，反之则适当降低。音量大小以每一位旅游者都能听清为宜，必要时可借助扩音器帮助提高讲解的音量。

（2）讲解点环境情况。如在宽阔地带而人员较分散、身边环境比较嘈杂等时候可以适当提高音量；而在一些庄严重要的场合、室内安静的空间等地方进行讲解时，则宜适当减小音量。

（3）讲解内容的重要程度。在讲解一些比较重要的内容或需要特别强调的信息时，可以加大音量以提醒旅游者注意；而在提及一些比较敏感，不适宜多讲、深讲的内容时，则可轻轻带过。

2. 语速快慢相宜

语速是指当一个人讲话时，其在单位时间内讲话速度的快慢程度。语速影响口语的美感，导游无论是与旅游者进行日常沟通，还是进行景点讲解，都应当做到不疾不徐、快慢相宜。在导游讲解中，语速通常控制在每分钟200字左右。如果语速过快，会使旅游者听起来感觉吃力，甚至跟不上节奏；但如果语速过慢，又会让人觉得乏味，容易分散注意力。导游讲解时语速的快慢取决于三大要素，即讲解对象、讲解环境和讲解内容。

（1）讲解对象。面对不同年龄、身份、性格的旅游者，导游应采取不同的讲解语速。一般来说，年龄较大、身份较为尊贵、性格平和的旅游者，导游宜放慢语速；而对中青年和好动的旅游者，则可以适当提高语速。

（2）讲解环境。一般在喧闹的空间、庄严肃穆的场合，不妨适当降低语速；而在一些安静的地点、氛围欢快的场合，可以适当提升语速。

（3）讲解内容。针对一些内容比较重要或需特别强调的信息时，导游可以放慢语速以便于旅游者听清楚；而在提及一些无关紧要或众所周知，以及有些比较敏感的内容时，则可快速带过。

3. 语调高低有序

语调，即一个人讲话的腔调，是指当一个人讲话时，其声音高低起伏和抑扬轻重的配置变化。常见的语调有四种，即高升调、低降调、平直调、曲折调。

（1）高升调（↗）。一般来用表示兴奋、号召、激动、惊叹、疑问等感情状态。此种语调表现为句子开头低，句尾明显升高，如“快看，太阳就要从海平面升起来啦！”（表示兴奋、激动）

（2）低降调（↘）。一般用来表示肯定、请求、感叹、祝愿、赞扬、期待等感情状态。此种语调表现为句子开头高，句尾明显降低，如“准时集合，早上大家表现得非常不错！”（表示肯定、赞许）

（3）平直调（→）。一般用来表示庄重、严肃、平淡、冷静等情感状态。此种语调表现为整句平直舒缓，如“矗立在天安门广场中央的那座高大石碑，就是人民英雄纪念碑。”（表示庄重、肃穆）

（4）曲折调（∧↗或∨↘）。一般用来表达讽刺、含蓄、烦躁、轻薄、厌恶、意外等感情状态。此种语调多用于表达特殊感情时，句子先降后升或先升后降，有抑扬升降的变化，且不像其他语调多表现在句尾，而是根据需要出现在句子的不同位置，如“你的能耐可真不小。”（表示讽刺）

语调被称为“情感的晴雨表”，有着非常重要的表情达意功能。不同语调表达不同的语气，并无固定样式，一般以适合想要表达的思想情感为准绳。导游应能根据所要讲解的具体内容，灵活把握语调的使用，营造出声情并茂的讲解效果。不过，也要避免使用过度，不可一味追求抑扬顿挫而形成朗诵式讲解。

4. 停顿长短合理

停顿是指当一个人讲话时，其声音的间歇或语流的断续。作为口头语言表情达意不可缺少的一种修辞手段，停顿具有调节气息、显示语气、突出重点、增加语言节奏感等作用，同时可以给听众留下思考、消化和回味的时间，从而更好地理解语意。在讲解过程中，导游若能善于运用停顿技能，则可以大幅提升口头语言的表达能力，让讲解更为精彩动人。在导游口头语言表达中，常用的停顿有语法停顿、逻辑停顿、感情停顿和生理停顿。

（1）语法停顿。在讲解时，导游按照书面导游词中的标点符号所做的停顿，即为语法停顿。一般来说，停顿的时长依次为：句号、问号、感叹号、省略号的停顿时间最长；分号、破折号、连接号次之；逗号、冒号较短；顿号、间隔号最短。此外，句中的停顿较短，一句话说完时停顿稍长，一个意思说完则要做相对较长的停顿。

（2）逻辑停顿。在讲解时，导游为了突出或强调某些内容而做的停顿，即为逻辑停顿。逻辑停顿可以加深旅游者的印象，增强导游讲解的生动性。如“这些兵马俑到底是怎么被发现的呢？发现后为什么又被称为世界第八大奇迹呢？”在这两个问句后，导游各做一次停顿，从而激发旅游者的好奇心，不自觉产生继续听下去的期待。

（3）感情停顿。根据导游心理或情感表达需要而做的停顿，即为感情停顿。这种停顿可打破标点符号的限制，导游在讲解时如能灵活运用感情停顿法，往往可以获得比有声语言更为丰富、更加深沉的效果，营造出“此时无声胜有声”的境界。

（4）生理停顿。当导游在讲解一段较长的语句时，为换气需要而在句中某个合适地方所做的停顿，即为生理停顿。一般生理停顿要注意不能妨碍语意的表达，不要割裂语法结构。

（二）常用讲解方法

为丰富导游讲解表现力，提高导游讲解水平，就应当掌握并善于运用各种讲解方法。在导游讲解实践过程中，常用的讲解方法如下。

1. 综合概述法

在实践操作中，综合概述也常被称为“概况讲解”，是指导游对所在城市或景点的整体情况向旅游者作一个概括性的介绍，使其快速对旅游目的地情况有一个大致了解的讲解方法。这种方法多用于旅游者初到一座城市或即将前往参观某个景点之前，导游利用车上的沿途讲解时间或在景区大型导览图前停留的时间，对城市或景点地理、历史、人物、布局等做一个大略的介绍。例如，以综合概述法讲解北京故宫博物院。

故宫博物院成立于1925年，是中国现存规模最大、保存最为完整的古代宫殿建筑群，它的前身就是明清皇宫紫禁城。故宫博物院正是以明清皇宫及其收藏为基础而建立，是集古代建筑群、宫廷收藏、历代文化艺术为一身的大型综合性博物馆。

故宫以南京故宫为营建蓝本，开建于明永乐四年，也就是公元1406年，直到1420年才完工。由明成祖朱棣开始，到清朝末代皇帝爱新觉罗·溥仪1912年退位为止，这里先后居住过明清两朝一共24位皇帝，直到1925年10月10日，才转型成为故宫博物院。

故宫以太和殿、中和殿、保和殿这三大殿为中心，南北长961米，东西宽753米，占地面积约为72万平方米，建筑面积达15万平方米，有大小宫殿70多座，9000多间房屋。周围则是高达10米的城墙和52米宽的护城河，城墙四面各设城门一座，分别为南面午门、北面神武门，东西为东华门和西华门。我们参观故宫的入口是午门，而出口是在北面的神武门。

2. 突出重点法

在导游讲解中避免面面俱到，只突出某一方面或部分的讲解方法叫突出重点法。导游要善于在不同的游览环境，根据旅游者的不同需求，灵活组织讲解内容，要在有限的讲解时间内，力争做到轻重搭配、详略得当、重点突出，帮助旅游者快速了解一地一景的主要情况。具体来说，导游可以从以下四个方面入手。

（1）突出独特之处。当旅游者初到旅游目的地，出于好奇心理，自然很想了解这个地方有何独特之处；或前往景区参观前，就想知道这个景区有什么特别值得一看的地方。此时导游就可突出讲解一地一景的与众不同之处，以加深旅游者的印象，满足其好奇心。例如，以下对山西五台山的介绍。

五台山是中国佛教四大名山之一，有着“金五台”的美誉，位列四大佛教名山之首，其中又有什么道理呢？具体来说，五台山不同于另外三座佛教名山的独特之处有以下几点：首先，建寺时间最早。东汉永平十年，也就是公元67年，以迎请高僧摄摩腾、竺法兰在洛阳修建白马寺为标志，佛教正式传入中国。第二年，两位高僧来到五台山修建大孚灵鹫寺，也就是今天的五台山显通寺。其次，地位最高。五台山是文殊菩萨的道场，作为释迦牟尼的左胁侍，文殊在诸菩萨中智慧才辩第一，被推为众菩萨之首。再次，有历朝帝王驾幸。从北魏孝文帝在五台山建立避暑胜地开始，隋炀帝、宋太宗、元英宗、清圣祖、清高宗都曾先后驾幸过五台山，使得五台山发展成为世界最大的皇家寺庙建筑群。最后，中国唯一青庙与黄庙共存的佛教圣地。青庙即汉传佛教，黄庙即藏传佛教，两教在五台山交相辉映，共同发展。

（2）突出有代表性的部分。导游使用综合概述法讲解城市或景点的全貌后，就可以有侧重地讲解关于这座城市或这个景点当中富有代表性的内容，以吸引旅游者的注意力。例如，以下是对杭州城市街道的讲解。

街道浓缩着一个城市的文化，见证着一个城市的历史，在杭州众多的特色街区中，清河坊历史文化特色街区，作为杭州目前唯一保存较完好的旧街区，就是杭州悠久历史的一个缩影，在它身上凝聚了杭州最具代表性的历史文化、商业文化、建筑文化及市井文化。

（3）突出旅游者感兴趣的内容。旅游者虽然身份背景各不相同，但只要稍加注意，还是可以找到一些大多数人感兴趣的内容。在与旅游者相处过程中，导游应处处观察、时时聆听、常常交流，以寻找大家都能感兴趣的话题。如游览故宫时，通过与旅游者的交流，发现大家普遍对故宫的猫感兴趣，那就不妨以此为话题展开讲解，定能收获奇效。

（4）突出“最”“第一”。“最”或“……之最”“第一”，都表示在程度上达到了极点，意味着超过了一切同类的人或事物。最大、最长、最古老、最壮观、第一条、第一座等词语，一旦表达出来，就很容易受到聆听者的关注。导游应该熟悉所在地域和所要游览景点的基本情况，尤其是重点关注其中能被冠上“最”“第一”等字样的内容。例如，以下关于青藏铁路的介绍。

青藏铁路，简称青藏线，是一条连接青海省西宁市至西藏自治区拉萨市的国铁Ⅰ级铁路，是中国新世纪四大工程之一以及通往西藏腹地的第一条铁路，也是世界上海拔最高、线路最长的高原铁路。

不过，在讲解中也不能乱用、错用、滥用“最”“第一”等词语，应当言之有据、用之准确，务求实事求是，不能张冠李戴，更不能随意杜撰。

3. 类比法

导游通过比较两个事物的某些相似或相同之处，用熟悉的事物来认识不熟悉的事物，以达到触类旁通的一种讲解方法，即为类比法。旅游者从自己的家乡来到旅游目的地，可谓人生地不熟，如果导游在讲解中妙用类比法，用旅游者熟悉的事物或知识来解释眼前的景物，就能让旅游者迅速理解新事物，从而起到事半功倍的讲解效果。导游讲解中常用的类比法有以下两种。

（1）同类相似类比。将相似的两个事物或现象进行比较，以便旅游者快速理解的方法，即同类相似类比。例如，以下介绍苏州。

苏州是著名的江南水乡，老城内至今保持着“水陆并行、河街相邻”的双棋盘格局，被意大利旅行家马可·波罗称为“东方的威尼斯”。

（2）同类相异类比。将两个同类但在规模、质量、风格、水平、面积等方面不同的事物或现象进行比较，以加深旅游者印象的讲解方法，即同类相异类比。例如，以下用同类相异类比法介绍汉长安城。

长安，是西安的古称，是丝绸之路在东方的起点，也是中国历史上建都朝代最多的都城。尤其是汉长安城，占地面积达36平方公里，比同时期欧亚大陆上西方文明的重要代表——古罗马城还大了三倍多。在城池建筑的构建上，顺应天人合一理念的汉长安城，是以土木为主，而追求永恒的古罗马城，则以坚固的石材建造城池，从而形成了不同的历史遗留。

要正确、熟练使用类比法，就需要导游能够熟悉客源地情况，或者能提前搜集与旅游者所在地相关的一些资料，相关资料掌握得越充分，就越有利于讲解技巧的发挥。

4. 问答法

导游在讲解中向旅游者提出问题或引导旅游者提出问题的方法，即为问答法。灵活运用问答法可以促进导游与旅游者之间的互动，提升旅游者的参与感和自我成就感，从而获得难忘的旅游体验。问答法分为自问自答、我问客答、客问我答和客问客答四种类型。

（1）自问自答。由导游先抛出问题，再稍作停顿，不待旅游者回答便主动给出解释的方式，即自问自答。采用这一方法的目的不在于真要旅游者给出答案，而只是为了吸引他们的注意力，激发他们的游兴。此法通常用于难度比较大或旅游者基本回答不出来的问题。

（2）我问客答。由导游抛出问题，并引导旅游者积极给出答案的方式，即为我问客答。运用我问客答法的关键在于提问是否难易恰当，如果问题过难，就会冷场；如果问题过浅，又会让旅游者觉得无趣。采用此法的目的在于增加与旅游者的互动，活跃团队氛围。因此，不论旅游者回答是否正确，导游都不去打断，更不能取笑，而应给予积极的鼓励。

（3）客问我答。旅游者主动向导游提问，并由导游给出答案的方式，即为客问我答。在讲解过程中，客问我答法的使用贵在自然，说明旅游者愿意主动跟导游进行互动，彼此之间已经建立了不错的沟通关系。当旅游者提出问题后，导游既不能置之不理，也不要他们问什么就答什么，应该根据问题的性质，避重就轻，避实就虚，将回答问题和讲解内容有机结合起来，这样既不怠慢旅游者，自己又能拿回讲解的主动权。一般不太建议导游主动让旅游者来提问：一来会显得不够谦虚低调；二来如果旅游者提出刁钻的问题，而导游又无法给出答案，就会破坏自己在旅游者面前的权威形象。

（4）客问客答。当旅游者提出问题后，导游自己不参与回答，而是巧妙引导其他旅游者来回答的方式，即客问客答，也称为“借花献佛”。采用此法的好处是可以积极促进旅游者之间的互动，但也是操作难度最大的方法，一旦旅游者回答不出来或者回答出来的答案是错误的，而提问者如果又表现出不屑一顾的态度，就会让交流与互动戛然而止。因此，要想使用客问客答法，导游需要有很强的控团能力；同时也不宜多用此法，以免让旅游者对导游的讲解能力产生怀疑，或者觉得是导游在偷懒，从而留下不好的印象。

5. 制造悬念法

导游在讲解时向旅游者抛出一个大家感兴趣的问题，但又故意不马上说出答案，从而激起旅游者急于想知晓答案的欲望，这种方法即为制造悬念法，俗称吊胃口、卖关子。这种先藏后露、欲扬先抑、引而不发的手法，可以充分激发旅游者的好奇心，在活跃气氛、激发旅游者游兴等方面具有良好的效果。而且一旦导游给出答案，还能让旅游者有一种恍然大悟的感觉，从而留下深刻的印象。因此，制造悬念法也是导游常用的讲解方法之一。以下两段是讲解苏州拙政园“与谁同坐轩”的不同讲解词，前一段采用的是平铺直叙方式，后一段则采用了制造悬念法。

【平铺直叙】我们现在看到的这座水边建筑，叫与谁同坐轩，屋顶呈现为扇面状，小巧静雅，别具一格，轩名取自苏东坡的一首词：闲倚胡床，庾公楼外峰千朵。与谁同坐，明月清风我。

【制造悬念】我们现在看到的这座水边建筑，叫与谁同坐轩。这幢小建筑的屋顶为扇面造型，小巧别致。而比建筑造型更有趣的是：它还有一个充满情趣的名字——与谁同坐轩。现在就让大家来猜一猜，当园主人来这里，他会希望跟谁同坐在这里？答案暂时不告诉大家，我们先到对面的与谁同坐轩去坐一坐，让大家亲身感受之后，再看看能否找到答案……

好了，体验完毕，大家的答案也是五花八门，那现在我来公布园主人心中的答案吧。这个轩名取自苏东坡的一首词：闲倚胡床，庾公楼外峰千朵。与谁同坐，明月清风我。也就是说，与我同坐的是清风明月，并不是大家猜到的人，这也正体现出了园主人的风雅情趣。

对比上下两篇导游词，就可以想象出哪一种方法的讲解效果更佳。

6. 虚实结合法

导游在讲解中将抽象与具体、想象和现实有机结合起来的方法，即虚实结合法。“虚”，是指与所要讲解景观相关的民间故事、神话传说、奇闻逸事等；“实”，指的是旅游景观的具体形象、真实历史、现实人物等。导游在运用虚实手法进行讲解时，需要注意以下几点情况。

（1）虚实应当有机结合，自然连贯，不能生搬硬套，即不能“为了讲故事而讲故事”，以致“虚”的内容落不到实处。

（2）虚实结合应以“实”为主，“虚”为辅，“虚”为“实”服务；以“虚”烘托情节，加强“实”的存在，努力将“无情”的景物讲解成“有情”的审美对象。

（3）虚实结合应注意内容的选择。“实”要从旅游者能看到的眼前景物中选，“虚”则要“精”、要“活”。“精”，是指所选的传说故事是与所讲景观相关的精华，而不是什么都选，什么都讲；“活”，是指要灵活使用传说故事，力争做到见景而用，即兴而发。例如，以下关于巫山神女峰的介绍，就巧妙采用了虚实结合法。

我们现在看到的神女峰，位于巫峡的北岸，它又称为望霞峰，海拔为860米，距离巫山县城也仅22公里。在峰顶内侧矗立着的那块人形的石柱，高约6米多，远看就像是一位亭亭玉立的少女，所以山峰就被称为神女峰。

传说巫山神女名叫瑶姬，是炎帝的女儿，可惜还未出嫁就去世。瑶姬死后，她的魂魄在早晨化身为云，在傍晚化身为雨，时常缭绕在神女峰上。到了战国末期，楚怀王巡游到巫山，夜宿高唐馆，梦见一女子，美艳无比，令楚怀王惊为天人，便心生爱慕，梦醒之后还念念不忘梦中神女。于是，就下令在巫山临江一侧修建楼阁，取名朝云，以示怀念。

这件事由于被辞赋家宋玉写进了《高唐赋》，因而得以流传后世。从此以后，神女的美丽让无数文人墨客心生向往，留下了大量赞美神女峰的诗词，巫山神女在不知不觉中还成为国人心中的美神和爱神。

7. 触景生情法

导游在讲解中见物生情，进而借题发挥的方法，即为触景生情法。触景生情法重在“生情”二字，也就是导游在讲解时不能只是介绍眼前所见景物，而是应该充分利用眼前景物生发情感，升华精神。否则，讲解就失去了生命力，须知有“情”，才能景“活”。

触景生情法的含义可分为两层：一是导游应善于借题发挥，借景抒情，利用所见景物引领旅游者领略景观背后的情感之美、生命之美；二是触景生情贵在生发的是真情实感，而不是无病呻吟。这就需要导游有独到的审美能力与深刻的生命感悟力，能将所讲内容与所见景物和谐统一，实现情景交融，从而让旅游者也能感觉到景中有情、情中有景。例如，下面采用触景生情法介绍的上海外滩之美。

上海黄浦江畔的新外滩共有五条旅游线路，在您的左手边是被誉为“万国建筑博览”的建筑群和宽敞的中山路，在您的右手边是波光粼粼的黄浦江以及前程似锦的浦东陆家嘴金融贸易区，眼前是新颖独特的观光游览区。这建筑群、中山路、观光区、黄浦江、陆家嘴仿佛音乐谱中的五线谱，勤劳勇敢的上海人民则好似一串串音符，正组成最新最美的乐章，欢迎着各位来宾的光临！

8. 妙用数字法

借用数字来说明景观内容的讲解方法，即为妙用数字法。在生活中，数字的运用无处不在。“一座座青山紧相连，一朵朵白云绕山间，一片片梯田一层层绿，一阵阵歌声随风传。”每当听到这样的句子，总让人觉得神清气爽。这不仅取决于用数字表达既浅白又生动，还显得更为准确，也就更有说服力。因此，导游在讲解中也应当有意识地借用数字、多用数字、妙用数字来帮助提升讲解效果。例如，下面讲解词在介绍北京天坛时，巧妙利用数字法，不但让旅游者听起来更清晰具体，而且导游通过数字传达出了景观中蕴含的深厚传统文化。

北京天坛祈年殿殿内柱子的数目，据说也是按照天象建立起来的。其中内围的四根“龙井柱”，象征一年四季春、夏、秋、冬；中围的十二根“金柱”，象征一年十二个月；外围的十二根“檐柱”，象征一天十二个时辰；中层和外层相加的二十四根，象征一年二十四个节气；三层总共二十八根象征天上二十八星宿，再加上柱顶端的八根铜柱，总共三十六根，则象征三十六天罡。

9. 分段讲解法

在一些规模较大或内容较为丰富的景区，导游按照一定脉络顺序，将其分块进行讲解的方法，即为分段讲解法。比较常见的分段方法有按时间顺序、按空间顺序、按流程顺序和按逻辑顺序。如介绍一座城市的历史演变，可根据时间发展顺序进行分段讲解；在游览某个景点时，可采用空间位置移动的方式进行分段讲解；要介绍武夷山岩茶，则可采用岩茶的制作流程来进行分段讲解；介绍自然奇观雾凇的形成原因，可以按照一定的逻辑进行分段讲解等。

以下介绍成都杜甫草堂的导游词，就以空间位移顺序进行了分段讲解。

【杜甫草堂大门】各位嘉宾，杜甫草堂，顾名思义，就是唐代大诗人杜甫曾经居住过的寓所。唐肃宗乾元二年，公元759年冬天，这是安史之乱发生后的第四年，对于杜甫来说，也是最为动荡、最为艰难的一年。他先是辞掉华州司功参军的职务，再携家带口先后在今天的甘肃天水、成县两地避难，最后才历经坎坷进入成都。第二年春天，在朋友的帮助下，他们在成都西郊风景如画的浣花溪边上，修建了这座草堂。

【大廨】“廨”，指的是官署，即古代地方官吏办公的场所。杜甫出生于“奉儒守官”的仕宦之家，深受儒家思想影响，因此从小就有辅佐君主、报效家国的大情怀。在大廨中看到的杜甫雕像，是由我国当代著名雕塑家、中央美院教授钱绍武先生所制作，铜像以杜甫晚年“漂泊湖湘，居于扁舟”为蓝本，塑造了杜甫跪坐船头、抚卷沉思的形象，也刻画出了杜甫晚年“亲朋无一字，老病有孤舟”的生活窘境。

【诗史堂】诗史堂是杜甫草堂里的第三重主体建筑，“诗史”两个字，来自后世对杜甫诗歌的尊称。在杜甫一生中，流传下来的诗歌有一千四百多首，这些诗歌生动地展示了“安史之乱”前后唐朝社会的生活画卷，反映出了唐朝由盛转衰的真实历史。因此，杜甫的诗歌也就被后世称为“诗史”。

【柴门】柴门，顾名思义，就是指用柴木做成的门，主要强调的是居所的简陋。在杜甫的诗歌里，就经常出现“柴门”这一意象。如在他的《野老》一诗中，曾写道：“野老篱边江岸回，柴门不正逐江开。”甚至在他的另一首诗歌中，还直接以《柴门》为题。

【工部祠】工部祠是杜甫草堂中轴线上的最后一重建筑，门楣上方的“工部祠”三个字由我国现代著名文学家叶圣陶所题写。“工部”是六部之一，掌管着营造工程事项。杜甫曾担任过节度参谋、检校工部员外郎一职，所以世称“杜工部”，这座纪念性的建筑也就被称为“工部祠”。

10. 画龙点睛法

用凝练精辟的词语提炼出所游览景点突出特征的讲解方法，即画龙点睛法。运用画龙点睛法，既需要导游非常熟悉所要讲解的景与物，还需要导游具备较强的提炼能力。如果能在讲解内容的关键处，将前面已讲的内容作一个精彩的提炼，就能使讲解的内容更为生动传神。例如，下面是运用画龙点睛法对太湖石进行的提炼。

太湖石，又名洞庭石、窟窿石、假山石，是我国古代著名四大玩石之一，享有“千古名石”的盛名，因盛产于太湖而得名。它以千奇百怪的造型取胜，常被用于园林景观石，有着很高的观赏价值。

太湖石属于石灰岩，有干石和水石之分。

干石产于太湖四周山地，自然质朴。由于长年累月在风雨中接受大自然的洗礼，因此比较松软的部分容易被风化，坚硬的部分就得以保存下来，逐渐形成了曲折硬瘦的自然之美。

水石产于湖水中，十分罕见，由于石体常年被湖水浸润，还有暗流的冲击，在湖石表面，慢慢就能形成水波纹；在湖石身上，还会被湖水雕琢成一个个形状各异的小洞穴，千疮百孔，犹如蜂巢。出水后，这些洞窟明明暗暗，明的可以透光，暗的还能漏水。

因此，大自然巧夺天工的雕琢让太湖石逐渐形成了自己的独特个性。如果对这些特性做一个提炼，那就是四个字：“瘦、皱、漏、透”。

以上列举的只是一些常见的导游讲解方法，在实际工作中，其实还会用到很多未列出的其他方法，需要导游在实践中不断体悟总结。此外，不同的讲解方法也并非各自孤立，而是相互依存、相互融合，应视不同情况而灵活穿插运用。导游应当在博采众长的同时，结合自己的特点和兴趣，将这些方法融会贯通，化为己用，最终形成自己的讲解风格。

三、导游体态语言运用技巧

体态语言丰富而微妙，是人际交往中传情达意的重要方式之一，起着不可估量的作用。在服务过程中，导游也应当重视并善于使用体态语言，并将其与口头语言相互搭配，交互使用，常能获得口头语言难以企及的效果。根据体态部位的不同，可以将体态语言分为头部语言、表情语言和手势语言。

（一）头部语言的运用

头部语言，也称首语，是指导游通过头部的整体活动来表达语意、传递信息的一种体态语言。在人际交往中，头部往往是对方比较关注的部位，也是人们常用的身体语言。

1. 头部语言的类型

头部语言的动作不多，主要包括点头、摇头、低头、仰头、侧头五种，但其中蕴含的信息极为丰富，如点头通常是表示肯定，摇头表示否定，低头则表示顺从等。头部语言的使用一般需配合目光语一起进行。

2. 使用头部语言注意事项

头部语言虽好用，但要用好头部语言，导游还得提前了解一些使用头部语言的注意事项，否则不但使用无效，而且可能引起误会。

（1）注意文化差异。地域文化不同，头部动作的含义就会有所不同，因此要注意区分，以免造成误会。如在印度、泰国等国家的一些少数民族，奉行“点头不算摇头算”的习惯，即用摇头表示同意，用点头表示反对。

（2）头部动作要明显。如果只用头部语言来回答对方，那就要让对方看清楚，以帮助其正确领会意思。

（3）与有声语言相配合。如在点头的同时，自然地配上“嗯、好的”等口语，就可以避免因为没看清头部动作而可能产生的误会。

（4）控制使用频率。适当地点头或摇头，可以让旅游者觉得导游是在用心听，如果长时间频频点头或摇头，那就会影响旅游者的注意力，或者让旅游者觉得这个人有点儿肤浅。

（二）表情语言的运用

表情语言，简称表情语，是指导游通过自己的面部表情来向旅游者表达情感、传递信息的一种体态语言。面部表情能表达丰富又复杂微妙的情感信息，具有非凡的魅力。有人曾问古雅典雄辩家狄摩西尼："演讲家最重要的才能是什么？"他回答是"表情"。导游的讲解虽不同于演讲，但也一样需要具备演讲家的技能。因此，导游要善于运用表情语言，以提升自己的整体表达能力。在表情语言中，经常会用到的有微笑语和目光语。

1. 微笑语

导游通过微笑来向旅游者传递情感和信息的体态语，即为微笑语。微笑是一种人类通用语，被称为"交际世界语"。除了表示友好、愉悦、欢迎等寓意之外，还可以表示拒绝、歉意、否定等意思。但不管用在何处，想要表达何种含义，微笑无愧是人类最美的语言：用微笑肯定，能给对方以温暖；用微笑否定，还能给对方以优雅。

（1）微笑语的作用。导游若在工作过程中灵活使用微笑语，则可起到以下作用。

①与旅游者建立信任。俗话说：伸手不打笑脸人。微笑常能够表达莫大的善意，帮助导游向旅游者传递友好和真诚，有利于快速建立起彼此间的信任关系。

②树立导游个人魅力。微笑是一种无声的自我肯定，不但有助于导游放松自己的心情，而且能让旅游者感觉到来自导游身上的一种自信和专业，从而让导游显得更有魅力。

③提升旅游者情绪。微笑能够传递出积极的情绪力量，当导游微笑着面向旅游者时，这种友好的氛围很容易让他们感到愉悦和放松。

④强化讲解效果。当导游在讲解时，配以微笑来表达某种情感或态度，就会让讲解的语言更生动有力，也更容易获得旅游者的共鸣，从而提升讲解效果。

（2）使用微笑语的注意事项。微笑虽好，但要把微笑掌握到位，也并不是一件很简单的事情。如果笑得不是时候、笑得不是地方、笑得不是样子，说不定还会起反作用。因此，在运用微笑语时，导游应做好以下几点。

①适时微笑。在服务过程中，导游应该根据讲解内容和旅游者的反应，适时运用微笑语。如在向旅游者提出问题时，导游就可以适时用微笑来鼓励旅游者积极回答。

②适度微笑。微笑虽然有很多好处，但导游在讲解过程中也不能过度使用。如果一直保持微笑，反而会让旅游者觉得虚伪或怪异。因此，微笑的频率、保持微笑的时间长度，都应该把握在适度范围。

③区分场合。微笑语的使用一定要注意场合，比如在纪念碑前做讲解时，就不宜带着微笑。

④真诚自然。微笑在外，真诚在内。有真诚，但没微笑，不容易拉近与旅游者之间的距离。但有微笑，却无真诚，那就容易变成皮笑肉不笑或冷笑，只会让人觉得虚伪。只有发自内心的微笑，才能真诚自然，让人觉得如沐春风。

2. 目光语

导游运用眼睛的动作和眼神的变动来向旅游者传递情感与信息的体态语，即为目光语。眼神的变化可以反映一个人的内心世界，导游在服务过程中应当灵活用好目光语。

（1）目光语的类型。根据目光投射方向的不同，可将目光语分为正视、仰视、俯视和斜视。

①正视。也称平视，是指导游与旅游者的视线平齐。通常表示理性、平等、坦诚等含义。正视是导游目光语中的主要语言，可以体现出导游与旅游者之间平等、坦诚和友好的相处诚意。

②仰视。导游的视线朝上，即为仰视。通常表示尊重、谦逊、期待、盼望、哀求等含义。

③俯视。导游的视线朝下，即为俯视。通常表示爱护、宽容、傲慢等含义。

④斜视。导游的视线斜行，即为斜视。通常表示怀疑、疑惑、轻视等含义。

（2）目光语的使用。根据使用方法的不同，导游讲解时常用的目光语有以下几种。

①环视法。导游在讲话时有规律地用弧形视线从一边扫视到另一边，再往回扫视的方法，即为环视法。可以是左右来回，或者前后来回，或者上下来回等，此法目光范围较大，适用于场面较大或旅游者人数较多时。导游可以用此法关注现场的秩序，检验自己的讲解效果，但注意不能环视过于频繁，快速转动的眼睛会给人以心机重、不诚实的感觉。

②点视法。导游把目光集中投向某一旅游者或某一区域，以便产生某种情绪呼应的方法，即为点视法。使用此法目的在于进行重点关注，如导游为了向帮过自己忙的旅游者表示感激，就当着大家面对其表示感谢，同时把目光投向该旅游者。

③虚视法。在讲话时，导游把目光似看非看地望向全体旅游者，营造出我心有你氛围的方法，即为虚视法。采用此法的主要目的是让全体旅游者都能感觉到导游是在关注着自己的。对于刚入行不久的导游新人而言，采用虚视法可以有效解决因为紧张而不知该把目光往哪里放的尴尬。

④仰视法。导游在讲话时抬起头，将视线向上，看向高处的方法，即为仰视法。此法一般用于导游想要表示尊重、回忆、思索等情绪时，不过不宜多用，否则会被视为做作。

⑤俯视法。导游在讲话时低下头，将视线向下，看往低处的方法，即为俯视法。此法一般用于导游想要表示惭愧、爱护、沉思等情绪时，跟仰视法一样，也不宜多用。

⑥闭目法。导游在讲话时暂时地把眼睛闭上，以表达自己内心情绪起伏的方法，即为闭目法。如当导游讲到英雄人物的壮烈行为时，可以采用闭目法，以显示自己难以平静的心情，进而感染旅游者，最终取得良好的讲解效果。

在实际导游工作中，目光语的使用往往是交叉混合进行的，具体怎么用，需要导游根据现场情况灵活把握。如果还能配合有声语言和其他体态语言进行立体化协同体现，效果必定更佳。

（三）手势语言的运用

手势语言，简称手势语，是指导游通过上肢动作来向旅游者表达情感、传递信息的一种体态语言。上肢包括肩、臂、肘、前臂和手，其灵活度高，表现力强，尤其是手部动作，是人类重要的表情器官之一，可以比画出千姿百态的造型以传达信息，披露心声。无论是从服务礼仪角度，还是出于讲解工作需要，导游都应该了解并掌握一些必要的手势语。以下重点从导游讲解手势语和使用手势语注意事项两部分来展开论述。

1. 导游讲解手势语

手势语是导游在讲解时不可缺少的辅助语言，可以表达情感起伏、指明方向前后、描绘物件大小等，在口头语言无法表达的一些地方，手势语却可以做到。在实践工作中，导游讲解手势语分为以下三种。

（1）情感手势语。导游为了表达讲解情感而采用的一种手势，即为情感手势语。这种手势语常用于表达带有强烈情感色彩的内容，能表现出导游内心的情感状态，感染力强。如导游在跟旅游者讲到圆明园被烧的屈辱史时，非常愤慨地双手握拳，对空用力挥舞了一下，向旅游者展示了自己内心的愤怒，既表达了情感，也渲染了气氛。

（2）指示手势语。导游用来指示方位或传达信息的一种手势，即为指示手势语。此种手势语动作简单，表达专一，一般不带感情色彩。如导游在讲解南京中山陵“博爱坊”时，一边念出“博爱坊”三个字的读音，一边用右手指向牌坊，就是一次有声口头语言和无声指示手势语言的配合运用。指示性手势还分为实指和虚指，实指的讲解对象是旅游者可以看到的，而虚指的讲解对象是旅游者无法直接看到的。

（3）象形手势语。导游用来模拟人或事物形状、动作的一种手势，即为象形手势语。此类手势语可以给旅游者留下生动的印象，但也要注意不能机械地模仿，更不能有过多的表演痕迹。如当导游一边向旅游者介绍“一块东坡肉大概有多大”时，一边就用双手比画出东坡肉大小的样子，经过这样比画，旅游者对东坡肉的样子就有了初步印象。

2. 使用手势语注意事项

手势语用得好，可以为导游的讲解工作锦上添花；但如果不懂规则，出现错用、滥用、乱用，则不但起不到什么作用，还可能贻笑大方。导游讲解手势语的使用，应注意以下几点规则。

（1）动作宜简单明了。导游讲解以讲为主，手势语服务于讲解内容，因此动作的设计宜简单明了，不要太复杂，以免喧宾夺主。但又要避免重复同一手势，显得毫无美感。

（2）少做无意义动作。手势须服务于明确的讲解目的，应避免在讲解时出现一些冗余动作，这不仅无效，还容易干扰旅游者的注意力。

（3）手势应以肩关节为发力原点。以肩关节为原点，通过大臂带动小臂自然展开，如此不仅可避免仅靠肘部发力而让手势显得局促生硬，还提升了动作的流畅度与表现力。

（4）手势宜做好三协调。手势语常与声音、体态、情感等密切配合，只有各个要素之间做到协调一致，才能给人以美感。因此，手势语应做好三大协调：应与口头语言相协调；应与首语、表情语等其他体态语相协调；应与内心情感相协调。

四、导游语言的沟通技巧

导游工作具有很强的综合性，除了做好讲解工作外，还要做好旅游者的生活服务工作。在这个过程当中，就需要导游随时随地与旅游者进行语言上的沟通。因此，善于沟通，能把话说好，也是导游必须掌握的一门技巧。与导游工作相关的常用语言技巧，主要有使用称呼的技巧、自我介绍的技巧、交谈的技巧、劝慰的技巧、拒绝的技巧等。

（一）使用称呼的技巧

称呼看似小事，却包含着大学问。若是导游在工作中不小心称呼出错，不但自己会遭遇尴尬，而且会惹得对方心里不愉快。掌握必要的称呼技巧，是导游对客交流的重要环节，应当给予重视。具体而言，导游可从以下几个方面入手。

1. 宜选通用称呼

在一个团队里，如果平时彼此之间都有通用的规范称呼，那就选择通用称呼。

2. 要区分不同场合

在旅游接待过程中，导游有时会陪同旅游者出现在不同的场合，此时就需要注意在不同场合对同一旅游者的称呼是否需要改变。有些旅游者身兼多重身份，所以导游应先提前做好了解。

3. 要入乡随俗

来自不同区域或民族的旅游者，会有不同的风俗习惯，在称呼上也是如此。导游不妨因地而异，按照当地习俗来称呼对方，更显得亲切自然。

4. 要体现尊重

尊重对方，是人际交往的基本要求。因此，导游在接待过程中应多使用尊称。同时，也要尊重旅游者个人的习惯，可以按照旅游者自身的意愿来称呼对方。

（二）自我介绍的技巧

自我介绍是一项重要的社交技巧，它就像是一把钥匙，如果运用得当，就能顺利打开旅游者的内心世界，在众人心里树立良好的第一印象。正所谓良好的开端是成功的一半，导游应当重视并用好自我介绍的机会，为顺利完成旅游接待任务打下扎实的基础。做好自我介绍，可从以下几个方面入手。

1. 开场白要吸引人

可以用一句简洁有趣的话开场，以吸引旅游者的兴趣，这句话可以是警言妙句、歇后语、名人名言、诗词佳句等。精彩的引用可以迅速调动旅游者的情绪，进而对导游产生刮目相看的心理。如“无论冬天多么漫长，春天总会到来。各位朋友，欢迎在这冬去春来的时刻，来到诗画浙江，来到美丽杭州！”

2. 巧用名字做文章

每一个人的名字背后，都有独属于自己的故事。如果能将这个故事稍加改造，而后以自我调侃的方式讲给旅游者听，就既能让旅游者牢记导游的名字，又能加深对接待导游的印象。即使有导游觉得自己的名字没有任何故事，也不妨围绕着自己的名字，编织出一个有趣的解释，一样可以让旅游者记忆深刻。

3. 突出自身亮点

正所谓“酒香也怕巷子深”，导游在进行自我介绍时，应该以积极、自信的态度来展现自己，突出自己的亮点和优势，以吸引旅游者的注意力。不要觉得自己平凡，没有值得特别一说的地方。其实每个人身上都会有自己的亮点，要善于挖掘，如自己的工作经验、专业技能、特长爱好等。不过，在突出自己亮点时，也要把握一个度，同时在语气上还应保持必要的谦虚，以免引起旅游者的反感。

4. 借道具引出自己

这是导游不常使用，但用起来往往能收获奇效的自我介绍方式。比如借助手上的一把扇，引出扇子上的书法题字，进而道出这些毛笔字是自己题写的，以及自己在书法艺术方面的专长等情况，往往能给旅游者留下深刻的印象。

（三）交谈的技巧

就导游工作的实际情况而言，导游口头语言的使用主要分为两部分内容。

一是讲解；二是交谈。就工作性质而言，讲解显然占据更重要的地位；但就使用时长而言，日常交谈显然占据更多时间，甚至有些讲解就是闲谈，两者几乎不分彼此。可见，交谈在导游工作中的重要性是不能被忽视的。欲提升导游的交谈技巧，不妨从以下几点入手。

1. 开头宜寒暄

寒暄是展开话题的一种常用方法，不论是与旅游者初次见面，还是认识后新开一个话题，以寒暄开头往往可以让谈话显得既轻松自在，又自然流畅。因此，寒暄又被称为是交谈的润滑剂。寒暄的第一步是打招呼，这看似简单，其实也有许多讲究。如在不同时间、不同地点打招呼的方式就有所不同。因此，寒暄有不同的类型，常见的寒暄方式有以下几种。

（1）问候型。向人问候，显示自己礼貌，送给别人温暖，是最常见的寒暄方式。有表现礼节的问候，如“早上好”；有表现思念的问候，如“好久不见，你近来怎么样”；有表现关心的问候，如“您今天身体还好吧”等。

（2）言他型。在彼此尚不熟悉时，碰面后容易一时难以找到共同话题，此时找一样大家身边的事物或现象开头，是不错的寒暄方式，如“今天的天气真好！”言他型寒暄是初次见面时比较好用的方式，天气情况则经常被用来当作话题。

（3）即景型。这是根据对方正在进行的动态而即时产生的问候，如“早上好，您是刚跑步回来吗？”这种寒暄随口而来，自然得体。

（4）夸赞型。被人赞美，被认为是获得幸福感的重要通道。喜欢被人赞美，也是每个人的天性。如“李小姐，您今天穿上这件连衣裙显得特别有气质！”

（5）攀认型。俗话说，山不转路转。在人际交往中，总能找到一些“沾亲带故”的关系，不论远近，都能成为寒暄时的话题，如“原来我们同姓，五百年前还是一家人呢！”攀认型寒暄能让人产生一见如故的感觉，容易迅速建立交往，发展友情。

（6）敬慕型。当导游想抬高对方时，就可以找出对方的长处，并以仰慕的语气进行寒暄，如“您是这方面的专家，我讲解不到位的地方，还请多多指教。”

2. 说话宜真诚

真诚是人与人之间的桥梁，只有以诚相待，才能收获旅游者的真诚回馈。说话要真诚，并非什么话都跟旅游者说，而是不该说的不说，该说的都是真心话；真心话，也不是无原则地什么都说，而是应当积极向上，符合职业道德的要求。导游是服务于旅游者的，因此谈话的真诚体现在导游应当多站在旅游者的角度思考，多从旅游者立场看问题，多理解对方，才能让旅游者感觉到言谈之间的真诚。

3. 内容宜健康

在从业过程中，导游会接触形形色色的旅游者。因此，在与旅游者交往过程中，应当注意谈话的分寸。自己不主动挑起不健康的话题，如歪理邪说、荒唐怪事、有损国格与人格的事等。若对方主动挑起不健康的话题，导游也应巧妙回避或明确制止。

4. 宜多听少说

导游与旅游者相处时，很多时候都是导游在讲，旅游者在听，而导游听旅游者讲的机会却不多。因此，在平时闲谈时，就应该鼓励旅游者多说说，而导游自己应多听听。多听，才能多了解旅游者对游览活动安排的真实态度；多听，还更有利于与旅游者建立友情关系。在旅游者讲话时，不打断对方说话；在对方聊到与自己不一样的观点时，只要不涉及大原则问题，也不要立即反驳否定，学会多点包容，求同存异。

5. 宜把握谈话过程

导游作为旅游活动的主控者，需要有把握全局的能力，不论是旅游安排，还是开启或结束话题，都应当有清晰的思路，明白下一步该怎么做。因此，在与旅游者交谈的过程中，也要掌握一些必要的话题把控技巧。

（1）不无故中止谈话。在与旅游者开启话题后，应根据允许谈话的时间量来把控谈话节奏。想结束话题，也应提前做一些铺垫，慢慢收拢话题，让谈话结束得恰到好处。不宜无缘无故突然结束话题，尤其当对方谈兴正浓时。

（2）不勉强延长话题。在与旅游者交谈过程中，如果发现双方都没有什么话题可以继续谈下去，而且对方的谈兴也已不高，那就不必勉强寻找话题，而应设法结束交谈。

（3）多留意对方暗示。当一个人谈兴正浓时，一般投入度都会很高，不会关注话题以外的东西。而如果对方已经不想继续话题，就会开始游离在话题之外，还会利用言语或体态来做出想结束话题的暗示，如询问现在几点钟或抬手看表、坐立不安、心不在焉地环顾四周等，当出现这些情况时，导游就应当及时结束交谈。

（四）劝慰的技巧

在工作期间，导游总难免会碰到各种各样的问题，如有旅游者因为经常迟到而引起其他成员的不满，此时就需要导游进行两边的劝慰调停。这些看似小问题，但如果不及时处理，或处理不当，也很可能变成投诉事件。因此，导游应掌握一些必要的劝告技巧。

1. 正面引导法

当问题出现后，导游通过摆事实，讲道理，分清利弊得失，层层分析推进，直至说服旅游者的方法，即为正面引导法。例如：

这天一个旅游团在参观好无锡灵山大佛之后，计划赶往南京，但遭遇暴雪。当天的高速已经封道，国道线上虽然可以通行，但长时间在恶劣天气中行进，安全将难以得到保障。因此，旅行社希望导游能与全团旅游者商量，取消原计划的南京行程，改为当晚继续住在无锡，后续行程根据天气情况灵活安排。但很多旅游者还是心有不甘，想着来一趟不容易，希望旅行社能继续按照原计划走行程。导游把情况汇报给旅行社，确认没法满足旅游者心愿后，就先真诚地表示遗憾，然后分析如果强行在大雪天长距离驾驶的危险性，并让司机师傅用他的专业知识来帮忙分析不宜继续开车去南京的道理。见大家都开始沉默，不再继续反驳以后，导游就继续引导旅游者，告诉他们旅行社会提高当晚在无锡的住宿标准，如果天气允许，转天也会安排合适的景点去参观。就这样经过一番耐心引导，最终全团接受改变行程。第二天就有新闻报道，前一天原本要走的国道上，因为堵塞了大量汽车而一度导致交通瘫痪。导游当即把该新闻转告给团队成员，他们听了也感到庆幸，幸好听从导游建议，及时调整了行程。

从正面劝慰旅游者需要导游有足够的耐心，还要善于从旅游者的立场来看待问题。同时，配合旅行社做好因为改变行程而带来的一系列协调工作。

2. 侧面迂回法

当事情发生后，导游不从正面对旅游者进行直接的劝慰，而是采用旁敲侧击的劝慰方法，即为侧面迂回法，也称“兜圈子”。这种方法的好处是不会伤害旅游者的自尊心，留足面子给对方，同时也从侧面提醒对方，以后要改正自身的不足。例如：

在团队行走过程中，有位旅游者带着比较专业的单反数码相机，每到一处都会忙于拍照，但也因此多次迟到而引起其他成员的不满。导游为了提醒这位摄影爱好者，就找机会接近他，先赞美其摄影设备，进而请教怎样才能拍出好看的风景照，最后才借助夸奖的语气说出：“您真是热爱摄影，这么全身心投入，难怪大家经常等不到你。”旅游者自然一听就明白，马上表示自己以后会准时集合。导游再次表示理解和感谢，同时也示意，只要时间允许，自己也会多留点自由活动时间给大家。

比起直接去纠正旅游者的行为，以侧面迂回的方式去点醒对方，会显得更有温度，也符合服务工作的理念，即多提供柔性服务。如此操作，导游既管理了团队，又能进一步拉近与旅游者之间的友好关系，可谓一举两得。

3. 间接暗示法

发现问题时，导游既不直接去明说，也不从侧面劝告，而是采用含蓄隐晦的动作或声音暗示旅游者接受劝告的方法，即为间接暗示法。例如：

中饭后，全团一起乘车去下一个景区，因为开车需要近一个小时，所以导游先让大家在旅游车上闭目养神一会儿。但有两位旅游者一直在座位上谈论不休，且声音响亮。考虑到这两人的谈话可能影响其他人休息，导游就起身望向两人，同时轻声咳嗽了两下。那两人听到后，马上把谈话的声音压低，没多久也停下来跟着大家一起休息了。

不过，间接暗示的方法也受个体差异的影响，有些人比较容易接受暗示，有些人则可能会装作没看到，根本不予理睬。遇到这种情况时，就需要导游改变劝告策略，另想他法。

（五）拒绝的技巧

在服务过程中，导游总会遇到旅游者提出各种各样的需求。对于合理且能够满足的一些要求，导游应当本着服务至诚的原则，给予解决。但服务有基本的底线，对于旅游者提出的一些不合理，或看似合理但不可能办到，甚至不合法的要求，导游应当学会拒绝。拒绝的方式有很多，导游应能根据实际情况灵活运用。

1. 正面回绝法

当旅游者提出不当要求，导游直接从正面给予回绝的方法，即为正面回绝法。例如：

有旅游团在山区旅游，中午在一家农家乐用餐时，有旅游者找到导游，说刚才看到有山民抓了只猫头鹰在卖，他希望导游能去买来，让店家帮忙烹制，多少钱不要紧，就希望尝一尝猫头鹰肉。导游听了后，就直接正面给予了回绝："胡先生，据我了解，猫头鹰是国家二级保护动物，是禁止捕杀的。我们要么加点其他菜肴，怎么样？希望您能理解。"旅游者听导游这么一说，想想也不无道理，就放弃了购买猫头鹰的想法。

通常来说，拒绝旅游者应以婉转为宜，但这并不代表导游在工作中，就只能"柔"，不能"刚"，甚至唯唯诺诺，失去主见。在一些原则性的大是大非面前，以及容不得一丝含糊的地方，导游就应该敢于从正面给予回绝，不能给对方留有继续"犯错"的念想和机会。"柔"性服务固然可以赢得旅游者的认同，但必要的"刚"性服务一样能赢得旅游者的尊重。

2. 替代方案法

当旅游者提出要求后，导游一时无法满足其要求，就为旅游者提供替代方案的方法，即为替代方案法。例如：

这天上午，导游代表旅行社接待了一批考察团。但没想才到下午，就被告知团队负责人想换导游，原因是全团都是男士，导游又是男的，因此他们想要一位女导游。导游反馈给旅行社以后，得到的答案是：现在是旅游旺季，实在没办法协调出能接待这批考察团的合适女导游，但可以考虑第三天以后的行程中，在所考察的城市再安排一位当地女导游来参与接待。导游把这个方案告知旅游者后，他们也就不再坚持马上要更换这位男导游。

替代方案法是一种比较积极的处理方法，当旅游者提出的要求有一定合理性，但又无法充分满足其要求时，就可以主动给出双方都能接受的解决方案。

3. 婉转拒绝法

当旅游者提出要求时，导游可以有条件地先答应，而实际上这个条件基本是得不到满足的，也就等于婉转拒绝了对方。例如：

这天有旅游者向导游提出，说希望后面改变其中一天的行程，因为他们家庭里有几个人以前已经看过那些景点，所以想换一换，产生的差价他们也愿意承担。导游没有马上直接回绝旅游者，虽然导游心里明白这是不可能的，但还是想了想，再跟旅游者说："我很理解您和您一家的心情，那就这样，等我抽时间问问其他团友的想法，如果他们都能同意，我们再想办法安排，怎么样？"

婉转拒绝法的使用就类似给旅游者一个台阶，这种方法给对方在心理上提供了缓冲期，不会造成太大的不舒服。

4. 拖延时间法

当旅游者提出需求后，导游暂时不予正面答复，而是搁置一段时间，等旅游者的需求欲消退后，自然就达到了拒绝的目的。例如：

在游览期间，有旅游者问导游，说自己有亲戚想跟旅游车一起去下一个城市，能不能行个方便？导游心里明白，这是不应该答应的事情，但为了照顾旅游者的面子，回答道："您提出的要求我自己不能做决定，等会儿空下来后，我需要汇报给旅行社。"此后旅游者又问了一次，导游回答旅行社还没有回复，旅游者便不再要求了。

拖延时间法需谨慎使用，使用之前应先区分旅游者所提出问题的性质。

如果是一些不合理要求，为了给旅游者体面，则可以采用拖延时间法使其自悟；但如果旅游者提出的是旅游合同内的正当要求，导游就应当积极解决。

第二节　导游操作技巧

导游服务水平是体现旅游服务质量高低的一项敏感指标，而导游实际操作能力则直接体现导游服务水平的高低。一名合格的导游应能熟练使用必要的职业技能，化繁为简，举重若轻，将导游服务工作开展得稳妥到位，有声有色。

一、确立主导地位的技巧

在执业过程中，导游如何定位自己与旅游者之间的关系，将在很大程度上影响着该旅游行程的实施效果。一方面，旅游者作为旅游产品的消费者，导游应该抱着“游客为本”的心态，服务好旅游者；另一方面，良好的服务并不等同于唯“旅游者”是从，还应学会主动掌握旅游服务节奏，主导旅游接待计划的实施节奏。这既是一种工作技巧，更是一种敢于担当的职业精神。

主导地位的确立有利于导游在实施旅游接待计划过程中统筹全局，把握主动。具体而言，应做好以下三点。

（一）服务重点清晰明确

认清自己在旅游接待过程中的服务重点，将有助于导游更有针对性地开展服务工作。

1. 导游是旅游服务提供者

就业务关系而言，导游是代表旅行社履行旅游合同的一线人员，是旅游服务提供者；旅游者作为旅游产品的消费者，则是旅游服务的需求者。因此，牢记服务意识，服务好旅游者，是做好导游工作的基本前提。也只有心中有旅游者，才能让导游工作的开展既有信度，又有温度。

2. 导游是接待工作掌控者

导游一旦开展接待工作，就是实施整个旅游接待计划的灵魂，不但合同内的行程计划依靠导游落实，而且旅游者在途中碰到的各类问题也需要导游协助解决。如果缺乏组织和协调能力，就很难处理游览期间碰到的各种问题。因此，导游应在内心建立职业自信，敢于、善于掌控局面，才能保障旅游接待计划的顺利实施。

3. 导游是各方诉求的协调者

当导游接受任务并实施旅游计划时，就要为委托方尽心尽职完成接待任务，维护其利益。同时，服务好旅游者，让他们满意而归，也是对导游工作的基本要求。可见，导游处在各方利益诉求的连接点，若想顺利实施旅游接待计划，就应该勇于担当，敢于作为，主导好各方关系以达成工作目标。

（二）工作安排专业到位

为旅游者提供向导、讲解以及迎送、住宿、用餐、游览等相关旅游服务是导游的主要工作内容，若想在旅游者心目中树立威信，导游就应该围绕这些工作内容，提升自身的专业技能。人们常说“隔行如隔山”，导游只有将自己的工作做得够专业，才能让旅游者感受到导游如“山”一般厚实的专业能力，从而心生敬意，乐于在旅游中听从导游的安排。具体而言，可以从以下几个方面入手建立专业威信。

1. 行程安排合理且又能随机应变

根据《中华人民共和国旅游法》第五十九条规定：“旅行社应当在旅游行程开始前向旅游者提供旅游行程单。旅游行程单是包价旅游合同的组成部分。”可见在包价旅游合同中，旅游行程是已确认的内容，导游只需按照约定，合理安排行程即可。但在具体操作中，因为加入了时空关系、旅游者意愿、突发情况等因素，又会出现临时变更旅游行程的情况，此时导游如能具备灵活调整旅游行程的能力，就有助于迅速在旅游者面前树立专业形象。

2. 现场讲解引人入胜且又能科学规范

讲解不是导游服务的全部，却是体现导游专业素养的核心标志。一次知识丰富、声情并茂的讲解，可留住旅游者的脚步；而一场深入浅出、意味无穷的讲解，则能引导旅游者情感的起伏。若再搭配以严谨的讲解风格，准确的讲解内容，规范的讲解操作，这样从内容到形式，都能体现出作为一名优秀导游的专业度。

3. 相关旅游服务到位且又能拿捏有度

先哲老子在其著作《道德经》中提出："治大国，若烹小鲜。"其实要完成一次旅游接待任务，何尝不是如此。一方面，导游应有整体观和大局观，能从大局把握合同中旅游行程的安排要点；另一方面，又要有掌控细节的能力，能调和好食、住、行、游、购、娱以及旅游者的需求与情绪等各大要素，掌握火候，让旅游者产生认同感，并心悦诚服地接受导游对相关旅游项目的安排。

（三）服务态度真诚热情

在旅游接待过程中，导游若只把旅游者当成消费者，那么导游服务工作中就只见原则和规范。旅游产品是一种较高层次的精神消费品，旅游者希望通过旅游来增长见识、放松心灵，乃至实现自我价值追求。因此，导游若能以真诚热情为佐料，提升导游工作的温度，导游在旅游者当中的主导地位才能更为牢固。在具体操作上，可以采用以下方法。

1. 形体自律，做好表情管理

真诚，是一种发自个人内心的态度，只是并非人人都能把握得住其中分寸。但作为一名合格的导游，用合适的形体来展示一份真诚的意愿，却是必须掌握的技能。比如，在与旅游者相处时，让自己的目光坚定有力，就是合理运用眼神来传递真诚的一种方法；在说话时保持面带微笑，亦能向对方传递出热情，并在不经意之间拉近与旅游者的距离。

2. 以诚相待，引导换位思考

与人相处，贵在真诚，白居易就曾在一首诗中强调了真诚的重要作用："功成理定何神速，速在推心置人腹。"我国著名作家沈从文第一次给学生讲课时，因紧张而说不出一句话，紧急之下，他用粉笔在黑板上写道：我第一次上讲堂，看到你们有这么多人，我害怕了。就这么一句话，却赢得了同学们充满鼓励和支持的掌声。同样，当导游在工作过程中不慎出现差错，如果坦诚告知，反而能换来旅游者的理解和鼓励，也更有利于提升其配合度。

3. 用心服务，保持言行一致

真诚起于内，热情表于外，两者互为表里，最能温暖人心。而在现实生活中，判断一个人是否真诚，不但要看对方说了些什么，更要观其做了些什么。只有言行一致，才能赢得旅游者真正的信任。比如在与旅游者的相处过程中，无论是人前还是人后，导游都应该尊重每一位旅游者。若只是当面表示尊重，而在背后却吐槽各种是非，一旦被旅游者听到，就会产生反作用，而且很难再获得旅游者的信任，也就失去了旅游者在工作上的支持与配合。

二、塑造良好形象的技巧

导游工作作为现代服务业之一，本质上是一种对客关系的处理，而个人形象在人际关系相处中起着重要作用。它既可以提升导游在旅游者心目中的信任度，还有助于提升旅游者的情绪价值，使其获得满意的旅游体验。因此，无论是从职业角度，还是从社交角度来看，塑造良好的导游形象，都有利于导游工作的顺利开展。而欲塑造良好形象，要着重做好三大环节。

（一）重视第一印象

在心理学领域，第一印象效应也称首因效应，指的是个体在社会认知过程中，最先输入的客体信息会影响其对客体的后续认知。这种效应主要体现在两个方面：一是以外在形象取人。人人都有爱美之心，良好的姿容更容易受人关注；二是以言谈举止取人。一个善于表达、举止得体的人，也更容易受人尊敬。可见，这种“先入为主”的倾向容易影响他人的判断。

但事物的存在总有两面性，若能趋利避害，反倒可以利用首因效应，制造出出人意料的正向效果。在导游工作中，若能巧妙借助这种效应，利用初次接触旅游者的时机，力争在大家心里留下一个好印象，就能为后续工作的开展打下良好基础。具体而言，可以从以下三个方面入手。

1. 重视仪容仪表

在旅游接待过程中，导游不仅是旅游活动的组织者，还是旅游目的地的形象“代言人”。当旅游者抵达目的地时，导游的仪容仪表往往成为旅游者在短时间内判断该导游是否具有专业度的重要依据。良好的仪容仪表不仅能提升导游的个人魅力，还能让初到异地的旅游者感受到尊重感，从而更容易建立起心理上的安全感与信任感，有利于提升整个旅游体验的满意度。总之，导游的仪容仪表并非表面功夫，而是自身专业素养的外在表现，导游应当重视自我形象的管理，通过得体的仪容仪表传递出专业、可靠、热情的服务态度，塑造良好职业形象。

2. 注意言谈举止

导游的对客语言包括有声的口头语言和无声的肢体语言。有声的口头语言，体现在说话的语气、语速和语调等方面；无声的肢体语言，则表现在身体不同部位做出的各种动作。导游在平时就应着重锻炼自己的语言表达能力，如注意语言表达的准确性与专业性，减少口误和错音；提高把控讲话节奏的能力，减少混乱无序；提升音色的舒适度，减少尖锐发音等。以此为基础，再加上张弛有度的肢体动作，比如在接到旅游者的第一时间，自然露出热情的微笑、主动做出欢迎的手势、及时给出引导的动作等，都能给旅游者留下深刻的第一印象。

3. 斟酌致词内容

导游在旅游者面前的第一声打招呼、第一次做讲解，都会影响旅游者的看法。尤其是作为第一次正式讲解的致欢迎词，导游应当认真对待。欢迎词的内容能否触动旅游者内心，进而引发共鸣，是考验导游讲解技能的一个关键。旅游者初到目的地，对所见所闻都会充满新鲜感和好奇心，这是共性。但千人千面，在不同场景下，不同旅游者自然会有不同的需求，这是特殊性。这就要求欢迎词不能千篇一律，而是应能根据现场情况斟酌用词，让致词既有规范性，又有灵活性。作为一名合格导游，应当培养自己临场发挥的能力，唯有不断在工作中锤炼欢迎词表达技巧，方能做到胸有成竹，应对从容，给旅游者留下良好第一印象。

（二）保持行中形象

行中阶段作为导游服务流程的核心环节，是检验导游专业能力的重要阶段。在此阶段，导游与旅游者有较长的共处时间，这为导游服务质量控制带来挑战的同时，也为导游创造了提升服务价值的新机遇。因此，导游应充分利用这一展示专业素养的窗口期，修正服务初期可能存在于旅游者心中的印象偏差，并通过自身的专业服务能力进一步建立信任关系。具体而言，导游可从以下几个方面入手。

1. 真诚待客，多从旅游者角度看问题

著名教育家陶行知说：千教万教教人求真，千学万学学做真人。真诚是一种胸怀，体现一个人的品质。作为一名导游，应该在工作中有包容不同旅游者的气度，真诚待人。急旅游者所急，想旅游者所想，尽量满足旅游者在旅途中合情合理的需求。友善的言行和真诚的态度是导游走进旅游者心灵的通行证。

2. 持续学习，腹有诗书气自华

晚清重臣曾国藩曾言："人之气质，由于天生，本难改变，惟读书则可变化气质。"在各种资讯触手可及的当下，导游唯有保持不断学习，方能涵养思想深度、塑造独特个性，从而提升自身的职业魅力。持续地学习，既体现在平时的学习，也包括每次开展接待任务时的针对性学习。导游应当利用每次接待旅游者的机会，提前学习相关知识点。在行中的每一天，抽出时间提前为下一天或下一个景点准备讲解内容，从而让自己的讲解显得有条理、有内涵，自然就更容易在旅游者面前树立良好的形象。

3. 严于律己，保持自己的精气神

在接待工作开展初期，为建立良好的第一印象，导游会在各方面都保持得比较得体。但随着行程的推进，以及与旅游者熟悉度的不断增加，就容易放松自律要求，在旅游者面前表现得越来越随意，以致可能让旅游者感到厌烦都还不自知；也有导游在辛苦一个白天后，到了晚上还通宵达旦娱乐，导致次日工作时哈欠连天，精神不振。想要维护良好个人形象，导游就应当改变以上这些不良作风。好习惯的养成，贵在坚持，重在细节，只要接待任务还没结束，导游就应保持工作状态，严以律己，以饱满的精气神为旅游者提供服务。

（三）强化最终印象

与首因效应相对，在心理学领域还有一个近因效应，是指多种刺激先后出现时，印象的形成主要取决于最新出现的刺激，即在人际交往过程中，印象的形成主要取决于后来出现的部分，对他人最新的认识容易掩盖之前已形成的认识。因此，近因效应又称为最后印象。在导游工作即将结束时，为了能给旅游者留下美好的印象，就可借用近因效应。如果旅游者在游玩期间曾发生过不愉快的事情，那么可利用此效应，在送别前设法扭转旅游者心中的消极看法；如果旅游服务过程一路顺利，则可以用近因效应进一步强化服务效果，让旅游者成为回头客。具体做法不妨从以下几个方面入手。

1. 保持好仪容仪表

临近行程结束时，导游在旅游者面前会表现得越来越放松随意，尤其是经过多天的服务工作，身心上也会出现一定程度的疲倦感。但无论跟旅游者关系多亲近、自己多劳累，在送行当天导游也应该跟迎接时一样，继续保持好自己的仪容仪表。得体的穿着、热情的态度、饱满的精神，远比不修边幅、没精打采的样子，更能给即将离开的旅游者留下好印象。

2. 做好送行前的服务

随着行程即将结束，旅游者的心理也会发生变化。在此阶段，旅游者除了开始想家外，还会为家中亲友准备礼物，原本专注于游玩的心思也变得分散。如果导游在这一阶段能想旅游者所想，有针对性地提供一些旅游者需要的信息，如给出采购建议、提醒返程时的注意事项、协助解决返程遇到的难题等，就能让旅游者感觉到导游的服务很到位，并因此留下好印象。

3. 用好致欢送词的机会

致欢送词是导游最后一次展示个人风采、主动影响旅游者看法的好机会，往往能产生出人意料的效果。因此，在送客时，导游应当认真对待并利用好这个“表白”的机会。可以通过回顾整个旅游行程，帮助旅游者回忆旅途中点点滴滴的美好，并对可能存在的工作不足之处表达歉意，最后奉上美好的祝福和期待。导游如能在送别之际，以理服人，以情动人，进而引起旅游者的共鸣，就能起到化腐朽为神奇的作用，最终在旅游者心中留下美好的印象。

三、运用心理服务的技巧

旅游作为一种旅游者的高级精神活动，一方面是为了感受目的地的风景，另一方面则是为了获得精神上的满足。作为在一线服务旅游者的导游，除了为旅游者安排好基本的食宿游等方面的事宜外，还需时刻关注旅游者的心理活动，通过察言观色，结合一些旅游心理学相关知识，把握旅游者内心的真实需求，才能更有针对性地服务好旅游者。因此，掌握一些常用的旅游心理服务技巧，有利于进一步提升导游服务的技能。

（一）感知旅游者心理

欲为旅游者提供心理服务，导游就先要了解旅游者有哪些心理需求，当中既有作为旅游者的普遍性需求，也有不同旅游者的个性化需求。导游应能择其精要而掌握，并灵活运用于实践工作当中。

1. 马斯洛需求层次理论

由心理学家亚伯拉罕·马斯洛提出的五级需求层次理论，是迄今较为流行的动机理论之一。该理论强调了人的动机是由自身的需求决定的，由低到高可以依次分为生理需求、安全需求、社交需求、尊重需求和自我实现需求五个部分，一个人只有满足了最基本的需求，才会进入下一层次。其中生理需求和安全需求属于低级需求；而社交需求、尊重需求和自我实现需求则属于高级需求（图 7–1）。

在“食、住、行、游、购、娱”这六大旅游要素中，“食、住、行”是旅游者出游时必须得到有力保障的基本需求。旅游者一旦感觉到食宿跟内心的预期存在落差，交通出行的安全得不到保障，就很容易心生不满，产生投诉。这也是为什么导游在实施旅游服务过程中，接触到的投诉大多发生在“食、住、行”这三个方面。因此，导游应在安排用餐、住宿和用车三方面给予特别的关注，比如针对用餐和住宿标准都不高的旅游接待计划，应预先跟旅游者做好提醒工作，即常说的“打好预防针”，以免其因期待过高而产生落差；同时，在用餐时及时巡餐，入住酒店时及时查房，以便于第一时间

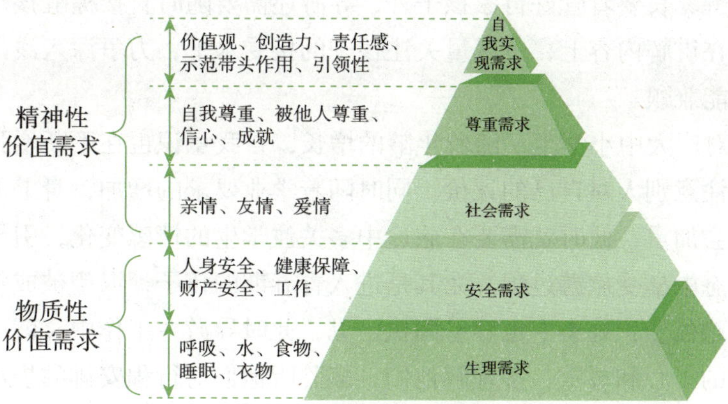

图 7–1　马斯洛需求层次图

解决用餐和住宿问题等。

而在“游、购、娱”三要素中，更多体现了旅游者高层次的精神需求，是在生理需求和安全需求基础上，更注重社交需求、尊重需求和自我实现需求的交融。因此，在服务过程中，导游可以根据不同旅游者的需求，协调彼此的人际关系、做好行程安排、推荐合适的当地特产和文娱活动。同时，导游应力争做一个好的讲解者，通过高超的讲解技巧，讲好景点故事、家乡故事和中国故事，让旅游者获得精神上的陶冶，最终获得自我实现需求的满足。

2. 不同年龄旅游者需求心理

在服务过程中，导游通过区分不同年龄层次来辨识不同旅游者的心理需求，也是常用的方法之一，具有直观明了、方便辨识的优点。根据《中华人民共和国未成年人保护法》《中华人民共和国老年人权益保障法》等法律中的规定，可将旅游者根据不同年龄层次，划分为未成年人（18 周岁以下）、中青年（18 ~ 60 周岁以下）、老年人（60 周岁及以上）。

（1）未成年人。随着生活水平的提高，国人对孩子的教育投入不断增大。无论是学校组织的研学旅游，还是家庭安排的亲子出游，都是借用旅游这一形式，让孩子在更加广阔的天地接受教育、增长见识及陶冶情操。因此，导游应多关注并掌握一些必要的青少年心理知识，以便针对不同年龄段未成年人的心理特征而实施差异化服务策略。例如，学龄前儿童一般具有好奇心强、喜欢模仿、情绪不稳定、控制力弱等心理特点，在游览过程中，除了持续提醒家长要看管好自家孩子外，导游还需要随时直接提醒孩子各种注意事项。在讲解内容上，也尽量关注孩子的接受水平，力争深入浅出，成人与孩子都能兼顾。

而针对广大中小学生，随着年龄的增长，自我意识也在不断增强，他们会越来越注意别人对自己的评价。同时随着学业要求的增加，身上的压力和焦虑感也会加重，此时就需要在旅途中多关注学生的情感变化，引导他们在放松的状态中享受旅游过程。尤其是进入青春期的孩子，渴望被成年人尊重的意愿更趋强烈，处事上也容易固执己见，此时导游在工作中，就应当给予他们足够的耐心和尊重，多理解他们，多聆听他们对行程安排的想法，然后酌情处理。此外，针对未成年人群体，导游还应当注意自己平时的言谈举止需得当，做好正向的榜样。

（2）中青年。这一阶段是人生的黄金期，生活经验逐渐丰富，心理也趋向成熟，自我意识非常明确。而且随着阅历的增加，看问题也就有了深度和广度，不再会被表面现象所迷惑。他们有自己的生活观念与奋斗目标，并努力在社会认同和自我实现之间找到平衡点。但同时，中青年群体也面临赡养老人、抚育孩子和拓展事业等重任，随之也会带来生活和工作上的各种压力及焦虑。因此，无论是单位组织的福利出游，还是陪伴家中老小一起出门度假，中青年群体都会比较重视自己内心的需求。如果是单身青年，则充满活力，愿意尝试各种新鲜旅游项目，并从中结交一些新朋友，因此可以多给他们一点自由的空间；陪家人出游的中年群体则一般都有一定的经济基础和社会地位，他们愿意多花点钱，给家人安排更舒适到位的旅程，会不时根据家人的意见提出更改行程。针对这一群体，导游就应多沟通，多听取他们的意见，并能灵活根据反馈做出相应的安排以及有针对性的服务。

（3）老年人。老年人在退休以后，有了更多的出游时间，也有了更强的出游意愿。一方面，在旅途中可以缓解离开工作岗位后的失落与孤单；另一方面，通过旅游还可以进一步开阔眼界、陶冶情操以及增强体质。但随着年龄的增大，老年人的身体机能不可避免地走向衰退，面临行动迟缓、记忆力减退、反应变慢等问题。因此，在接待老年旅游者时，导游就要放缓游览节奏，减少体力消耗偏大的旅游项目，随时提醒老年人要劳逸结合，在游览过程中多加关注老年人的身心情况。有些老年人出行时，若无家人陪伴，导游更应找机会多陪老年人说说话，让他们在旅途中也能感受到如同家人般的温暖。老年人通常阅历丰富，喜欢怀旧，导游在讲解时可以用对话的方式，引导老年人参与话题，甚至给老年人诉说自己人生经验的机会。

3. 不同阶段旅游者常见行为表现

在旅游情境下，旅游者的心理状态既受制于客观时间，也被自己的心理时间所影响。为此，在不同的旅游阶段，旅游者也会表现出不同的心理活动特征，其表现行为一般如下。

（1）旅游初期：求安全、求新奇。由于初来乍到，旅游者在这一阶段对人对事既充满陌生感，又会带着好奇心，甚至还会因为人生地不熟而产生不安的心理感觉。因此，在旅游的初期，旅游者会对带队导游产生比较高的依赖。他们会通过导游的讲解或者直接提问的方式寻求答案，以缓解心头的紧张感。此时也正是导游给旅游者讲解注意事项、提出配合要求、告知服务诚意与建立权威形象的好时机。良好的开端是成功的一半，导游若能利用好旅游者“求安全、求新奇”的心理，将有些工作做在前面，在帮助旅游者消除不安全感和满足好奇心的同时，趁机立好“规矩”，就能大幅提升组织效力，为后续行程的顺利进行打下扎实基础。

（2）旅游中期：心态散漫、群体分化。随着旅游活动的开展，旅游者之间会越来越熟悉，原先因为陌生带来的距离感和不安感将会消失，继而大家会以更为轻松的心态相处。此时有些旅游者会逐渐暴露真实个性，产生散漫心态，表现为自我约束力减弱、责任意识淡化以及情绪管理松懈，容易出现群体分化，此时需防范群体内部产生摩擦冲突；也有些旅游者会表现得比较温和，但当旅游者中间出现“意见领袖”时，他们会产生从众心理，即使自己内心不大愿意，也会附和别人；当然，还有些旅游者则不但专注于体验游览的过程，而且能在各方面都配合导游工作，协助建立良好的集体氛围。旅游中期也是比较考验导游功力的阶段，导游应充分调动个人能力，妥善处理好旅游接待过程中出现的各种问题，比如团结旅游者当中的“意见领袖”和愿意配合的成员，共同处理在游览期间出现的个别不和谐现象。

（3）旅游后期：忙于个人事务，思乡心切。随着返程临近，旅游者会将自己的旅游重心由欣赏美景、享受美食等方面，转向为返程做准备。比如急着要在返程前，采购好送给亲朋好友的礼物。因此，旅游者在这一阶段会更关注在哪里可以买到称心的礼品、返程的气候如何、航班是否会延误等方面的问题。旅游活动由高潮转为低潮，对于常规的景点讲解，大家都会表现得心不在焉，反而更关注导游能否推荐合适的当地风物特产，且希望能多给一些自由时间处理个人事务。在返程前一天的晚上，导游就应当提醒旅游者最后一天返程时所有需要注意的事项，并解答一些大家所关心的问题。

一般越接近返程时间，旅游者就越容易对导游提出各种要求，一旦导游处理不当，旅游者就更容易心生抱怨。因此，在这一阶段，导游更应当打起精神，利用好近因效应，认真做好扫尾工作。此时旅游活动的安排宜精不宜多、宜轻松不宜奔波，讲解应更风趣以吸引大家注意，服务应更热情以获得大家的肯定。对于服务留有遗憾的地方，应该设法弥补。虽然大家早已归心似箭，但若引导得当，彼此之间也会心生依依不舍之情。导游应当利用这种不舍心理，通过致欢送词的方式，灵活运用语言艺术，送上真诚的祝福或道歉等，以情动人，弥补遗憾。也可以通过赠送本地特色纪念品的方式，打开旅游者的心结。

（二）把握心理服务要领

在服务旅游者的过程中，一方面，导游要善于通过旅游者的言谈举止来预测其心理活动；另一方面，导游还要能够通过恰当的言谈举止来引导旅游者的心理，建立起友好的沟通桥梁，从而提升导游的工作成效。

1. 保持微笑服务

微笑，虽是一个简单的表情动作，却是一种充满魅力的无声语言。作家高尔基说：微笑是人生的润滑剂，可以消除隔阂，拉近彼此的距离。在服务行业，微笑更被认为是做好服务的前提之一。相关心理学研究也表明，一个真诚善意的微笑可以有效刺激对方的感官，进而引起内心的共鸣效应，产生愉悦感。对导游而言，保持微笑能有效消除与旅游者之间的陌生感和距离感，有利于建立互信，并在旅游者心目中树立良好的职业形象。

2. 运用柔性语言

语言蕴含着神奇的力量，它既可以温暖人心，也可以伤害人心。俗语道：良言一句三冬暖，恶语伤人六月寒。语言总体现着表达者的内心情绪，稍不注意，就会伤害对方的自尊心。所以，在与旅游者相处过程中，导游应当随时控制好自己语言中的情绪分量，多采用亲切的语气、柔和的语调与旅游者开展交流。当遇到一些不容易沟通的对象时，也应该控制自己的情绪，学会硬话软说，多以婉转的语气，进行善意的劝解和提醒，以柔克刚，获取更积极的沟通效果。

3. 提供个性化服务

在提供旅游服务过程中，导游首先应当按照相关标准的要求，提供规范化服务。但所接待的旅游者千差万别，规范化服务很难满足旅游者的所有需求，这就需要导游发挥所长，为旅游者提供个性化服务，让其在心理上获得被重视的满足感。规范化服务面向整个服务过程，是导游应当做到的基础工作；个性化服务则指向旅游者的个别要求，是导游工作的优化和提升。一个优秀的导游应该在旅途中多了解旅游者、多关注他们的个别需要，从小事着眼、由细节入手，在做好规范化服务的基础上有针对性地提供个性化服务。

（三）疏导旅游者情绪

在旅游过程中，旅游者的情绪会因为各种原因而变化不定，其中有些是客观原因，如航班延误、天气变化等；有些则是主观原因，如对用餐不满意、对讲解不认可等。旅游者拥有积极的情绪，固然更有利于导游开展工作，但并不容易保持；而旅游者心中一旦遭遇不快，却更容易产生消极情绪。导游要学会从旅游者的言谈举止中去了解他们的情绪，若发现旅游者出现负面情绪时，就应当设法找出原因，并及时采取化解措施，具体可采用以下方法。

1. 补偿法

当旅游者对所接受的服务感觉有落差时，就会心生不满或产生投诉，此时导游可以设法给旅游者以适当的补偿，从而消除或者弱化旅游者的不满情绪。补偿可以分为两种方式：一种是物质补偿，即采用改善接待条件、添加酒菜、赠送风物特产等方式，给予旅游者物质上的弥补；另一种是精神补偿，即通过耐心聆听旅游者倾诉、表达真诚歉意、提供有针对性的后续服务等方式，让旅游者获得精神上的宣泄和满足。一般来说，提供的补偿性服务应当高于原来的标准。若确实因某些客观原因无法满足旅游者的需求时，也应当实事求是地说明情况，诚恳表达歉意，避免旅游者产生不满情绪。

2. 分析法

旅游者不满情绪的出现，有时是因为服务存在瑕疵或不达标，有时却是因为旅游者出现了误解或者内心产生了成见，此时即使给予一定的补偿，也不一定可以完全消除这种不满情绪。这就需要导游向旅游者耐心讲清楚造成问题的缘由，并从正反两面分析其中道理以及与旅游者的得失关系，力争获得旅游者真正的谅解。在实践操作中，将分析法用在旅游者情绪即将爆发前，比出现问题后再被动地解释，其起到的效果会更好；而待旅游者情绪稳定后再去分析事由，比在情绪激动时去解释原因的效果会更好。

3. 转移注意法

情绪是一种非常复杂的心理活动，可以突然爆发，但很难马上平复。因此，当旅游者在旅游过程中因为种种原因产生消极情绪时，如果任其发展，既会影响旅游者本人的状态，也会影响导游工作的顺利开展。此时，导游可以有意识地采用一些方法，使旅游者的注意力从负面情境转移到其他事情上，以此缓解情绪，恢复心理上的平衡和稳定。如通过讲一些与本地相关的名人故事、唱一些有本地特点的歌曲、宣布一件能给大家带来惊喜的活动安排等形式，来活跃气氛，达到转移旅游者注意力的目的。

（四）激发旅游者游兴

兴趣是指一个人意欲认识某种事物或从事某类活动的心理倾向，这是一种有选择性的态度和积极的情绪反应，有助于人们集中注意力，营造愉悦的心境。导游若想提升服务能力，就应善于激发旅游者的游玩兴致，采用各种方法，保持住旅游者求新、求奇的心理。常用方法如下。

1. 以具体形象激发游兴

思维是人脑对客观现实的抽象和间接反应，根据思维的凭借物不同，可以分为直观动作思维、具体形象思维和抽象逻辑思维。其中具体形象思维借助于可见可感的形象，让接收过程变得轻松而又生动，是一种容易被人接受的模式。而旅游就是旅游者走近山川河谷，感受真实自然的过程，导游应充分利用具体形象思维模式，借助真山真水，引导旅游者在现场亲身感受祖国山河的魅力，从而激发游览的兴致。如面对巍峨的黄山山脉时，导游一边引导旅游者如何欣赏奇峰怪石，一边结合古人描写黄山的诗文，充分调动旅游者的兴致，进而为壮观的黄山景色赞叹不已。

2. 以讲解技巧激发游兴

讲解服务被认为是导游工作的灵魂，有助于旅游者更快速、全面又深入地了解目的地自然与文化知识，提升旅游的价值感，陶冶旅游者的性情。高超的讲解技巧无疑是提升旅游者兴致的重要法宝。如通过有理有据的系统深度讲解，给旅游者营造一种“听君一席话，胜读十年书”的获得感；采用设问、对话等讲解方式，引发旅游者的思考和探讨欲望；通过声情并茂的故事讲解，让旅游者在感同身受中感悟人生。

3. 以文娱活动激发游兴

都说语言到不了的地方，文字可以；文字到不了的地方，音乐可以。文字经过推敲，可以成为打动人心的格言警句；音乐一经响起，就能以旋律直接引起心灵共鸣。因此，在旅途中导游既可以通过诵读与景观有关的诗词歌赋，增添诗情画意；也可以通过播放音乐、组织歌唱活动或欣赏特色歌舞，调动旅游者情绪，让一路变得欢声笑语。

4. 以图文声像激发游兴

图文声像导游，亦称物化导游，是指采用不同形式的图文资料和声像制品，为旅游者提供讲解说明。图文声像导游的使用可以丰富导游工作的表现手段。它既能在旅游者未到景点之前提供信息，也可以在旅游者无法抵达或看不到应季景色时，借助图文声像让旅游者获得较为全面系统的了解，从而激发起旅游者对目的地的浓厚兴趣，或弥补旅游者可能产生的遗憾。如旅游者在杭州观看钱塘江大潮时，导游就可以借助图片或高清航拍视频，跟旅游者讲解一线潮、回头潮、交叉潮等不同角度的壮观景象。

四、引导旅游者审美的技巧

旅游本质上是一种审美活动，集自然美、社会美和艺术美为一体，是一个寻觅美、欣赏美和享受美的综合性审美过程。通过旅游审美活动，不仅能满足旅游者爱美、求美的需求，还能起到净化旅游者内心情感、陶冶情操及感悟人生的作用。因此，在开展旅游接待工作时，导游应重视旅游的美育功能。所谓“工欲善其事，必先利其器”，若想正确引导旅游者进行观景赏美，导游自身就应先掌握一定的美学知识，具备一定的审美能力。

（一）理解美与审美的内涵

1. 关于“美”的理解

关于“美是什么”这一话题，中外哲人有着不同的论证，但都认为美的定义很难统一，因为美的现象是多种多样的，而人对美的理解又是具有很强的主观性和易变性的。所谓“萝卜青菜，各有所爱”，表达的正是这样一个道理。

西方对“美的本质”的看法可分为三大流派：客观派、主观派和主客观结合派。客观派认为，美是事物的固有属性，强调事物外在形式或结构比例等方面的美；主观派从审美主体角度出发，认为美不在于物，而在于心，美是心灵作用于事物而产生的直觉；主客观结合派是对上述两派的折中，这一派认为美既不全归功于客观对象，也不都由人的心灵产生，而在于审美主体同客体对象之间所发生的关系。

我国对美的研究历史悠久，早在2000多年前的春秋战国时期就已开始。诸子百家在其论述的政治和艺术见解中，提出了许多有价值的美学观念，丰富了美学理论宝库。其中影响较大的古典美学理论有三，即孔孟儒家美学、老庄道家美学和墨子实用美学。儒家美学观将审美活动与社会政治生活、道德修养活动密切结合，强调美的伦理性，认为“里仁为美”，美与善密不可分，内在美高于外在美；道家美学观以相对论和辩证观为哲学基础，强调美在自然，顺其本性，如讲究虚实结合、形神兼备，疏密相间等准则；墨子美学观影响力不如前两者，更强调美的功利性和实用性，认为“食必常饱，然后求美；衣必常暖，然后求丽；居必常安，然后求乐”。

2. 关于“审美”的理解

审美是人类理解世界的一种独特形式，指人与世界（社会和自然）形成的一种无功利的、形象的、情感的关系状态。简言之，审美即欣赏与领会事物的美，懂得为什么美，美在何处。

在审美活动中，审美意识起着关键作用。所谓审美意识是指人类在实践活动中对审美对象产生的心理情感和能力的总和，包括审美感知、审美感受、审美趣味、审美能力等内容，其中以审美感受（简称美感）最为重要。文学家茅盾曾说：“看到某些自然物或人造的艺术品，我们往往要发生一种情绪上的激动，也许是愉快兴奋，也许是悲哀激昂。这样情感上的激动叫作欣赏，也就是我们对所看到的事物产生了美感。”著名美学家李泽厚还将审美感受分为“悦耳悦目”“悦心悦意”“悦志悦神”三个层次。

（1）悦耳悦目。悦耳悦目指的是审美主体以耳、目为主所体验到的愉快感受，这个层面属于单纯的感官愉快，以直觉为特征，是可直接感受到美的一种愉悦状态，无须思考和理性介入。如当旅游者走进山林，听到林间清脆的鸟鸣，看到满山的绿色，呼吸到清新的空气时，会不知不觉地陶醉其中，进入“悦耳悦目”的审美状态。

（2）悦心悦意。悦心悦意指的是审美主体通过心灵的感受和思考，获得的审美享受和情感升华。这种美不只需要通过感官来感知，还须思考和理性的介入，才能体验到其中隐藏的美，如欣赏一部感人的电影，阅读一本启人心智的书籍等。这一层次相较于悦耳悦目，具有更突出的精神性和社会性。

（3）悦志悦神。悦志悦神指的是审美主体在欣赏审美对象时，经由感知、想象、情感和理解等心理功能的交互，在道德的基础上达到的某种超道德的人生感兴境界。这是人类所具有的最高等级审美能力，标志着审美主体超越小我而进入大我，物我双方达到高度的和谐统一。例如，当旅游者登上八达岭长城俯瞰山河大地时，内心就会不由得激荡起壮志豪情，进而迸发强烈的民族自豪感。

3. 关于“旅游审美”的理解

旅游审美作为一项大众化的文化消费活动，其审美倾向首先受到当代审美文化和市场文化趋向的影响。审美范畴的广泛化是当代审美文化的一个重要趋势，受其影响，旅游审美的范畴也日趋广泛化。如既有对古典高雅艺术的欣赏，也有对现代通俗文艺的欣赏；既有对自然山水那样的纯美赞叹，也有对民俗风情这样的宽泛审美。但旅游审美的主要领域集中于自然领域、社会活动领域和艺术领域。其中自然美和社会美，属于现实美，在生活中客观存在；而艺术美是艺术家精心创作出来的艺术品所呈现的美，虽然源于生活，但高于生活。

（1）自然美。产生并存在于自然界中的事物、现象及其关系所呈现出来的美，即为自然美。通常自然美又分为两类：一类是未经人类加工改造的原生自然状态，如日月星辰、雷电风雨、原始森林等；另一类则是经过人类改造后的自然美，如农田果园、海堤水库、盆景花卉等。

（2）社会美。在社会生活各个领域中显示出来的美，即为社会美。它是现实美的主体，主要包括劳动美、人际关系美、生活美、人体美等。其中生产劳动是人类最基本的生命活动，劳动创造了人，创造了生活，也创造了美。如我国的万里长城、明清故宫和古典园林等，都是古代劳动人民智慧的结晶。

（3）艺术美。作为现实美的升华和结晶，艺术美是艺术家通过加工创作而呈现在艺术作品中的美，包括造型艺术、表演艺术、语言艺术、综合艺术等。艺术作为人类精神文化的一种特殊形态，既是人类审美意识的集中体现，也是人类审美活动的最高形式，艺术美即是美的最高形态。

（二）传递正确的旅游审美观

审美观是指人们对美的基本观点和看法，是世界观的组成部分。审美观的形成与人类的社会实践紧密相关，并受到政治、道德等其他意识形态的影响。不同时代、不同文化和不同社会集团的人，具有不同的审美观。旅游者作为旅游活动的主要参与者，由于存在认知差异、学识水平和性格爱好等方面的不同，其对旅游目的地景观也会产生不同的审美看法。

导游作为旅游者观景赏美的引领者，应当重视向旅游者传递正确的审美观，并引导旅游者建立正确的审美观。树立正确审美观是一个人、一个国家乃至一个社会综合素质的体现，彰显其文明程度。为此，导游应当加强自身修养，不断提高自身审美能力，尤其应当学会运用社会主义核心价值观引领旅游者的审美观，巧妙融入道路自信、理论自信、制度自信和文化自信的观念，帮助旅游者多从积极角度切入旅游审美活动。不过，正确审美观的建立不可能一蹴而就，这需要导游在其职业生涯中，能始终心有使命，为旅游者做好正确的审美观指引，并成为一种职业习惯。

（三）激发旅游者的想象力和共情力

以已有认知为基础，在大脑中构建没有见过的事物形象或各种情绪体验的能力，即为想象力。哲学家康德认为：“审美判断必然涉及观察者想象力的自由发挥。”若要达到一个较高的审美水平，就需发挥想象力，从少量的感性刺激出发，想象出信息量更大的一系列场景。共情力也叫移情能力，由心理学家卡尔·罗杰斯提出，是指可以深入他人感受，感同身受地理解他人的能力。想象力是共情力的基础，共情力则是想象力的升华。一般而言，在欣赏自然景观时，需要借助想象力，而在观摩人文景观时，更需发挥共情力。

丰富的知识和经验是发挥想象力的基础，经验越丰富，知识越渊博，想象力就会越强大。对于想象力丰富的人而言，眼里看到的风景就不只是风景，而是一则故事、一个世界，也就更具有共情力。因此，导游应当在平时多储备各种知识，积累更多讲解经验，只有让自己具备丰富的想象力，才能更好地激发起旅游者的想象力和共情力。

（四）灵活运用观景赏美的方法

旅游风景千姿百态，且变化万千，正所谓“横看成岭侧成峰，远近高低各不同”，不同的游览方式，将会产生不同的观赏效果。因此，若想引导旅游者深入欣赏一处景色的美，导游就应当善于运用不同的观景赏美方法。在导游实践中，常用的观赏方法有以下几种。

1. 动态观赏与静态观赏

在旅游审美活动中，动态观赏与静态观赏是两种运用广泛的方法。动态观赏是指旅游者沿着一定的游览线路，或步行，或乘坐车船等，在移动中欣赏沿途的风光胜景。李白诗句“两岸猿声啼不住，轻舟已过万重山”，就是动态观赏的生动写照。其中的步行游览则是动态观赏的主要方式，其移动速度相对较慢，更容易靠近景物，观赏的自由度也更高。静态观赏是指旅游者与景物位置保持相对不变，在停留中通过五官感受以及想象力来观赏景色、感悟景美的欣赏方式。如在参观江南私家园林时，常见的亭、台、楼、阁、轩、榭等建筑物，就是集观景功能和实用功能为一体的产物，是进行静态观赏景色的好地方。当然，在实际观赏过程中，动与静也不是截然分开的，通常都是动中有静，静中有动，根据需要而灵活运用。

2. 观赏角度与观赏距离

距离和角度是两个影响景观审美的重要因素，不同角度所看到的景观会不同，有些值得欣赏的景观必须在特定的位置才能看到。同一角度，距离不同，感受到的景色也不同。如通过高空航拍看到的钱塘江大潮，能领略到不同造型潮水的壮观奇特；而在江边就近观看撞击堤坝的潮头，则更能感受到潮水的磅礴气势。

观赏距离可以分为空间距离、时间距离和心理距离。空间距离是指旅游者所在的观赏位置（观赏点）与被观赏景物之间的距离。远距离观赏可获得景观的整体之美，近距离观看则能领略到景物的细节之美；时间距离是指欣赏不同景观之间的时间间隔，如果参观的景点安排得过于密集，尤其是同类型的景观密集安排在一起游览，就会让旅游者产生厌倦感与麻木感；心理距离是指旅游者对景物亲近、接纳或难以接受的主观感受程度。如心情不好的旅游者，看什么景色都会无动于衷；而常年生活在风景名胜区中的人们，往往对身边的美景熟视无睹。

根据视点与景物相对位置远近高低的不同，可以将观赏角度分为仰视、平视和俯视三种。在宽阔地带、河湖之滨，观赏前方景物时，多为平视；抬头看山岭高楼、云天飞鸟等景物时，多为仰视；登上山巅或楼阁，居高临下赏景时，则多为俯视。平视给人以悠远，仰视给人以雄伟，俯视给人以舒展。在带领旅游者参观游览时，导游应当灵活结合不同距离和不同角度，引导旅游者获得丰富的审美体验。

3. 观赏时机与观赏节奏

不同景观或同一景观在不同时间、气候条件下，会产生不同的意趣。因此，导游应能根据不同景点的最佳观赏时机，有侧重点地对旅游者进行审美引导。如游览杭州西湖时，如果是早上，则可以重点讲解如何欣赏被排在西湖十景之首的“苏堤春晓”；如果是临近黄昏，则可以重点引导旅游者欣赏“雷峰夕照”景观。如果是夏天到西湖，则不能忽略“曲院风荷”，感受风荷之美；如果雪天到西湖，则不可错过“断桥残雪”，领略残雪意境。

观赏节奏是指旅游活动中观赏景物的快慢速度和深浅程度，包含两层含义：一是指整个行程的游览节奏；二是指在一个景区中的参观节奏。为了保证旅游活动的顺利开展，导游应重视对观赏节奏的把握。

（1）张弛有度，劳逸结合。在旅游活动开展过程中，导游应能根据旅游者的年龄层次、身体状态、兴趣爱好等实际情况的不同，灵活安排活动日程，让旅游者的观景赏美活动既丰富多彩，又劳逸结合，松紧适宜。旅游者对景观感兴趣且体力充沛时，可以多花点时间带领他们从不同角度观赏景色；如果旅游者只想轻松游览，那就只挑选景区中最值得游览且容易到达的地方参观。如果前一参观点让旅游者感到疲惫，那么后一个景区的游览就可以考虑安排得轻松一些。

（2）急缓相间，快慢相宜。在带领旅游者观赏景物的过程中，导游要把握好游览速度和景观讲解的节奏，要因人、因时、因地随时调整观赏节奏，力争取得良好的观赏效果。如在一个景区中，哪里该快，哪里该慢，哪里该多讲，哪里要少讲甚至不讲，导游都应做到心中有数。如果旅游者多为年轻人时，可以走得快一些，活动安排得多一些；而老年人居多时，则正好相反。如果既有老年人，又有年轻人，那就需要兼顾全体，把握好快慢节奏，做好协调工作。

（3）有导有游，讲停结合。此处“停”字有两层含义：一是与走动的“导”相对，表示停下来作讲解；二是与有声的讲解相对，表示停止讲解并引导旅游者自行感受景观之美。在带领旅游者参观时，导游既要熟悉景区道路，规划好行进线路，做好向导工作，还要在一些值得观赏的点位和角度停下来，通过精彩的讲解引导旅游者观赏景区独特的美。同时，导游还要学会调动旅游者的主观能动性，在一些特殊的地点、特定的时间停止讲解，只引导旅游者发挥五官功能和想象力去独自感悟景观之美。这样往往能获得出人意料的审美效果，从而体现出高超的导游技巧。

五、组织协调旅游活动的技巧

旅游活动的开展，在流程上往往涉及食、住、行、游、购、娱等众多环节的安排，这就需要实施旅游接待计划的导游具备良好的组织协调能力，合理安排旅游活动的各个环节，确保行程顺利完成。

（一）合理安排活动内容

《中华人民共和国旅游法》第 41 条规定：“导游和领队应当严格执行旅游行程安排，不得擅自变更旅游行程或者中止服务活动。”这是对导游工作的框架性要求，即导游应当根据约定的接待计划来落实每天的旅游活动内容，不得擅自增减景点。但这并不影响在具体操作中，导游根据实际情况来灵活安排旅游活动的游览时间和游览节奏。这既能认真执行合同约定的行程安排，又能在框架内灵活变通，让旅游者实现利益最大化，恰恰是导游组织协调能力的重要体现。

1. 游览节奏宜遵循“松紧相间，先紧后松”的原则

松紧相间是指在旅游活动过程中，导游应先将游览节奏安排得紧凑一些，以免后续景点的游览时间不够，但又不宜总是让游览节奏绷得紧紧的。因此，在两个景区的游览节奏上，宜前一个紧，后一个松；在同一个景点的游览节奏中，宜前面部分紧，后面部分松。这样安排的好处是既能保证整体

行程的实施，又能让旅游者及时补充体力，保持愉快心情，避免因劳累过度，越玩越无趣。

2. 游览顺序宜遵循“先远后近，先高后低”的原则

先远后近是指在旅游活动中，应先安排旅游者去游览交通距离较远的景点，再越游越近。先远后近包含了两层含义：一是在整体行程的安排上，宜先游览离机场、高铁、码头等站点远的景点，以提升最后一天送机或送站的把握度和稳妥性；二是在每一天的行程安排上，宜先安排离住宿酒店较远的景点，再逐渐靠近，以保证旅游者因一天的游览而感觉疲惫时，能快速回到酒店休息。

先高后低是指当游览中有爬山、登楼类似的登高项目时，可以先安排登高，这是因为在游览初期，旅游者的精神状态都还比较充沛，且接受挑战的欲望也会较为强烈。如果是在游程即将结束前安排登高，相当一部分旅游者就会因为体力不足或失去兴趣等原因而选择放弃。

3. 游览安排宜遵循“快旅慢游，精彩在后”的原则

快旅慢游是指在旅游行程的安排上，旅途中的交通时间要尽量缩短，即抵达旅游目的地的速度要快；而在景区的游览时间要长一些，即目的地的景观宜慢慢欣赏。通常旅游者出行，都会认为如果在交通上花费的时间过长，那就是浪费。因此，导游一旦碰上交通时间偏长的行程，就要做好各种可以调节旅游者心情的准备，如途中做做活动以活跃气氛，安排一些途中的小景点拍拍照以放松心情等。

精彩在后是指先安排普通的景点，后安排更精彩的景点，从而形成欲扬先抑、渐入佳境的旅游体验。如果一开始就安排得高潮迭起，旅游者就会增加对后续景点的期待值，一旦达不到先前的精彩度，那么旅游者心中的落差也就会更大。精彩在后也包括两层含义：一是就整个行程安排而言，宜先普通后精彩，以增加旅游者对整个行程安排的满意度；二是就一天的行程而言，宜先平常后高潮，从而让旅游者能对当天的行程安排感到意犹未尽。

此外，还有游览与娱购穿插、室外游览与室内参观结合等搭配方式，导游应根据实际情况，灵活穿插各种搭配，力争做到让旅游者满意而归，觉得不虚此行。

（二）安排用餐技巧

安排旅游者用餐的餐厅，一般分为两类：一类是面向社会大众开放的中高标准餐厅，俗称社会餐厅。此类餐厅一般位于城市中心，场地比较宽敞，环境优雅，菜肴品质较高，适合安排中高餐标或自己点菜的旅游者；还有一类是只接待旅游团队用餐的中低标准餐厅，俗称团队餐厅。此类餐厅一般位于旅游区附近，场地大小不一，餐厅环境及设施相对较为普通，菜肴干净卫生但口感一般，适合中低餐标的旅游团队。具体而言，为旅游者安排用餐，可以采用如下技巧。

1. 把握“不催促、不拖延”的用餐原则

不催促，是为了让旅游者安心用餐；不拖延，是提醒旅游者应在约定的时间内准时集合。

2. 提前跟餐厅确认

如果是旅行社统一提前订餐，导游还应当在用餐前至少提前 2 小时跟餐厅确认用餐情况，包括再次确认用餐人数、大人孩子的人数比例、餐标、是否有特殊用餐要求、当天餐厅用餐可能的繁忙程度等信息，以便酌情处理用餐事宜。

3. 灵活把握用餐速度

一般在社会餐厅用餐时，导游应当给旅游者多预留一些用餐时间，以便旅游者慢慢享用当地美食；而在团队餐厅用餐时，此类餐厅讲究翻桌率以提升接待量，因此上菜速度较快，旅游者的用餐速度也自然加快，通常用完即走。

4. 尽量避开用餐高峰

如果是旅游旺季安排到团队餐厅用餐，很容易在用餐高峰期出现排队等待空桌的情况。为避免此类事情发生，宜提前联系餐厅问清订餐情况，若预订较多，则不妨将用餐安排在高峰时段前后，并跟旅游者解释清楚这样安排的道理。

5. 适当提前上菜的时间

当旅游行程较为紧凑时，旅游者的用餐时间也会受到限制。如果接待的是含餐的旅游团队，此时为减少用餐前的等待时间，就可以选择在抵达餐厅前的 15 分钟左右联系餐厅负责人，通知其在保持菜肴热度的情况下，提前上菜。在旅游者抵达餐厅时，保证已上好大部分菜肴或全部刚刚上好。

6. 耐心应对用餐高峰

在团队餐厅用餐时，若遇餐厅生意忙碌，服务员也处在疲于应付的状态，导游可酌情配合服务员做一些力所能及的事情，如帮旅游者倒水、打饭、端菜、添加公筷公勺等；若是在社会餐厅用餐，则宜直接提醒服务员抓紧提供相关服务。

7. 巡餐要有技巧

在巡餐过程中，一般不问旅游者“大家觉得这里的菜怎么样”此类的话，以避免引起麻烦。通常含餐的团队餐标是限定的，且菜肴的“好不好”也是因人而异，具有很强的主观性。因此，在巡餐时只需查看是否有异常情况，如菜数是否已经上齐、上菜的速度是否偏慢、旅游者是否对用餐有异议等，并及时做出相应的处理。

（三）安排入住技巧

饭店是旅游者在旅途中的“家”，是保障旅游者基本需求、恢复体力的重要场所。围绕饭店展开的服务，往往是旅游者评价旅游体验的重要指标。因此，在入住饭店这一环节中，导游不妨采用一些技巧来帮助旅游者快速办理入住，以提升旅游者的满意度。具体可采用如下技巧。

1. 把握“快速入住、及时处理”的入住原则

办理入住应尽快，以免让旅游者等待过久。一旦遇到入住问题，导游应积极跟进、及时处理，以免引发旅游者的不满情绪。

2. 提前与饭店做好确认

导游应提前半天与饭店确认用房数，告知预计的入住时间，请饭店提前根据旅游者名单排出房号并告知。根据收到的房号信息，与旅游者做好用房确认。处理好这一环节，既避免了可能存在的客房漏订事故，还有助于到店后实现快速入住的目的。

3. 提前了解饭店的相关信息

导游还可以提前问一些饭店的基本信息，如用早餐的用餐楼层和时间、客房无线网如何连接、前台的办理流程、客房是否有消费品、饭店周边情况等信息。在旅游者入住饭店之前，导游就可以将这些信息编辑成温馨小提

示，通过微信群等方式，提前通知给所有旅游者。

4. 及时协助搬运行李

如果有旅游者需要导游或领队帮助运送行李，导游就要及时借用饭店的专用手推行李车，使行李快速入房。

5. 快速完成查房流程

除了使用常规的现场查房方法，导游还可以利用微信群等工具，快速查验旅游者的入住情况。比如在群里 @ 所有人："如客房有疑问，请第一时间在群里告知。若都无问题，则不再影响大家休息。"如此可快速完成查房流程，此后只需关注群内动态即可。

（四）交通服务技巧

在旅游活动过程中，导游为旅游者提供交通服务的情形主要有：一是乘坐飞机；二是乘坐火车；三是乘坐游船；四是乘坐旅游客车，其中包括景区巴士、电瓶车等小交通。旅游交通如同旅游的大动脉，是实现旅游活动的前提，而安全、顺利、愉快则是导游提供旅游交通服务的出发点。

1. 乘坐飞机服务技巧

乘坐飞机是长途旅游的重要出行方式之一，与其他交通方式相比，其最大特点是快捷、舒适、安全。当团队选择乘机出游时，全陪导游可灵活运用以下服务技巧。

（1）做好出发前提醒工作。出发前一天，可以借助微信或微信群、短信等工具，以文字方式给旅游者发送乘机注意事项，重点确认带好成人身份证或护照、孩子的身份证（户口本）或护照、机场名、航班号及起飞时间等信息。

（2）引导使用乘机软件。在条件允许的情况下，导游可以提醒或指导旅游者下载乘机软件，如飞常准、航旅纵横等 App，随时关注航班动态以及借助软件提前做好乘机手续，如办理值机等。

（3）协助办理登机手续。抵达机场后，可以协助旅游者通过人工值机、自助值机、手机值机等方式，办理值机手续。必要时，协助旅游者办理行李托运。

（4）协助通过安全检查。引导旅游者带好登机牌、身份证或护照，以及随身贵重物品，通过安全检查后，到登机口集合候机。导游应等所有旅游者都通过安检之后，自己再过安检，并在登机口与旅游者会合候机。

（5）及时提醒排队登机。开始登机后，导游应马上提醒旅游者排队登机，确认所有人都已完成登机后，自己再登机。

（6）快速完成机舱巡视。进入机舱后，导游应当再次巡视旅游者的乘坐位置，若有旅游者求助，则及时帮助解决。如有旅游者提出想调换位置，在方便操作的情况下，可以在成员内部进行协调，或者将自己的位置与旅游者进行调换。

（7）做好下飞机时的集合工作。飞机降落后，导游尽量先走出机舱，并寻找必经路上的宽敞区域（如廊桥尽头或通道转角处等），展开导游旗集合队伍，而后再一起前往行李转盘处取行李。由于下机时大家容易走散，也可以提前告知旅游者可自行下飞机，并在指定集结点与导游会合，而后再统一前往行李转盘处取行李。对于旅游经验丰富的旅游者，导游也可提前与其约定好，下机后统一到行李转盘处集合。

2. 乘火车服务技巧

随着高铁时代的来临，铁路出行越来越受到旅游者的青睐。它具有速度快，正点率高，乘坐舒适，运送能力强等特点，目前国内除了部分高铁线还未到达的旅游目的地，旅游者只能乘坐传统火车或汽车抵达，大多数出行还是会优先考虑乘坐高铁。因此，全陪导游应掌握一些必要的乘火车服务技巧。

（1）做好出发前提醒工作。出发前一天，可以借助微信或微信群、短信等工具，以文字方式给旅游者发送乘火车注意事项，重点确认是否带好身份证或户口本、车站名、火车班次、检票口、车厢号及出发时间等信息。

（2）协助过安检找到站台。在检票口排队等候安检时，导游尽量靠前，请团队负责人在最后照看大家过安检。导游过安检走到站台后，应第一时间看清车票所属站台位置，并及时告知大家。

（3）引导旅游者尽快入座。上车后，先指引大家尽快放好行李并找位置坐下，以免长时间堵塞车厢过道。如果是乘坐高铁，有些又重又大的行李箱，可建议旅游者将其放在车厢连接处专门的行李架上。

（4）做好车厢巡视工作。等大家都坐稳后，随时来回走动巡视车厢。如果有旅游者需要帮助，则及时协助解决问题。为方便工作，导游在火车上的位置，以靠近车厢连接处的过道位置为佳。

（5）熟悉火车卧铺乘坐事宜。如果出行选择乘坐的是火车卧铺，要提前提醒大家带好洗漱用品、拖鞋等基本生活用品。此外，乘坐卧铺时，需要大家持身份证在列车员的便携式证卡票识读终端上刷证件签到，列车即将到站前的30分钟，负责该车厢的列车员会提前根据终端提示，来车厢提醒到站。

（6）集合队伍有序出站。列车即将到站前，导游应抓紧时间最后一遍巡视车厢，提醒大家整理好随身物品，准备出站，并告知出车厢后，在站台看导游旗集合。列车到站后，导游应抓紧时间先走出车厢，站到车厢附近的空阔处，举旗集合队伍。确认到齐后，统一出站。

3. 乘游船服务技巧

凡进行水上旅游，都会涉及客船的乘坐。游船主要可分为两类：一是小型游船，即专门运送旅游者，供旅游者欣赏沿途风光的船舶。小型游船一般行驶于湖泊河道，主要承担着运输功能，如千岛湖游船、运河游船等；二是大型旅游客轮。此类客轮一般航行于大江大海上，其功能已不只是客运，还兼食宿、游览、娱乐和购物等功能于一体。如果主要航行于内河或近海，则被称为游轮，如长江三峡游轮；如果是定线、定期航行在海洋上，则被称为邮轮。一般来说，邮轮的规模和档次通常要高过内河游轮。

乘船旅游，尤其是乘坐邮轮或游轮出行，集食、住、行、游、购、娱为一体，具有省时、省力、省钱、省心的优势，已日益成为旅游者度假休闲的重要方式，导游应掌握一些必要的乘坐游船服务技巧。

（1）乘坐小型游船时的服务。上船前，导游应宣讲乘船注意事项；准备上下船时，导游应主动与船方工作人员一起，帮扶旅游者上下船；乘坐游船期间，应视情况做一些有针对性的安全提醒，如不要将手伸到船窗外、不能将身体探出船舷拍照等。

（2）乘坐大型旅游客轮时的服务。如果乘坐的是大型的内河游轮或跨国邮轮，由于这类客轮本身就是旅游服务产品的一部分，因此旅行社在行程内都会为旅游者提供详尽的乘坐攻略与注意事项。但导游还是应该随时关注旅游者的动态，做好现场服务工作。由于乘坐大型旅游客轮时，活动分散，船舱之间来回寻找旅游者并不方便，此时导游可以采用线上与线下相结合的服务方式，如通过微信群发布与接收信息，并视情况进行当面沟通与处理问题。

4. 乘旅游客车服务技巧

旅游客车灵活方便，是实施旅游接待计划期间主要的运输工具之一。乘坐旅游客车时，导游可以灵活运用以下服务技巧。

（1）落实导游专座。接团前，与司机确认好车上第一排是否配备了印有“导游专座”字样的座套。若座椅的枕头套上没有“导游专座”标识，导游可在旅游者上车前，提前在位置上通过放置随身背包、旅游用品等方式预留位置。

（2）协助装卸行李。在旅游活动过程中，导游应主动配合司机，做好旅游者行李的装卸工作。

（3）遵循“最后上车、最先下车”原则。集合时，若还有旅游者未到，导游应该在车门边等候，以方便观察。旅游客车抵达目的地并停稳后，导游应最先下车，站在车门旁协助旅游者下车。

（4）养成两个安全提醒习惯。在旅游客车开动前，导游应提醒旅游者一句：“请大家系好安全带”；在旅游者准备下车前，导游还应提醒一句：“请大家带好随身贵重物品，注意财产安全。”

（五）引导旅游者理性购物

旅游是一种经济带动性很强的综合性活动，在此过程中，导游起着重要作用，他们不但为旅游者提供专业的导游服务，还通过推广当地旅游产品的方式，拉动地方旅游经济。但导游毕竟不等于导购，在导游客观推荐和旅游者理性消费之间，应当掌握好一个合情合理的度。具体而言，导游可以采取以下方法。

1. 协助旅游者制订购物计划

出门旅游，购物是重要的一个环节。旅游者总想采购一些地方特色物品用于赠送给亲朋好友、同事领导等，以示自己的心意。但到底该如何采购，旅游者的心中也不一定有数。因此，在旅游活动过程中，导游可以通过细致的风物介绍和适当的旅游者需求分析，协助其制订出“购物计划”。一般可建议旅游者多关注以下两个方面的物品。

（1）旅游纪念品。旅游纪念品是“一个地方的名片”，通常是旅游者为了自留或送人作纪念，在旅游过程中购买的富有地域和民族特色且精巧便携的工艺品，如手编、瓷器、漆器、木雕、金属雕等。

（2）地方土特产品。土特产是土产和特产的合称，土产多指农副产品和部分手工业产品，如笋干、茶叶、鱼干等。特产则指各地土产中具有独特品质、风格或技艺的产品，如北京景泰蓝、宁夏枸杞、绍兴黄酒、蜀绣、宜兴紫砂壶等。

2. 提醒旅游者理性采购

导游既是为旅游者提供服务的工作人员，也是旅游者在他乡旅游时的朋友。因此，导游在协助旅游者制订购物计划的同时，也应善意提醒旅游者理性采购。导游可提醒旅游者在购物时不妨遵循以下几个原则。

（1）“实用”原则。受从众心理或低价促销的影响，旅游者容易产生购买一些不实用商品的冲动，从而造成浪费。因此，导游在必要时可提醒旅游者从实用角度来评估是否需要采购某些物品。

（2）“喜欢”原则。在旅途中会碰到一些东西，不一定有实用功能，但能引发旅游者的精神共鸣，进而产生“喜欢”的心理，这些物件往往会成为比较有意义的旅游纪念品。因此，当导游需要为旅游者做购物参谋时，便可从旅游者的情感价值需求出发，提醒其把握住“喜欢”原则。有些物品虽然实用性不高，但只要能承载旅游者个人的情感与记忆，也一样值得购买。

（3）“保障”原则。在进入购物场所之前，导游可提醒旅游者购买商品时，应“货比三家”，选择最优选项；购买大额商品时，要确认是否属于包修、包换、包退的“三包商品”，并向商家索要发票、收据、保修单等购物凭证，以备售后所需。

六、做好集体协作的技巧

一次接待任务的顺利完成，离不开导游之间，以及导游与司机、旅行社工作人员及其相关履行辅助人之间的密切配合，通力合作。因此，导游应该重视服务集体之间的沟通交流，建立起良好的合作关系，借用团队力量，高质量地完成旅游接待任务。

（一）导游之间的协作

导游之间的协助，就境内团而言，一般指地陪导游与全陪导游之间的协作；若接待的是境外团，则还涉及地陪（全陪）导游与领队之间的合作。

1. 地陪导游与全陪导游之间的协作

地陪导游和全陪导游虽然各自受不同旅行社的委派，但都是在执行同一份合同，服务目的一致。因此，双方应该都站在一条战线上，将旅游服务做到位。

（1）找准个人定位，把握好自身职责。一般说来，在实施旅游接待计划过程中，一方面，全陪导游应积极配合地陪导游的工作；另一方面，若发现地陪导游在工作中存在不当或错误行为，全陪导游则应发挥监督权，及时给予提醒和纠正。

（2）给予对方尊重，建立起友情关系。尊重他人，是一个人的品质，也是对另一个人的接纳和认可。地陪导游与全陪导游应该培养起一种"自来熟"的能力，积极建立起友情关系，多相互探讨行程，提醒要点，关照生活，让工作过程更加充实有温度。

（3）善于相互学习，营造出积极氛围。通常地陪导游精通本地旅游情况，全陪导游大多见多识广，因此双方应善于发现彼此的长处，取长补短，相互学习。除探讨相关的旅游知识外，还可以在服务心得方面作一些深入的交流。

2. 地陪（全陪）导游与领队之间的协作

在接待境外旅游者时，就会出现地陪（全陪）导游与领队之间的协作关系。领队既是境外旅行社的代表，旅游者的代言人，又是导游服务集体中的一员，起着重要的桥梁作用。导游若想顺利完成接待任务，就需要得到领队的支持与合作。因此，与领队处理好关系就显得非常重要。

（1）尊重领队，遇事多磋商。在出入境旅游中，领队在旅游者面前的威望普遍比较高，这是因为旅游者出境后会遭遇在境内旅游时不会有的一些困难，如语言不通、信仰和风俗差异明显、不了解当地人习惯等，由此就会对领队产生高度的依赖感和信任感。当导游接待境外团时，就需要借助领队的力量，与旅游者建立起良好的相处氛围。因此，导游应当尊重领队，将其视为团队中的“特殊客人”，遇事多与领队磋商，避免产生矛盾，积极争取领队的理解和支持。

（2）赞赏领队，调动其积极性。在游览过程中，如果领队能充分理解并配合导游的工作，那么导游就应当给予积极反馈，随时对领队的配合行为表示赞赏。必要时，可以向旅游者夸赞领队为保障旅游行程顺利实施，而在背后默默付出的努力，以帮助领队赢得全体旅游者的认可，从而提升领队的工作成就感。团队合作，重在默契，一旦领队明白了导游的这份用心，自然会用更积极的行动来配合工作。

（3）关心领队，建立工作友谊。领队常年奔波在异国他乡，工作环境复杂多变，不但自己的身心要承受种种压力，而且得时时打起精神照顾旅游者，工作尤为艰辛。因此，如果导游能在工作间隙，不时对领队给予生活上的关照，以及工作上的理解和支持，让其感受到朋友般的温暖，有利于能赢得领队的认可与信任，提升双方在工作上的配合度。

（4）提醒领队，做好分内事务。在旅游服务中，如果领队的言行举止有不当之处，导游也不能无原则地迁就与姑息。一方面要以真诚的态度指出其问题所在，提醒其做好分内事务；另一方面要善于灵活处理存在的矛盾，尽量避免冲突，主导工作节奏。

（二）导游与司机的协作

一次旅游活动的顺利实施，离不开司机的密切配合。尤其一些旅游客车的老司机，不仅熟悉旅游线路和沿途路况，还具有丰富的接待经验，导游在他们身上可以学到很多旅游服务经验。因此，不管从哪一个角度出发，导游都应当认真处理好与司机之间的合作关系。

1. 尊重司机，行程安排多商量

通常司机接到任务后，车队会把具体的行程发给司机。导游可以利用与司机会面至接到旅游者之前的间隙，一起核对并商量整个行程的基本安排。导游不妨多听取司机的想法，尊重司机的建议，建立起相互的信任感和团队意识。

2. 提醒司机，沿途状况多互通

在游览过程中，各种情况千变万化，导游应提前与司机商量好，途中如有变化，双方都应及时相互告知。如一旦出现旅游线路发生变更、参观时间临时调整、集合地点突然改变等情况，导游应该第一时间告诉司机。同理，如果司机这边临时出现一些新变化或获得对行程有用的信息，也应请其及时告知。

3. 协助司机，遇到困难多帮忙

为建立默契的合作关系，在旅游接待计划实施期间，导游应该在司机有需要时多给予帮助。如当司机没办法一起用餐时，不妨想办法帮其打包；当司机无法驾车及时赶到临时上车点时，导游就想办法转移旅游者注意力，避免旅游者因为车辆晚到而心生不满。

4. 理解司机，出现纰漏多体谅

司机是旅游安全的重要守护者，其精神状态影响着行车安全，关乎旅游者的人身安全。因此，对工作中出现的一些小纰漏，能体谅之处应该尽量多体谅。如司机因为线路不熟而走错路，耽误了一些时间，此时导游应少一些指责，多一些包容与理解。将心比心，司机也会因为这份体谅而更积极地配合工作。当然，如果司机犯的是原则性错误，导游应及时反馈给旅行社，并按相关规定进行处理。

（三）导游与相关履行辅助人的协作

《中华人民共和国旅游法》第 111 条将履行辅助人定义为：与旅行社存在合同关系，协助其履行包价旅游合同义务，实际提供相关服务的法人或者自然人。可见，旅行社作为一种中介服务机构，在旅游合同的实施过程中，需要与交通、餐饮、住宿、景区等各部门一起配合，才能完成旅游接待任务。导游作为旅行社的代表，则是与这些履行辅助人完成合作的现场第一人，无疑需要处理好与这些部门的协作关系。

1. 提前沟通，发现问题早处理

旅游计划书是计调人员提前做好的具体安排，一般不会存在问题，但也很难说其中不会出现纰漏。导游在领取计划书后，比较妥当的做法是：计划书中需要尽快落实的事情，应第一时间联系确认；其他不太紧急的事情，何时确认可视情况而定，但关键是务必做到提前确认。这样做的主要目的在于，一旦发现计划书存在的问题，还能给自己和旅行社留有足够的处理时间。例如，一般提前半天确认旅行社预订的用餐、提前一天跟考察单位确认抵达时间和地点等信息。

2. 及时协调，衔接好各个环节

导游是旅游活动中的现场调度师，需要根据行程，将涉及的餐厅、饭店、车队、景点等履行辅助人串联在一个行程中。任何一个环节出差错，都可能造成服务事故，导致“一着不慎，满盘皆输”的不良后果。因此，导游应该在旅游行程发生变动或者收到履行辅助人的变动信息时，及时通知对方或调整自己的安排。例如，当旅游者的行程临时调整后，导游就应及时通知涉及的不同履行辅助人，同时提醒旅行社计调，需要重新安排后续食宿等事宜。

3. 平等合作，处理好人际关系

就业务流程来看，旅行社作为旅游服务的资源整合方，通常将食宿、交通等环节委托给不同的履行辅助人执行，因而处于业务链的资源配置端，具有客源供应优势。这容易导致部分导游形成认知偏差，在合作过程中显露出上位者的姿态。例如，餐厅上菜速度缓慢时，导游便以训斥的口吻指责对方未充分重视此次的团队接待。其实，旅行社与履行辅助人之间本就是合作共赢的关系，并非依附关系。因此，导游在协调各环节时应当秉持“平等互惠”的原则，在与不同履行辅助人交往时，应该给予必要的尊重，既不居高临下，也不低声下气。只有建立起良好的合作关系，才能顺利完成旅游接待任务。

七、接待不同类型旅游团的技巧

在工作当中，导游会接触到各种不同类型的团队。接待这些团队，如果只用常规的接待技巧显然是不够的，导游还需要掌握不同团型的接待技巧，才能提供有针对性的服务。

（一）亲子团

在“亲子”一词中，“子”即孩子，“亲”是指孩子以外的家庭内部成员。亲子旅游是从传统家庭旅游中细化出来的、以父母和未成年子女为主体的旅游形式，更强调“亲”与“子”之间的互动。父母利用节假日带孩子出游，不但有助于孩子拓宽视野，锻炼身体，在旅游中学习到各种知识和生活技能；还能改善家庭成员之间的沟通质量，留下美好的亲子时光。

旅行社操作的亲子团业务一般有两种成团方式：一种是一家人直接定制成团；另一种是报名旅行社的预制团，跟不同的亲子家庭组成旅游团一起出游。一般来说，寒暑假是亲子团出游的高峰期。导游应未雨绸缪，提前花一点时间，认真学习和总结一些带亲子团的技巧。

1. 兼顾父母孩子，引导亲子互动

亲子团不是常规旅游团中跟了几个孩子，而是家长与孩子共同的出游，因此在服务时务必要兼顾孩子和父母。也就是在接待流程和服务上，除要重点考虑孩子的特殊需求外，还要兼顾父母的旅游安排，多结合家长的意见开展服务。同时，导游还应考虑如何促进亲子互动与交流，随时有意识地加以引导，这样不但能让家长和孩子尽情享受美好的亲子时光，还能大幅提升自己在家长心目中的认可度。

2. 善用讲解技巧，内容表达应深入浅出

导游为亲子团提供讲解，需要兼顾家长和孩子双方的不同特性及需求。如孩子对简单生动的内容比较好奇，家长则喜欢听有一定深度的内容，这就需要导游有高超的讲解技能，力争让孩子听得有趣，让家长听得有味。因此，导游在讲解时宜把握“深入浅出”的原则，多采用有情节的故事，把内容讲得引人入胜，或多采用启发式、提问式的讲解，以增加互动等。

3. 注意收费标准，协助做好费用结算

在旅游团费中，通常旅行社只收取孩子的部分费用，有一些可能发生的费用是不包含在内的，如不占床产生的早餐费、超高的门票费、小交通费等。因此，导游应提前跟家长做好沟通，将各处的收费标准告知家长。并根据实际情况，协助家长做好费用结算。

4. 做好预防工作，确保出行安全

接待亲子团时，孩子的安全是导游须首要考虑的问题。在出行前，导游应根据旅游目的地情况以及出行的天气情况，提醒家长做好相应的物质和精神准备。在旅游期间，导游应与家长一起配合，密切关注孩子动向，确保他们始终处在安全环境当中。此外，在与孩子的相处过程中，导游尤其要把握住“四不宜”原则，即不宜为讨好孩子而给其买食物、玩具等物品；不宜过于关注孩子而冷落其他成员；不宜单独带孩子外出活动；不宜在孩子生病时直接提供药物给其服用。

（二）政务团

政务团，又称公务团，主要是指政府部门委托旅行社辅助安排公务人员进行考察、交流、会务等事务的团队。政务接待的对象通常是政党、国家或国有企业、事业单位和人民团体。因此，政务团具有一定的政治元素，故从接待角度而言，可谓“政务接待无小事”，导游应当提前了解政务接待的规律和特点，将精细、周到、圆满与美好的理念融入公务接待的每一个环节当中。

1. 仪容仪表宜端庄

在接待政务团时，导游的仪容仪表应以端庄为主，仪容整洁，仪表得体，符合规范和规章制度是基本要求，这不仅代表着个人品位，还直接关系到接待单位的形象和专业性。因此，男导游通常是西服、长袖白衬衫、领带、深色皮鞋等搭配，女导游则西服套装等，搭配应遵从三色（以黑白灰为佳）原则。另外在仪态上，应当站姿挺拔、坐姿端正，行姿稳重。

2. 接待礼仪宜规范

政务接待重在规范严谨，导游需要提前熟悉必要的政务礼仪。从见面打招呼，到不同场合的引导，讲解时的语言运用，以及最后的道别等，都力争做到温和有礼，得体到位。重要的政务接待，一般会给工作人员提供接待手册指南，导游应认真阅读、细心体会，严格按要求执行。

3. 讲解内容宜精要

讲解是导游在政务接待中的主要任务。不同于一般讲解可以尽情发挥，随意拓展讲解内容，政务团讲解须做到两个字：“精”“要”。精，就是内容精确，每字每句都应经得起推敲。讲法精练，不拖泥带水，不模棱两可；要，就是只讲要求内的范围，内容要符合对象需要。总之，务必做到“三不说”：不多说、不错说、不乱说。

4. 保密要求宜重视

参与政务接待时，需要执行保密纪律，遵守保密规定。在接待过程中，不该看的不看，不该问的不问，不该听的不听，不该说的不说，不乱发朋友圈，不乱找人吐槽，务必认真做好职责范围内的工作。

（三）商务团

商务团即商务旅游团的简称。商务旅游是一个较为宽泛的概念，一般认为商务旅游是指职业人士在商务活动过程中所产生的旅游行为或附带进行的旅游消费活动。商务接待的对象较为广泛，主要包括各类企业、政府机构以及个人商务旅游者。商务出行通常以商务活动为主要目的，即使涉及一些旅游活动，也是服务于商务活动需要。导游应提前了解商务旅游的特点，熟悉商务接待的相关要求，认真做好接待准备。

1. 注重高效性

商务旅游者通常比较强调做事效率，行程安排通常精确到分钟，因此导游在接待安排过程中，应尽量提供快速高效的服务方式，如快速办理入住与退房手续等。在整体行程的安排上，也应当让各环节都衔接得有序高效，如提前与司机、讲解人员等联系确认，确保各环节无缝对接。

2. 突出专业性

在穿着上，导游应着正装或商务休闲装，保持专业的职业形象；在礼仪上，应熟悉商务礼仪规范，体现出行为举止的专业性；在讲解上，应能根据不同商务人群进行有针对性的讲解，适当引用一些相关专业术语，并保持讲解内容的准确性与权威性。导游在各个方面的表现越符合商务场景要求，就越能体现出导游服务水平的专业性。

3. 把握灵活性

变数较大是商务团的一大特点。由于存在会议延迟、参观点调整、出游人员增减等众多临时变动因素，会导致一系列的接待安排调整，这不仅需要接待旅行社提前制订必要的备选方案，也需要导游在接待现场有很强的灵活应对能力。在确保商务目标优先的前提下，能随时应对旅游行程的变更。

（四）研学团

研学团是指旅行社所接待的由学校或教育部门组织的、以广大中小学生为主体、以旅游为载体进行研究性学习的团队。研学旅游是一种新兴的实践教育活动，2016 年被认为是研学旅游发展的元年，以教育部等 11 个部门联合发布的《关于推进中小学生研学旅行的意见》为标志，研学旅游首次被纳入中小学生的教育教学计划当中，由此开启了研学旅游蓬勃发展的新篇章。

旅行社是接待研学团队的重要力量，在研学旅游接待方面有着天然的优势。导游作为其中的骨干，则承担着核心作用。众多旅行社成立了专门的研学接待部门，并安排导游参加“研学旅游指导师”的岗前培训，力争以更专业的姿态进入研学旅游领域。具体而言，在接待研学旅游团队时，导游应重点注意以下几个方面。

1. 掌握必要的教育知识和教学方法

研学旅游的主体是广大中小学生，其出行的目的是进行实践性学习，因此导游在带领学生进行研学时，就不能按照带普通旅游团的方式进行操作，而应当把自己当成是一名校外实践老师，提前掌握一些必要的教育知识和教学方法。在具体操作中，应提前根据研学手册进行备课，掌握本次研学的相关知识点；再思考针对不同学生，可灵活采取何种教学方法。

2. 区分讲解与研学指导的不同功能

讲解是导游工作的核心，但开展研究性指导却是研学旅游指导师应具备的技能。当导游为研学团队提供讲解服务时，身份就由导游转变成为一名研学旅游指导师。不过，此时讲解的出发点就不是单纯传递知识，而是指导学生完成研究性学习。导游不但应该紧紧围绕着学生的学习目标展开讲解，而且讲解的目的也是指导学生顺利达成学习目标。因此，导游应该将自己看成一名研学旅游指导师，努力做到在讲解中有指导，以指导为核心开展讲解。

3. 重视言传身教的作用

无论是导游身份，还是导游转型为旅行社研学旅游指导师，虽然都不是我们常规理解的校内正式老师，但不是老师却胜似老师。在研学旅游这样的开放式环境中，导游的言行举止更容易对学生产生影响。因此，导游也应具备“为人师表”的品质，善于运用无声的身教去影响学生。如导游在讲解时，应该避免一些粗俗的口头禅、不涉及敏感的消极话题、多做正面的积极引导等。

4. 牢记安全第一的理念

没有安全，就没有研学旅游。在带研学团期间，导游须始终牢记“安全第一”。结合相关文件与《研学旅游服务要求》（LB/T 054—2025）中关于研学旅游安全管理的要求，导游可从“行前”与“行中”两大环节来进行有针对性的安全管理。

（1）行前准备阶段。导游应先熟悉《研学旅游操作手册》中制订的安全应急预案，了解应急小组的构成情况，明确应急事故处理的程序及方式；熟悉即将开展的研学线路规划以及课程方案，评估可能存在安全隐患的环节与场景，并考虑可能存在的风险与应对策略；重视并积极参与学校或企业举办的行前安全教育培训，强化研学旅游安全操作意识。

（2）行中实施阶段。导游应先利用致欢迎词的契机，向学生讲明研学开展过程中的一些注意事项，尤其要根据行程安排进行有针对性的安全提醒与警示，强化学生的安全防范意识；在研学活动开展期间，导游应以研学手册为指南，围绕“交通安全、野外活动安全、室内活动安全、用餐安全、住宿安全和突发应急事件安全”六个方面，根据具体情况及时对学生进行警示与提醒，以维护学生安全；导游还应借助集体的力量，如与校内老师、司机、安全应急小组成员等做好密切配合，以保证学生的出行安全。

（五）老年团

老年团是指以老年人为主体构成的旅游团队。按相关法规的规定，我国职工现行退休年龄男性为60周岁，女性干部55周岁，女性工人50周岁。因此，老年团通常以女性50周岁以上、男性60周岁以上的退休老人为主，他们有充足的出行时间，又有一定的经济条件，旅游就成为他们调节生活节奏，增加生活乐趣、娱乐老年生活的重要方式。导游在接待老年团时，应从老年人的身心特点出发，有技巧地做好接待工作。

1. 妥善安排行程

人生步入老年，身体机能就会逐渐走向衰弱。虽然以如今的生活条件，刚退休的老年人身体状况都还比较硬朗，但总体而言，仍然不能与年轻人相比。因此，导游应当妥善安排老年团的旅游行程。

（1）景点游览宜少而精。一般每天的游览项目不宜过多，在合同约定的框架内，可选择景点内有代表性的点位参观。游览内容宜少而精，以慢行细看为主。

（2）增加休息的频次。在游览过程中，不妨增加休息的频次，尤其应多安排上卫生间的次数。有些休闲型的老年团也可以考虑中午餐后安排回酒店休息一段时间，而后再外出参观。此外，一般不宜安排夜间游览活动，以免影响老年人休息。

（3）参游项目宜量力而行。老年人都有不服老的念头，在游览期间导游不宜用激将法来刺激老年人参加一些挑战性的旅游项目，如攀爬高山、参加高刺激的娱乐体验项目等。应提醒他们慎重考虑，量力而行，以免因体力跟不上而发生危险。

2. 多做提醒工作

人在旅游时，大多处在一种相对放松的状态，因此经常会忽视导游的交代。而且，随着年纪的增加，老年人的记忆力也在逐渐减退，这就需要导游有针对性地对老年人多做提醒工作，如第二天的出发时间、随身携带的贵重物品、景点的集合时间等。尤其是在景点线路复杂、游人拥挤的游览现场，导游更需要不厌其烦地做好提醒工作，以预防老年人因为迷路而走丢。在游览过程中，还应多告知卫生间位置，提醒大家及时如厕。此外，如果还有老年人需要每天吃药，导游也应主动提醒。

3. 耐心做好讲解

老年人无论是理解能力和反应能力都处在不断减弱的状态，因此导游在讲解时，应放慢语速，保证老年旅游者能听得清楚。在讲解内容上，可以少一些说教的内容，多些家常性的闲聊，对老年人来说，在旅途中学到多少东西并不重要，重要的是有说话聊天的环境。有些老年人由于常记不住事情，就会重复问同样的问题，或者遇到比较爱说话的老年人，总会不断提出各种问题，此时导游也不应有反感情绪，而要耐心地给予解答。

4. 关注健康安全

在服务老年旅游者过程中，老年人的健康与安全是导游应关注的重点。旅游本是一项比较消耗体力的活动，而且离开习惯生活的地方，在陌生的环境里更易产生水土不服现象。因此，在游览过程中，导游应当随时关注老年旅游者的精神状态，一旦有人出现异常情况，应及时处理。必要时可报告给旅行社，并根据旅行社的意见再酌情处理。

（六）残障团

残障，即残疾，在《残疾人残疾分类和分级》（GB/T 26341—2010）中将残疾人定义为“在精神、生理、人体结构上，某种组织、功能丧失或障碍，全部或部分丧失从事某种活动能力的人”。按残疾部位的不同，残疾可分为视力残疾、听力残疾、言语残疾、肢体残疾、智力残疾、精神残疾和多重残疾。

由残障人士为主体构成的旅游团队，即为残障团。作为一个特殊的群体，残障旅游者的出行需要克服更多困难。他们较为敏感，担心被人歧视，所以自尊心和独立性都相对较为强；由于交往圈子小，又容易形成孤僻和自卑的性格，因此情绪反应较强且不稳定。在接待残障旅游者时，导游须格外注意方式方法。

1. 接待服务宜热情周到

热情，可以给予残障旅游者以温暖，令其在旅途中有宾至如归的感觉；周到，则是多站在残障者角度安排旅游活动，尽可能为其提供方便，以免产生不必要的尴尬。如走路时尽量选择不走或少走台阶、将餐厅安排在一楼等。如果构成残障旅游团的残障类型不一，导游在接待安排中还需提供有针对性的服务，如多为有视力障碍的旅游者提供触摸了解的机会、让聋哑旅游者坐前排以看得清导游讲解时的口型等。

2. 接待礼仪宜细致到位

残障旅游者群体的特殊性也决定了服务礼仪的不同于平常之处。首先，尊重第一。为残疾人提供服务时，发自内心的尊重是建立良好互动关系的前提。未经同意，不能随便对着残障旅游者拍照。其次，不多问。在相处过程中，不要表现得太好奇，如果残障旅游者不主动提起，导游不要随便打听其残疾的原因。最后，不多看。不要表现出对残疾者的过分关注，更不宜过分注视其残疾部位。

3. 特殊照顾宜适时恰当

在旅游活动期间，需要给残障旅游者提供一些特别的照顾，但又需要注意分寸和对方心理。可以在提供帮助之前，先征询残障旅游者的意见：是否需要帮助，以及需要怎样的帮助。但不宜过问太多，也不宜在对方说不需要时，还主动提供帮助，过度的热情和主动也会造成他们的反感。为残障旅游者提供服务，应相信他们自身的能力，不必事无巨细地服务，多利用一些辅助手段配合残障者，让残障者的行动显得更有自主性，以维护其尊严。总之，照顾残障旅游者，导游不妨在服务姿态上设法营造出“残障旅游者也是正常旅游者”的氛围，同时在服务程度上，务必把握好“适时恰当”这个度。

八、信息技术的应用

信息技术是指在信息科学基本原理和方法的指导下，扩展人类信息功能的技术。一般而言，信息技术是以电子计算机和现代通信为主要手段实现信息获取、加工、传递和利用等功能的技术总和。信息技术在旅游业的使用日趋广泛，旅游信息化就是将信息技术应用于旅游产业的结果。导游应当在工作中，善于使用相关信息技术，以提高旅游服务的效率和品质。

（一）运用导游服务相关应用软件

在实施旅游接待计划过程中，导游应能熟练掌握移动通信终端与导游服务相关应用软件的使用方法，包括社交、通信、移动办公等软件。随着信息技术的日新月异，各种移动应用及其功能层出不穷，导游应充分发挥主观能动性，找到并学会相关应用。在导游工作中，常用的应用软件类型主要有以下几种。

1. 执业应用软件

此类应用软件的代表是“全国导游之家”App，这是国内导游的服务平台，可通过App申请并展示电子导游证，查看旅游行程，管理出行日历，记录执业情况、奖惩情况和旅游者评价等信息。按照《导游管理办法》第二十条“导游在执业过程中应当携带电子导游证、佩戴导游身份标志，并开启导游执业相关应用软件”的规定，导游应当提前下载并注册好“全国导游之家”App，并在带团过程中开启“通知”和“定位”功能。

2. 社交应用软件

此类应用软件的代表有微信、钉钉、QQ、抖音等平台，其中以微信应用在国内最为普及。通过该软件，就可以实现沟通、订票、订车、订酒店、支付等服务。通过微信建群，让导游与全体旅游者进行即时沟通，是目前导游在工作中运用较多的方式。此外，在征得旅游者同意的前提下，导游可随时拍摄一些旅游者在游览期间的影像，而后通过各种剪辑软件，将视频素材加工成值得纪念的旅游影像，再转发给旅游者留念，并及时删除原文件以保护旅游者隐私。

3. 旅游服务软件

此类应用软件的代表有百度地图、飞常准、美团等 App，不同平台有不同的主功能。如导游在机场接送旅游者时，就可以借用飞常准、航旅纵横等专注于航班出行服务的 App，提前输入航班号关注该航班的动态，还可以办理提前值机等事项，非常实用；如果需要搜索地点，则可使用百度地图、高德地图等专业的地图应用软件实现即时搜索，如旅游者急需上卫生间时，导游就可以借助百度地图里的“周边”功能，实现一键搜厕所。

（二）协助旅游者运用相关应用软件

在服务过程中，导游还应能够协助旅游者通过移动互联网进行产品预订、定位导航、信息咨询和服务评价等活动。导游应关注一些常用的旅游类应用软件，如携程旅行、去哪儿旅行、飞猪旅行、美团等，下载并熟悉其应用，在旅游者有需要时，提供必要的帮助。

如旅游者需要导游帮助预订酒店时，就可以登录携程 App 预订；如需要寻找合适餐厅订餐时，可以借助美团 App 搜索口碑合适的餐厅；如需要购买门票时，可以借助飞猪旅行 App 进行操作等。当然，现在各大平台都已日趋综合化，如在携程就能实现预订酒店、购买门票、寻找餐厅等操作，具体可视情况灵活运用。

在接待入境旅游者时，导游还须协助他们了解并学会如何在中国使用移动支付的相关技能。导游首先应熟悉中国人民银行于2024年3月发布的《外籍来华人员支付指南》（以下简称《指南》），结合中英文两个版本的说明，掌握其中的操作要点；其次，虽然该《指南》向外籍来华人员推荐了移动支付、银行卡和现金等多种支付服务的获取方式和使用流程，但结合现实情况和便捷程度，导游可向入境旅游者重点推荐只需一部手机，即可实现便捷支付的移动支付方式；再次，帮助入境旅游者在手机应用市场下载支付宝 App

或微信 App，进行注册并绑定其银行卡。目前支付宝和微信支付均支持绑定 Visa、Mastercard、JCB、DinersClub、Discover 等银行卡；最后，向入境旅游者演示支付宝或微信扫码支付的主扫和被扫两种操作方式：点击“扫一扫”，扫描商家的二维码，或点击“付钱 / 收钱”，出示呈现的二维码，并按照提示完成支付流程。

第八章 旅游者个别要求的处理

章节练习
增值服务

学习目的

了解：导游处理旅游者个别要求的原则。**熟悉：**旅游者在餐饮、住宿、交通、游览、购物、文化娱乐活动等方面个别要求的处理；旅游者要求自由活动、亲友随团、中途退团的处理。

第一节 旅游者个别要求处理的原则

旅游者的个别要求是指参加旅游团的旅游者提出的各种接待计划外的特殊要求。在旅游消费需求升级转型背景下，旅游者的个别要求贯穿于旅游全过程中，处理旅游者的个别要求已成为导游工作中不可忽视的一部分。导游运用恰当的方法妥善处理旅游者的个别要求，确保旅游者的满意度和旅游行程的顺利进行，是导游人员必备的工作技能。

首先，导游的个别服务有助于改善旅游者在旅游过程中可能出现的内心安全感缺失问题。当导游能够针对旅游者的个别要求提供个别服务时，旅游者会感到被重视和关注，从而增强对旅游活动的信心，从心理上得到满足；其次，通过提供个别服务，导游能够优化旅行社在旅游者心中的形象。当旅游者感受到导游的关心和专业服务时，他们会对旅行社产生更高的信任感。

这种信任有助于减少因信息不对称形成的消费心理障碍，使旅游者更愿意选择该旅行社的服务。此外，导游的个别服务还有助于减少商家之间的价格竞争，转而促进优质旅游产品的竞争。当导游能够关注并满足旅游者的个别要求时，旅行社可以更加注重提升旅游产品的质量和特色，从而吸引更多旅游者。

在导游实际带团过程中，旅游者的个别要求一般可以分为四种：旅游者要求合理，导游通过努力能够满足旅游者的要求；旅游者要求合理，但由于主客观原因导游不能满足旅游者的要求；旅游者提出的要求不合理，但通过导游努力能够满足旅游者的要求；旅游者要求不合理，导游也无法满足的要求四种类型。导游在处理旅游者的个别要求时，一般遵循以下基本原则。

一、遵循法律、法规和标准的原则

首先，导游需要确保所有服务内容和行为均符合《中华人民共和国旅游法》《导游人员管理条例》《导游管理办法》《旅行社条例》和《导游服务规范》等法律、法规和标准的规定。

其次，在处理旅游者个别要求时，导游应以旅游者与旅行社签订的旅游合同为基准（旅游合同规定了旅游者、旅行社、导游等的权利和义务），确保这些要求符合旅游合同的约定，不得擅自改变合同内容或损害旅游者的合同利益。

最后，导游应关注并遵守旅游目的地的地方性法规和规章制度。不同地区的旅游规定可能存在差异，导游需要了解并遵守这些规定，以确保旅游活动的合法性和安全性。

二、维护尊严原则

一方面，每个人都应受到尊重，这并不取决于其社会地位、文化背景、经济状况或其他任何因素。旅游者在旅行过程中，无论提出何种个别要求，都应得到平等、尊重的对待。导游作为旅游服务的提供者，有责任确保旅游者的尊严不受侵犯。

另一方面，《中华人民共和国旅游法》《导游管理办法》等法律、法规中对于导游执业权利有着明确的保障，规定了导游在对待旅游者的个别要求时，要坚决维护国家的尊严和自身的人格尊严。对旅游者提出的有损国家利益和民族尊严的要求应断然拒绝，并予以严正驳斥；对旅游者提出的侮辱自身人格尊严或违反导游职业道德的不合理要求，也应予以拒绝。

三、尽量满足旅游者合理要求的原则

导游作为旅游服务行业的从业者，其核心职责就是提供优质的服务，确保旅游者在旅行过程中获得满意的体验。合理的个别要求往往反映了旅游者的特殊需求和期望，导游应尽量满足这些要求，以体现对旅游者的尊重和关怀，从而赢得旅游者的信任和好评，提升旅游者的满意度和忠诚度，为旅游企业树立良好的口碑，增强市场竞争力。

对于旅游者提出的个别要求，要认真倾听，对于一些不能满足的要求要耐心解释。认真倾听是建立良好沟通的基础。在旅游过程中，旅游者可能提出涉及行程安排、住宿条件、餐饮口味等多个方面的个别要求。导游通过认真倾听，能够准确理解旅游者的需求和期望，为后续的解答和安排提供有力的依据。耐心解释是消除旅游者疑虑的关键。由于旅游过程中存在诸多不确定因素，旅游者提出的个别要求，由于主客观等原因，导游无法满足，这时候导游一定要向旅游者耐心解释相关情况，说明原因，从而消除旅游者的疑虑，增强旅游者对导游和旅行社相关安排的信任和满意度。

四、尊重旅游者，不卑不亢的原则

首先，导游作为旅游服务行业的从业者，应当时刻保持对旅游者的尊重。无论旅游者的身份、背景或要求如何，导游都应一视同仁，以平等和尊重的态度对待每一位旅游者。这种尊重不仅体现在语言和行为上，还体现在对旅游者需求和权益的关注和重视上。

其次，不卑不亢的态度有助于维护导游的专业形象。导游作为旅游行业的专业人士，应保持自信、自立和自尊的态度。在处理旅游者个别要求时，既要避免过于谦卑而失去自己的立场和原则，也要避免傲慢自大而伤害旅游者的感情。保持不卑不亢的态度，导游能够展示出自己的专业素养和服务水平，赢得旅游者的尊重和信任。

最后，当导游能够以尊重、平等和专业的态度对待旅游者时，不仅能够提升旅游者对旅游行业的满意度和信心，还能够吸引更多的旅游者选择旅游作为休闲方式，从而推动旅游行业持续发展。

第二节　旅游者个别要求处理的方法

旅游团行程中包含食、住、行、游、购、娱六大要素，旅游者对行程中的这些要素会产生不同的需求，如对餐饮方面的咸甜酸辣要求，住宿方面的房间朝向、楼层高低要求，景点方面的增加或减少要求等。导游既要按照旅游行业标准为旅游团提供规范性的服务，也要善于针对旅游者的个别要求做好个性化服务，处理好旅游者的各项需求和问题。

一、餐饮方面个别要求的处理

（一）特殊餐饮的要求

由于宗教信仰、风俗习惯、个人身体状况等原因，旅游者在用餐方面可能会提出不吃荤、不吃海鲜、不吃油腻辛辣菜肴等要求，如回族忌猪肉，糖尿病患者忌糖，肾脏病患者少盐，高脂血症患者怕油腻等都需要特别注意。导游必须高度重视此类情况，无论是旅游合同事先约定的，还是旅游者临时提出的个别要求，都应想办法为其落实，避免旅游者投诉，减少旅游者对餐饮的不满。

（1）旅游合同事先约定的特殊餐饮，导游接团前应事先核实预订情况，抵达餐馆时再次确认，餐中、餐后还要听取旅游者的意见。

（2）对于旅游者临时提出的特殊餐饮需求，导游应立即联系餐馆，尽可能安排。如原餐馆不能满足，导游应联系其他餐馆或协助其自行解决。旅游者临时提出特殊餐饮需求，导游已经协助解决后，应告知旅游者新产生的餐费自理，原餐费根据旅游合同约定处理。同时，导游也应把旅游者特殊餐饮需求告知旅行社相关工作人员，提醒他们落实好以后的各项餐饮工作。如因一些主客观原因，无法第一时间满足旅游者特殊餐饮需求的，导游应做好耐心解释工作。

（二）要求换餐

部分入境旅游者不习惯中餐，在吃过几次中餐后要求改换成西餐；有的外地游客想尝尝当地小吃，要求换成风味餐。诸如此类要求，处理时应考虑如下方面。

要看是否有充足的时间换餐。如果旅游团在用餐前 3 小时提出换餐的要求，地陪应尽量与餐厅联系，但须事先向游客讲清楚，如能换妥，差价由旅游者自理。然后，询问餐厅能否提供相应服务。若计划中的供餐单位不具备供应西餐或风味餐的能力，可考虑更换餐厅。如果是在接近用餐时间或到餐厅后提出换餐要求，应视情况而定：若该餐厅有该项服务，地陪应协助解决；如果情况复杂，餐厅又没有此项服务，一般不应接受此类要求，但应向旅游者做好解释工作。若旅游者仍坚持换餐，地陪可建议其到零点餐厅自己点菜或单独用餐，并告知其费用自理，原餐费根据旅游合同约定处理。

（三）要求单独用餐或不随团用餐

（1）旅游者如因旅游团内部矛盾或其他原因而提出该要求，导游应问清情况，耐心解释，建议其与其他旅游者一起用餐；如旅游者坚持单独用餐，导游可协助其与餐厅联系，但应告知旅游者单独用餐的餐费自理，原餐费根据旅游合同约定处理。

（2）旅游者由于外出自由活动、访友、疲劳等原因不随团用餐，导游对此可做如下应对。

①应同意旅游者要求，并第一时间对身体不适的旅游者予以关心照顾。

②应告知旅游者原餐费根据旅游合同约定处理。

③应及时通知餐馆减少用餐人数。

（四）要求推迟用餐

由于旅游者的生活习惯不同，或由于旅游者在某旅游地游兴未尽等原因要求推迟用餐时间，导游对此可做如下应对。

（1）耐心告知团队餐馆用餐的时间规定，劝说旅游者随团用餐。

（2）若全团旅游者均同意推迟用餐，导游应及时联系餐厅沟通协调推迟用餐时间。若推迟用餐会产生相关费用（如境外超时服务费用等），导游应告知旅游者相应费用自理。

（3）若个别旅游者执意要求推迟用餐，导游应带领其他旅游者正常用餐，并落实好个别旅游者推迟用餐相关事宜，并告知个别旅游者不随团用餐的费用自理，原餐费根据旅游合同约定处理。

（五）要求自费品尝风味餐

在一地游览期间，旅游者对当地的美食情有独钟，常会提出要求品尝具有当地特色风味餐的要求，导游对此可做如下应对。

（1）如果全团或大多数旅游者提出品尝计划外风味餐的要求，导游应予以协助，可由旅行社出面，也可由游客自行与有关餐厅联系订餐；风味餐订妥后旅游者又不想去时，导游应耐心劝说他们在约定时间前往餐厅，并说明若不去用餐，须赔偿餐厅的相关损失。

（2）如个别旅游者需要品尝风味餐，导游可协助联系餐馆。告知风味餐费用自理，原餐费根据旅游合同约定处理。并提醒个别旅游者应注意人身、财物安全。导游一般不陪同前往。

二、住宿方面个别要求的处理

（一）要求调换饭店

旅游行程安排的饭店在旅游合同中已经约定，具有法律效应。旅游合同约定的饭店一般不能更换。但有时旅游者会以下榻饭店地段偏僻、环境嘈杂、设施陈旧、服务欠缺为由要求调换饭店，导游对此可做如下应对。

（1）旅游者提出更换旅游合同约定的饭店，导游应做好说服工作，告知旅游者所下榻的饭店是旅游合同约定的，一般不予更换。

（2）如果旅行社实际安排的饭店标准低于旅游合同约定标准的，导游应向旅游者表示歉意，同时立即报告旅行社，请求迅速调整。

（3）对不顾合同规定执意要求调换饭店的个别旅游者，应请领队或全陪导游出面劝其服从团队安排。若旅游者不听劝阻，执意要求调换饭店，导游应协助该旅游者，但应告知该旅游者新产生的住宿费用自理，原入住的饭店费用根据旅游合同约定处理。

（4）如有特殊理由（情况），报告旅行社，听从旅行社安排。

（二）要求调换房间

个别旅游者常因客房内设备故障、卫生不达标，或想住高标准客房、单人房等而提出换房要求，导游对此可做如下应对。

（1）如客房设施，尤其是房间卫生达不到清洁标准时，导游应立即请饭店打扫、消毒。如旅游者仍不满意，坚持调房，导游应与饭店有关部门联系，予以满足。

（2）如客房有蟑螂、臭虫、老鼠等，旅游者提出换房，导游应立即满足，必要时应调换饭店。

（3）如旅游者要求调换另一朝向或另一楼层的同一标准客房时，若不涉及房间价格并且饭店有空房，导游可与饭店客房部联系，适当予以满足，或请领队在团队内部进行调整。无法满足时，应向旅游者做好耐心解释工作。

（4）旅游者想住高于合同约定标准的房间，导游应与饭店联系，如有空房，可以满足，但应告知旅游者高于合同标准的房间费用与原房间费用的差价由其自理。如无法安排，应做好解释工作。

（5）团队旅游一般安排住标准间或三人间。旅游者可能会因生活习惯不同或因与同室游客闹矛盾，而要求住单间。导游应先请领队调解或内部调整，若调解不成，饭店如有空房，可满足其要求。但导游必须事先说明，房费由旅游者自理（一般由提出方付房费）。

三、交通方面个别要求的处理

交通是衔接旅游行程的纽带，一般情况下交通行程都是事先预订好的，并且不方便更改，但在实际工作中仍会有旅游者提出个别要求。导游对此可做如下应对。

（一）要求更换交通工具类型

如将火车改为飞机或将普通列车改为动车、高铁等。这种要求除非在自然灾害、误车（机、船）等特殊情况下，一般都不能答应更换。旅途中票务预订、退换较为烦琐，短时间内很难满足。更换出行时间与上述处理方式相同。

（二）要求提高交通工具等级

如提高舱位、座位等级等，导游应首先与接待社计调部门联系，若有所要求等级的舱位、座位余票可帮忙更换，但应告知该旅游者差价及相关费用自理。

四、游览方面个别要求的处理

游览是旅游者出行的主要目的，在行程中随着环境和兴致的变化，旅游者可能会提出一些个别要求，导游应针对不同的要求区别处理。

（一）旅游者要求更换或取消计划内的游览项目

凡是计划内的游览项目，一般应该不折不扣地按计划进行。若是全团统一提出更换或取消游览项目，则须请示接待社计调部门，请其与组团社联系，组团社同意后方可更换或取消；若是个别游客提出更换或取消游览项目，应向游客耐心解释，不能随意更换。

（二）旅游者要求增加游览项目

在时间允许的情况下，应请示接待社并积极协助。与接待社有关部门联系，请其报价，将接待社的对外报价报给旅游者，若旅游者认可，地陪应协调处理好增加的游览费用事宜，并陪同前往，做好增加游览项目的讲解等工作。

五、购物方面个别要求的处理

（一）要求退换商品

旅游者不论在旅游计划内的购物商店购物还是在自由活动期间自行购

物，一旦发现所购买的商品有质量问题，或是残次品或是假货，都会要求导游协助其退货，导游对此可做如下应对。

（1）问清情况，了解购买的地点、已购商品的情况、商品价格等。

（2）积极协助，必要时导游应陪同旅游者去购买地点交涉退赔事宜，以维护好旅游者的合法权益。

（3）如卖家拒绝退赔，可找当地市场管理、旅游管理、消费者协会等部门，请求帮助。

（二）要求购买文物古玩

文物古玩文化内涵深、经济价值大、鉴别真伪难。当个别旅游者提出购买文物古玩的需求时，导游应慎重引导，可做如下应对。

（1）提醒旅游者不要在路边摊购买，应带旅游者去当地文物商店选购。

（2）提醒旅游者在购买文物古玩时要保管好发票，不要将文物古玩上的火漆印（属鉴定凭证）去掉，以备海关查验。

（3）发现个别旅游者有走私文物的可疑行为时，导游应及时向有关部门报告。

六、文娱方面个别要求的处理

文娱活动是旅游活动的重要内容。有的文娱活动已经被包含在旅游行程中，有的文娱活动虽然比较精彩，但因费用等原因，未被包含在旅游行程中。对于文娱活动，旅游者各有爱好，不应该强求一致。若旅游者对文娱活动提出相应要求，导游应本着“合理而可能”的原则，做如下应对。

（一）要求调换计划内的文娱节目

凡在计划内注明有文娱节目的旅游团，一般情况下，地陪应按计划准时带领旅游者到指定娱乐场所观看文艺演出。若旅游者提出调换节目，地陪应针对不同情况，本着“合理而可行”的原则，做出如下处理。

1. 全团游客提出更换

如果全团旅游者提出更换，地陪应与接待社计调部门联系，尽可能调换，但不要在未联系妥当之前许诺；如接待社无法调换，地陪要向旅游者做好耐心解释工作，并说明票已订好，不能退换，请其谅解。

2. 部分旅游者提出更换

如果部分旅游者要求参加别的娱乐活动，处理方法同上。若决定分路参与文娱活动，在交通方面可做如下处理：如两个文娱活动地点在同一线路上，应与司机商量，尽量为少数旅游者提供方便，送他们到目的地；若不同路，则应为他们安排车辆，但车费自理。

（二）要求自费观看文娱节目

在时间允许的情况下，应积极协助。以下两种方法地陪可酌情选择。

一是与接待社有关部门联系，请其报价。将接待社的对外报价（其中包括节目票费、车费、服务费）告知给旅游者，并逐一解释清楚。若旅游者认可，请接待社预订，同时要陪同前往；二是协助解决，提醒旅游者注意安全。地陪可帮助旅游者联系购买文娱活动门票，请旅游者自行前往，相关费用由旅游者自理，并应提醒旅游者注意安全。

如果游客执意要去大型娱乐场所或情况复杂的场所，导游必须提醒旅游者注意安全，必要时可陪同前往。

（三）要求前往不健康的娱乐场所

旅游者如果要求去不健康的娱乐场所或过不正常的夜生活，导游应果断拒绝并介绍中国的传统观念和道德风貌，严肃指出不健康的娱乐活动和不正常的夜生活在中国是明令禁止的，是违法行为，会受到法律的惩处。

七、旅游者自由活动要求的处理

旅游线路安排中往往有自由活动时间，在集体活动时间内也有旅游者会提出单独活动的要求。导游应根据不同情况，做如下应对。

（一）应劝阻旅游者自由活动的几种情况

（1）如旅游团计划去另一地游览，或旅游团即将离开本地时，导游应劝阻旅游者不要自由活动，特别是需要较长时间的活动，如不要到热闹的地方购物，以避免误机（车、船）。

（2）如身处治安不理想、复杂、混乱的地方，导游应劝阻旅游者外出活动，更不要单独活动，但必须实事求是地说明情况。

（3）不宜让旅游者单独骑自行车去人生地不熟、车水马龙的街头游玩。

（4）游河（湖、海）时，若旅游者提出希望划小船或在非游泳区游泳的要求，导游不能答应，也不能置旅游团于不顾而陪少数人去划船、游泳。

（5）旅游者要求去不对外开放的地区、机构参观游览时，导游应进行劝阻，不得答应相应要求。

（二）允许旅游者自由活动时导游应做的工作

1. 要求全天或某一景点不随团活动

由于有些旅游者已来旅游城市多次，或已游览过某一景点，不想重复游览，因而不想随团活动，要求不游览某一景点，或一天、数天离团自由活动。

如果其要求不影响整个旅游团的活动，可以满足并提供必要帮助。导游可按照以下程序处理。

（1）提前说明如果不随团活动，需增加的各项费用自理，原费用根据旅游合同约定处理。

（2）告诉旅游者用餐的时间和地点，以便其归队时用餐。

（3）提醒其注意安全，保护好自己的财物。

（4）提醒旅游者带上饭店卡片（卡片上有中英文的饭店名称、地址、电话）备用。

（5）用中英文写张便条，注明旅游者要去的地点的名称、地址及简短对话，以备不时之需。

2. 到游览点后要求自由活动

到某一游览点后，若有个别旅游者不想按规定的线路游览而希望自由游览或摄影，若环境许可（游人不太多，秩序不乱），可满足其要求。导游要提醒其集合的时间和地点及旅游车的车号，必要时留一张字条，上面写有集合时间、地点和车号以及饭店名称和电话号码，以备不时之需。

3. 自由活动时间或晚间要求单独行动

导游应建议旅游者不要走得太远，不要携带贵重物品（可寄存在前台），不要去秩序混乱的场所，不要太晚回饭店等。

4. 少数旅游者要求导游一起活动

少数旅游者自由活动时，导游应与大多数旅游者在一起，确保旅游计划的全面贯彻实施。导游不可置大多数旅游者于不顾，陪少数旅游者单独活动。

八、旅游者要求亲友随团的处理

旅游者提出希望旅行社准许其亲友参加旅游团在当地的活动，甚至随团一起到其他城市旅游，导游可做如下应对。

（1）在条件允许（如车上有空位），且不影响其他人的情况下，可满足旅游者的要求，但事先要征得领队和旅游团其他成员的同意。

（2）导游协助旅游者办理入团手续，并交付各种费用。

（3）导游对旅游者随团活动的亲友应热心服务、一视同仁，并根据情况给予照顾。

（4）如果旅游者亲友不办理手续、不交纳费用就直接随团活动，导游应有礼貌地向旅游者及其亲友解释旅行社的有关规定，并做好解释工作。

九、旅游者要求中途退团或延长旅游的处理

（一）要求中途退团的处理

1. 合理的退团要求

旅游者可能因突发重病或意外受伤，或因家中发生紧急状况或工作单位有急事召回，提出退团要求。此时由旅游者提出退团书面申请并签字，报请旅行社同意，导游协助办理有关中途退团事宜，如退房、重订交通票等。如果外国旅游者入境是团体签证，要协助其办理分离签证手续。所产生的费用由旅游者自理，未使用的旅游费用按照旅游者与旅行社签订的旅游合同约定

处理。

2. 不合理的退团要求

旅游者因个别要求得不到满足，或与旅游团其他成员发生矛盾，提出退团要求时，地陪导游、领队、全陪导游应互相配合，耐心劝服旅游者，继续随团活动。若劝说无效，旅游者执意要求退团的，导游应告知退团后的一切费用由其自理，最后请旅游者写出书面申请并签字，报告旅行社。未使用的旅游费用将按照旅游者与旅行社签订的旅游合同约定处理。

（二）要求延长旅游的处理

旅游者因病、受伤须住院治疗，或因参加重要的专业活动、业务洽谈、庆典礼仪活动等，提出要求延长旅游期限，导游可做如下应对。

（1）由旅游者提出书面申请，报请旅行社同意。

（2）导游协助旅游者办理延长旅游期相关事宜（如重新订房、订交通票等）。当外国旅游者为团体签证时，须协助其去当地公安机构出入境管理部门办理分离团队签证或延长个人旅华签证手续，费用由其自理。如果外国旅游者要求延长旅行期的签证未获当地出入境管理部门的批准，导游应请领队、全陪导游协助做好规劝工作，使其按时随团出境。

（3）导游应关心因病、受伤滞留的旅游者。如需导游继续为其提供各项服务，则与旅行社另签相关合同。

（4）延长旅游期内所发生的一切费用由旅游者自理。

第九章 旅游常见问题和突发事件的预防与处理

章节练习
增值服务

学习目的

了解： 导游处理突发事件、常见问题的原则。**熟悉：** 旅游者晕车（机、船）、中暑、溺水、被毒虫蜇伤的处理；旅游者不文明行为的处理；交通事故、火灾事故、治安事件的处理；漏接、误机（车、船）的处理。**掌握：**《导游服务规范》关于旅游合同的变更或解除，旅游者丢失物品或证件、丢失行李或行李损坏，旅游者走失，旅游者伤病、病危或死亡，旅游者食物中毒，自然灾害，传染病疫情，社会骚乱等群体事件，接待纠纷等突发事件和常见问题处理规范的规定。

第一节 导游处理常见问题和突发事件的原则

导游在服务过程中，面对的是千变万化的复杂环境和不同秉性的旅游者，因此难免会遭遇各种各样的问题，甚至会发生一些突发情况。为了及时有效处置在旅游过程中可能遭遇到的常见问题和突发事件，导游应以《导游服务规范》（GB/T 15971—2023）为指导，把握好处理此类事件的基本原则。

一、以人为本，救援第一

一旦事情发生，应以保障旅游者生命安全和身体健康为第一原则，尽一切可能为旅游者提供或协助提供救援、救助服务。

二、及时报告，加强沟通

当事情发生后，导游应立即向旅行社报告突发事件或问题发生情况，请求指示，并保持信息畅通，以便随时沟通与联系。当情况紧急或发生重大、特别重大旅游突发事件时，应依法直接向有关部门报告。

三、依法依约，合理可能

事情发生后，应依照法律法规或合同约定处理突发事件和常见问题，并满足旅游者合理且可能实现的需求。

第二节 旅游常见问题的预防与处理

旅游常见问题指的是导游在实施旅游接待计划过程中经常会遭遇到的各类服务问题，如因为堵车而出现误机，旅游者丢失证件或行李，旅游者中暑等。这些问题的发生，既有主观原因，也有客观原因；既有与人有关的，也有与物相关的，但无论哪一种问题，如果不加以妥善处理，都可能会影响到旅游者的精神状态和整个旅游行程的安排。

因此，本节以《导游服务规范》（GB/T 15971—2023）为基础，结合《旅行社安全规范》（LB/T 028—2013）、《出境旅游领队服务规范》（LB/T 084—2022）等相关行业标准，对旅游常见问题的处理规范、处理要求进行梳理整合。在工作中，导游应熟悉此类问题的预防与处理方法。

一、旅游合同变更或解除的处理

在《导游服务规范》中，将遇到变更或解除旅游合同的情况分为三类，并从三个方面进行有针对性的处理。

（一）旅游者提出的变更或解除

在旅游过程中，当旅游者提出变更合同的要求时，导游应婉拒，特殊情况请示旅行社核定。旅行社同意变更的，导游应按旅行社要求与旅游者签订书面合同。

（二）旅行社提出的变更或解除

在旅游过程中，旅游者出现下列情形之一的，导游应立即向旅行社报告。

（1）患有传染病等疾病，可能危害其他旅游者健康和安全的。

（2）携带危害公共安全的物品且不同意交有关部门处理的。

（3）从事违法或违反公序良俗活动的。

（4）从事严重影响其他旅游者权益的活动，且不听劝阻、不能制止的。

（5）法律规定的其他情形。

当出现上述问题，旅行社依法解除合同的，导游应向旅游者做好解释工作，并协助旅游者返回出发地或旅游者指定的合理地点，同时保留相关证据。

（三）客观原因造成的变更或解除

出现因不可抗力或旅游经营者已尽合理注意义务仍不能避免的事件，影响旅游行程而需要变更合同时，导游应向旅游者做好解释工作，及时将旅游者的意见反馈给旅行社，并按旅行社的安排执行。

二、旅游行程变更的预防与处理

合同内事先约定好的旅游行程是旅游活动开展的依据，所有相关的接待安排，都是围绕已确定的行程来逐项落实的。但在旅游活动过程中，依然会发生旅游行程变更的事情，其中既有客观原因，如受极端天气、自然灾害、交通事故等问题影响；也有主观原因，如因旅游者要求变更行程、因旅行社操作不当导致没预约上要参观的景点等。因此，导游在带团过程中，应做好必要的预防工作，并熟悉一些常用的处理方法。

（一）旅游行程变更的预防

旅游行程的变更可分为主动变更和被动变更，一般说来，通常由旅游者主动提出的旅游行程变更，只要由旅游者与旅行社协商一致即可。但对于一些被动的旅游行程变更，如遇到交通阻塞而不得不调整行程，则应尽量避免，以减少导游工作的被动，保证计划内旅游活动的顺利开展。

1. 提前做好行程确认

提前确认行程可以减少因人为疏忽造成的行程变更。具体可从两个方面进行：一是地陪导游（或地陪导游经由全陪导游）在接触旅游者的第一时间与其核商行程，避免有出入；二是地陪导游按照手里的计划书，提前跟餐厅、宾馆、景点等做好确认，避免预订不成功事件的发生。

2. 提前关注气象变化

如果遇到恶劣的天气，就会影响旅游者的出行。一般在接团之前，就可以查出团队旅游期间沿途的大概天气情况。如果当中存在出现极端天气的可能，就可早关注、早预防。如征得旅游者同意后可以通过微调参观顺序来避开天气的影响，但整体行程不做变更。

3. 提前关注交通情况

突发性的交通事故确实很难预防，但对于已经出现的一些交通问题，则能避开就尽量避开。导游可以配合司机，在准备驱车去往目的地之前，利用各类地图软件来查询沿途交通状况。如果某一段道路显示为红线，即说明堵塞严重，此时就应重新规划出行线路，避开堵车，以免影响行程。

（二）旅游行程变更的处理

当旅游行程变更已不可避免时，导游就要根据不同情况，协调好旅游者与旅行社之间的沟通工作。

1. 旅游者要求变更

当旅游者因个人原因提出变更行程，应及时跟旅行社汇报并按照其指示做好变更工作。同时，要向旅游者解释清楚，按照我国《中华人民共和国旅游法》的规定，因变更行程而增加的费用需由旅游者承担，在扣除已实际发生的成本后将剩余费用退还给旅游者。

2. 客观原因导致变更

由于受交通、天气、灾害等客观原因的影响，可能会调整游览顺序、缩短或延长在某地的游览时间，甚至取消在当地的游览，导游应根据具体情况灵活把握处理：首先，应第一时间将现场情况汇报给旅行社；其次，将旅行社的处理建议告知旅游者，征询大家意见，直至双方协调完毕；再者，安抚好旅游者情绪，提供更细致的服务；最后，提醒各方协同做好变更后的信息变更通知。

3. 旅行社原因导致变更

在落实旅游行程的过程中，旅行社难免会出现一些因人为疏忽而导致的纰漏，这当中也包括因导游个人疏忽而造成的变更。一旦发生此类事件，首先，导游应当马上跟旅行社说明情况，听取旅行社的处理意见；其次，诚恳地向旅游者表示歉意，并告知后续的弥补措施，以征求旅游者意见；最后，适当补偿旅游者，包括精神补偿和物质补偿，如提供更周到的导游服务，让旅游者感觉到诚意，适当加菜或赠送纪念品以表达心意等。

三、漏接的预防与处理

漏接是指当旅游者抵达目的地后，却无导游迎接的现象。漏接事件一旦发生，就容易让旅游者产生不满情绪，甚至会进行投诉。导游应当自接到旅游接待任务时起，就做好预防工作。如果意外出现了漏接事故，也应掌握处理此类事件的基本技能。

（一）漏接的原因

出现漏接的具体原因虽然多种多样，但其一般性原因不外乎两个方面：一是主观原因；二是客观原因。

1. 主观原因造成

有些是因导游问题引起的，如导游因看错接站（机）时间而迟到、弄错接站（机）地点等；有些是因旅行社接待计划上书写有误，或旅行社上下站之间沟通不到位，没能将旅游者临时变动后的交通方式或抵达时间及时通知给导游；有些则是因旅游者自身问题引起的，如自行出票的旅游者中途更换航班，却未及时告知旅行社或导游变更后的新班次信息等。

2. 客观原因引起

如导游提前去往接站（机）途中，遭遇突发交通事故而迟到，或者因旅游者乘坐的国际航班提前抵达等原因而导致的漏接。

（二）漏接的预防

若游客刚到旅游目的地就碰到漏接现象，将很不利于后续旅游服务工作的开展。导游应当认真做好预防工作，尤其应设法避免一些人为因素引起的漏接。

1. 熟悉旅游接待计划安排

在领取计划书后，导游就应尽快了解旅游者抵达的班（轮）次、出发及抵达时间、准确的到达地点等，如果是飞机航班，还可以借助手机软件关注航班的动态。

2. 核实接机（车、船）的准确信息

导游应该在旅游者出发当天，在其航班或列车、班轮出发之前，与旅游者进行进一步的信息核实，包括班（轮）次、抵达的具体机场（车站、码头）、抵达时间、人数等信息，确保没有纰漏。

3. 提前到达迎接地点

导游应提前与司机商定好出发时间，无论是一起出发，还是各自抵达迎接点，一般都应留足路上的交通时间，并提前半小时抵达。

4. 保持通信联系畅通

导游应确保手机开机，流量与话费足够，至少不影响与旅游者的基本联系。必要时可以带一部备用手机，以防因为手机突发故障或丢失，而没法跟旅行社、旅游者等及时取得联系。

（三）漏接的处理

出现漏接事故或预计肯定会发生漏接事故后，导游应沉着冷静，设法弥补，并及时报告旅行社，根据旅行社给予的意见，结合实际情况灵活处理。

1. 尽快与旅游者会合

在知晓旅游者已经抵达后的第一时间，就立即联系旅游者，争取尽快会面。

2. 道歉并说明情况

见面后，导游首先应诚恳地向旅游者表示歉意，然后实事求是地说明情况，最后再求得旅游者的谅解。

3. 积极采取弥补措施

一方面，导游可以通过提供热情周到的高质量服务，弥补漏接带来的不良影响；另一方面，如果因为漏接导致旅游者产生额外的费用，导游应主动给予报销；必要时，还可以通过加菜、赠送本地特产等形式，给予一些物质上的补偿。

四、误机（车、船）的预防与处理

误机（车、船）事故指的是旅游者因故未能按照原定班（轮）次离开本站而引起的滞留事故。此类事故一旦发生，对各方都将产生不少影响，导游既应认真做好预防，还应掌握其处理方法。

（一）误机（车、船）产生的原因

发生误机（车、船）事故的原因，一般分主观原因和客观原因两种。

1. 主观原因造成

如导游在接待过程中，因为行程安排不当，而导致旅游者不能按时到达机场（车站、码头）；或导游没有认真核对票据，从而搞错时间或地点，导致误机（车、船）等由人为因素造成的事故，都属于主观原因，这是应当重点预防的对象。

2. 客观原因引起

如在途中遭遇交通事故、恶劣天气、自然灾害等不可抗力或难以预测因素，而引起的误机（车、船），都属于客观原因。

（二）误机（车、船）的预防

旅游活动环环相扣，一旦某一个环节出问题，则后续的环节就跟着变动，可谓牵一发而动全身。为杜绝此类事件的发生，导游一定要做好预防工作。

1. 认真核验乘坐信息

导游不但要仔细确认班（轮）次，还要清楚乘坐的日期、具体时间以及地点。如果当地有多个机场、火车站或码头，则应该进一步确认具体位置。

2. 合理安排当天行程

导游应统筹安排旅游行程，避免在离开当天安排旅游者到地域复杂、位置偏远的景点参观游览，也应避免在送机（车、船）前安排自由活动项目。

3. 按规定时间抵达

导游应该提前与司机沟通交通情况，并预留充足的行车时间，以免遭遇突发情况而不能按时抵达。

（三）误机（车、船）的处理

根据情形的不同，误机（车、船）事故的处理可分为将成事故的应急处理与已成事故的及时处理。

1. 将成事故的应急处理

在旅游者赶往机场（车站、码头）途中，发生如高速严重堵车、旅游车抛锚等突发情况时，导游应时刻关注进度，一旦预计会造成延误，就需要提前采取应急措施。

（1）及时向旅行社汇报。当发现存在延误可能时，就应及时向旅行社相关负责人说明情况，并保持联系。

（2）开展应急联动操作。通过旅行社与机场、车站、码头等取得联系，讲清楚旅游者人数、可能迟到的原因、预计抵达的时间等情况，看能否同意等候；导游也可以通过相关软件，关注航班等出行信息是否有延误。

（3）灵活制订应对措施。根据承载方的反馈，并结合现场交通情况，与旅行社商量出应对措施，如高铁是否改签、航班是否更改等措施。

（4）做好旅游者安抚工作。在处理问题的过程中，导游应时刻保持冷静，随时将事情的进展情况和对应的补救措施告知旅游者，安抚好旅游者情绪，并说明需要大家协助的具体事项。

2. 已成事故的及时处理

经过多方努力，若还是发生误机（车、船）事故，就需积极开展后续补救工作。

（1）稳定旅游者情绪。此类事情的发生打乱了旅游者的原订计划，难免影响旅游者心情。此时导游应设法转移旅游者的注意力，并提供更周到的服务以稳定旅游者的情绪。

（2）做好协调工作。导游既要落实旅行社的处理意见并及时告知旅游者，还须实时收集旅游者的诉求并反馈至旅行社，应认真做好协调工作，以找到大家都认可的新方案。

（3）做好对下一站的通知。如果下一站是继续游览，则要及时通知下一站，对游览日程与有关安排做出相应的调整；如果下一站是返程回家，则应提醒旅游者及时联系家人，告知事情原委，并让家人放心。

五、证件或物品丢失的预防与处理

发生证件或物品丢失事件是旅游活动过程中的常见现象，既可能是旅游者自己马虎大意所导致的，也可能是不同部门的工作人员疏忽而引起的。此类事件的发生，不但会造成旅游者经济上的损失，而且会造成其在旅游生活上的诸多不便。因此，导游既要尽力做好预防工作，还应熟悉必要的处理方法。

（一）证件或物品丢失的预防

预防是避免物件丢失的第一道防线，在服务过程中，导游具体可采取以下预防措施。

1. 多做提醒工作

在旅游参观的每一个环节，导游都应做好提醒工作，让处在放松状态的旅游者能及时检查随身物品。如离店时提醒旅游者带好随身物件，下车时提醒带好随身贵重物品，在人多复杂的场所注意保管好随身钱包或手机等物品。

2. 做好证件与行李的清点交接

为旅游者提供行李服务时，每一次都应当清点行李的件数。在旅游活动过程中，如果需要用到旅游者的证件，要经由全陪导游或领队统一收取，用毕就应立即如数归还，并当面做好交接时的清点工作。

3. 提醒司机及时锁好车门车窗

旅游客车就是旅游者“移动的家”，一些随身物件不经常使用时，旅游者都喜欢直接放在车上。因此，当司机需要离开而车上无人时，就应提醒其及时锁上车窗及车门。

（二）证件或物品丢失的处理

当旅游者丢失证件或物品时，导游应稳定旅游者情绪，详细了解丢失情况，协助寻找，同时报告旅行社，并按以下要求处理。

1. 旅游者在境内丢失证件或物品

（1）由旅行社开具丢失证明，导游应协助旅游者向公安机关报失。

（2）对于丢失证件的，开具身份证明。

（3）对于丢失物品的，开具物品遗失证明，以备向保险公司申请办理理赔事宜。

2. 旅游者在境外丢失证件或物品

（1）对于丢失证件的，领队应协助旅游者向当地警方报失，在取得丢失证明后向中国驻当地使领馆或政府派出机构等有关证件办理部门申请新证件，办理相关离境手续。

（2）对于丢失物品的，由当地旅行社开具证明，协助旅游者向当地警方报失，开具物品遗失证明，以备离境时海关查验或向保险公司申请办理理赔事宜。

六、行李丢失或损坏的预防与处理

在旅游过程中，会出现旅游者行李丢失或损坏的情况。有些是发生在乘坐飞机时，行李在托运过程中被损坏或丢失；有些是在入住或离开饭店时，没有做好行李交接工作而导致丢失；也有些是在旅游客车的行李舱内，因为路面颠簸而损坏等。无论是行李丢失还是遭到损坏，都会影响旅游者的旅游生活和体验，导游应当协助旅游者做好预防工作，并及时、妥善处理出现的问题。

（一）行李丢失或损坏的预防

1. 为防止行李丢失，可以从以下几个方面入手做好预防

（1）多做提醒工作。多提醒是防止旅游者因为一时疏忽而丢失行李的好方法，尤其是在酒店办理入住、带行李用餐或离店上车时，旅游者常会因为行色匆忙，而忘记带上随身行李。因此，在一些上下车、出入酒店等环节，都要随时做好提醒工作。

（2）做上醒目的记号。出门旅游时，很容易遇到看起来相似或一样的箱子，一旦不仔细查看，就很可能会拿错行李箱。提前在箱子上贴一张醒目的粘贴纸，或扣上写有名字电话的行李牌等，既可以帮助旅游者快速找到箱子，还能预防被别人错拿。

（3）做好行李的清点。如果旅游者行李较多，需要导游协助搬运时，务必要做好行李件数的清点，尤其在交接过程中，不能有马虎心态。

（4）提醒司机锁好旅游客车的行李舱和门窗。当车上无人时，导游应提醒司机及时锁上车窗门；同时也要跟司机确认，是否已经将放置旅游者行李的车厢锁上，确保行李安全。

2. 为防止行李损坏，可以提醒旅游者从以下几个方面做好预防

（1）做好缓震防护工作。在行李箱内尽量不放易碎物品，如果一定要放，不妨用毛巾等包裹起来，再放到盒子内。同时，可在箱子的上下四周多放一些衣物，以起到缓震保护作用。

（2）装物不宜过满、过重。不要将行李箱装得过满过重，以免在搬运时

一旦发生磕碰，没有缓冲空间，物件就更容易被磕坏。

（3）锁好行李箱。平时要锁好行李箱，以免拉链松开导致行李被压坏；如果是托运，也可以考虑将适合捆绑的行李打个包，以防止破损。

（4）贴上易碎品标签。如果箱子里装的是容易损坏的物品，不妨就在行李箱上粘贴易碎标识，给行李搬运人员一点提醒。

（二）行李丢失或损坏的处理

当旅游者行李丢失或损坏时，导游应稳定旅游者情绪，详细了解丢失或损坏情况，同时报告旅行社，并按以下要求处理。

1. 旅游者在境内丢失行李或行李损坏

（1）查明丢失行李或行李损坏的运输区间，协助旅游者办理报失或报损登记手续。

（2）将旅游者后续旅游行程安排告知承运人，同时在旅游过程中，应与承运人保持联系与沟通，督促承运人及时查找丢失行李，非运输期间丢失行李的，则按照丢失物品流程处理。

（3）在查找丢失行李期间，协助旅游者购置生活必需品，提示其保留发票等购货凭证，并协助旅游者处理索赔事宜。

（4）可以确认责任者的，协助旅游者向责任方索赔，并办理相关事宜；难以确认责任者的，协助旅游者开具有关证明，以便向保险公司申请办理理赔事宜，并视情况向有关部门报告。

2. 旅游者在境外机场丢失行李或行李损坏

（1）领队应及时协助旅游者通过机场的行李查询台或承运人的行李服务柜台查询和申报。

（2）视丢失行李是否找回或行李损坏情况办理相关索赔或理赔事宜。

七、走失的预防与处理

在游览过程中，发生旅游者走丢的情况并不少见，有可能是旅游者没有认真聆听导游的提醒，也可能是导游没能向旅游者讲清楚游览线路、车号、停车场位置、集合点等信息。无论何种原因，一旦发生走失事件，不但耽误旅游行程，还会影响旅游者的心情。因此，导游应当提前做好预防措施。

（一）走失的预防

防止旅游者走失的措施，可以从以下几个方面入手。

1. 做好提醒工作

在旅游活动开展初期，导游就应该找机会提醒旅游者记住一些基本信息，如导游联系电话、旅行社名称、旅游车标志与车号等；整团一起游览时，随时提醒旅游者不要走散；在自由活动时，确保老人和孩子身边有照顾的人，并讲清楚集合时间与地点；提醒旅游者万一走散并且找不到导游时，不要乱跑，应当及时设法电话联系导游或自己的亲友。

2. 提前告知旅游安排

在前一天晚上或当天出发时，应先向旅游者告知接下来一天的行程安排，尤其要重点强调一些容易发生走失事故的场合；到景点后，应当借用景区导览图再向全体成员介绍一遍景点旅游线路、集合时间与地点、导游联系电话等信息。

3. 多关注旅游者动向

导游之间应当密切配合，在地陪导游带队讲解期间，全陪导游或领队应当做好断后工作；注意旅游者的动向，一旦发现有旅游团成员只顾忙于拍照等个人行为时，就应当及时提醒其跟上队伍，尤其要重点关注一些老人孩子以及行为散漫的旅游者；养成经常清点人数的习惯，一旦发现有人不在场，就应及时联系或组织寻找。

4. 提供精彩讲解

在游览期间，导游要以精彩的讲解吸引住旅游者。通过高超的讲解技巧和趣味横生的讲解内容，牢牢吸引住旅游者的脚步，从而防止走失。

（二）走失的处理

导游在发现旅游者走失后，应按以下要求处理。

1. 旅游者在境内走失

（1）向其他旅游者了解情况，并由全陪导游安排旅游者随行亲朋或团队代表与其共同寻找旅游者，同时与景区、住宿经营者等可能有线索的相关接待者联系，地陪导游带团继续游览。

（2）及时向旅行社报告，反映旅游者走失详细情况，取得指导与帮助，并通知走失旅游者家属。

（3）走失 24 小时仍未找到的，立即向走失地公安机关报案，寻求帮助。

（4）旅游者是老年人、未成年人、残疾人等特殊人群的，立即报警。

2. 旅游者在境外走失

（1）了解情况，迅速寻找，并通过相关移动应用软件进行活动区域定位。

（2）及时向旅行社报告，反映旅游者走失详细情况，取得指导与帮助。

（3）与饭店联系，以便当事人自行回到饭店时告知领队。

（4）必要时，领队可要求地陪导游向当地警方报案。

（5）并向中国驻当地使领馆或政府派出机构报告，在其指导下全力做好旅游者走失的应对处置工作。

八、晕机（车、船）的预防与处理

人们随着所乘坐飞机（车、船）在行驶过程中产生的摇摆、颠簸、旋转而出现的一系列生理反应，统称为晕动症。这是一种常见病症，其症状因人而异，轻者表现为面色苍白、出冷汗、胃部不适、头晕等症状；重者恶心、呕吐，甚至还会出现心律不齐、虚脱、休克等症状。在乘坐飞机、旅游客车和客轮时，经常会有旅游者出现晕动症。因此，导游应随时关注旅游者在乘机（车、船）时的状态，及时做出相应的处理。

（一）晕机（车、船）的预防

虽然晕动症无法根治，但可以采取一定的预防措施以减轻其症状。具体而言，导游可以提醒旅游者采取以下几种措施。

1. 避免过度疲劳

疲劳是引起晕动症的原因之一，导游除了在安排行程时，避免旅游强度偏高而让旅游者过于疲劳外，还应当提醒旅游者要好好休息，以保持饱满的精神状态。

2. 注意饮食禁忌

不喝酒、不吃高蛋白和高脂食品，可以吃一些清淡食物，且不可过饱。

3. 坐到更平稳的位置

一般旅游客车是前排位置，游船是中间靠后的舱位，飞机是机舱的前部较为平稳。

4. 乘坐期间宜闭目养神

不要在乘坐期间长时间阅读报刊书籍或手机，也不要直视近处快速移动的景物，以免产生眩晕。

5. 提前服用抗晕药物

一般在乘坐交通工具之前的 30 分钟，服用提前准备好的抗晕药物以减轻症状。

（二）晕机（车、船）的处理

在旅途中，如遇到旅游者出现晕动症，导游应随时关注其身体状况，必要时采取一些措施以帮助旅游者减轻症状。

1. 提醒旅游者转移注意力

如可以采取与人聊天、听喜欢的音乐、欣赏远处的风光等方式转移注意力。

2. 帮助旅游者调整位置

如果旅游者乘坐的位置晃动比较厉害，应及时协调到相对平稳的位置，并设法通风透气以呼吸到新鲜空气。

3. 使用常见外用药提神

可以将风油精、清凉油少许涂抹于太阳穴等位置，以提升精神状态。

4. 准备好应急袋

可以是身边方便找到的食品袋、塑料袋等，并备好纸巾或毛巾，方便清理个人卫生。

5. 寻求工作人员帮助

当旅游者的晕动症症状表现严重时，如果是乘坐旅游客车，可以请司机酌情尽快找地方停车，让旅游者下车缓解症状，再视情况处理；如乘坐的是飞机或轮船，可及时寻求乘务人员的帮助。

九、中暑的预防与处理

中暑是在烈日或高温环境里，人体内的热量不能及时散发，从而引起机体体温调节功能发生障碍的一种急性疾病。轻症中暑表现为头晕、耳鸣、口渴、多汗、无力等症状；当体温升至38℃以上时，还会出现面色苍白、恶心、呕吐、呼吸浅快等早期循环衰竭征象；重症中暑甚至还会发展为昏迷伴随着四肢抽搐，严重时产生多器官功能衰竭。

（一）中暑的预防

为预防中暑事件的发生，导游可以做好以下几个方面的准备工作。

1. 合理安排行程

在夏日旅游时，行程节奏不宜太紧，应以轻松为主，避免劳累；尽量避免长时间在烈日下活动，如果条件允许，可以在早晚参观室外景点，中午前后安排室内游览或休息。

2. 做好防护工作

在外出游览之前，提醒旅游者做好必要的防暑准备，如宜穿浅色宽松的服装，材质尽量选棉麻，少穿化纤类服装；涂抹好防晒霜；带上遮阳伞、遮阳帽、太阳镜、防晒衣等物品。

3. 及时补充水分

建议旅游者最好随身带上饮用水，在旅游过程中及时补充水分，宜遵循“少量多次”饮水原则，并注意补充盐分和矿物质，不可等到口渴时才喝水。

4. 备好防暑药品

在夏日室外旅游时，提醒旅游者准备好藿香正气水、人丹、十滴水、风油精等常规药物，以缓解中暑引起的不适症状。

（二）中暑的处理

一旦发现旅游者出现中暑症状，导游可以马上采取以下措施进行处理。

1. 转移到阴凉环境

尽快将旅游者移至阴凉通风处，若当事人意识清醒，可以让其采用坐姿休息，并在头与肩部给予支撑；若已经失去意识，则找干爽位置平躺，帮其解开衣领，放松裤带。

2. 进行物理降温

如果中暑症状轻微，可以帮其扇风散热。如面色潮红，出现发烧时，可以用凉水擦拭身体，帮其物理降温。

3. 采取药物治疗

如果症状一时得不到缓解，可以征询旅游者本人或随行亲友意见，是否服用自带的藿香正气水、十滴水等防暑药物，并进一步观察。

4. 及时送医治疗

若患者病症较重，经过上述处理以后，不适症状仍没能得到改善，就应及时送往医院进一步治疗。

十、毒虫蜇伤的预防与处理

毒虫通常是指身体能分泌并释放出毒液的节肢类动物，如昆虫、蜈蚣、蜘蛛、蜱虫、蝎子等。旅游活动大多都在户外进行，尤其是在春、夏、秋三季，稍不留心，就可能会被毒虫蜇伤。当旅游者不小心被毒虫所蜇伤，轻者出现红斑、丘疹，且会伴有不同程度的瘙痒、烧灼及疼痛感，严重者出现皮肤广泛损伤或坏死，关节疼痛等现象，有的甚至还会引起全身中毒症状，导致死亡。为保护好旅游者的人身安全，在旅游活动过程中，导游除了多提醒旅游者做好预防工作外，还应掌握一些被毒虫蜇伤后的基本处理技巧。

（一）毒虫蜇伤的预防

为防止毒虫伤人事件的发生，导游可提醒旅游者从以下几点入手，做一些必要的预防。

1. 做好穿着防护

若行程中有户外活动项目，导游应提前让旅游者做好穿着防护。一般建议大家尽量穿长衣长裤，必要时扣紧袖口、领口等部位，扎紧裤脚，戴上帽子。但勿穿深色与花色类衣物，以免吸引昆虫。

2. 配备驱虫用品

建议旅游者随身带上防蚊液、驱虫剂、中药香囊等装备，根据情况酌情使用。尤其是皮肤暴露的部分，可提前喷洒防蚊液。但不能在身上喷洒香水等芳香剂，以免让昆虫误以为是找到了含花蜜的花朵。

3. 避免进入毒虫聚集的环境

毒虫通常喜欢阴暗、闷热、潮湿的环境，因此在一些草木茂盛的地方，往往是各种毒虫的聚集地，应尽量避免进入。也不要在一些易生虫子的大树下逗留，更不要在草地上以及水边坐卧。

（二）毒虫蜇伤的一般处理

在旅游者被毒虫蜇伤后，导游应冷静应对，并按以下要求进行处理。

1. 提醒旅游者尽快离开事发点

发现旅游者被毒虫蜇伤后，应第一时间提醒其快速离开事发现场，以免再次被咬。

2. 记下事发地环境及毒虫样貌

尽量记住咬伤发生时的具体地点和周边环境，如果可能，应最好能提醒旅游者记住毒虫的名字或样子，以便后续告知医生。

3. 判断伤情状况

立即观察旅游者被咬处的伤口情况，判断伤势的严重程度。一般轻微的咬伤反应不会很大，可能只有局部的红肿。但严重的蜇伤则可能出现疼痛、头晕、呼吸困难等症状。

4. 清理并冲洗伤口

如果是被蜜蜂类昆虫刺伤，应先检查患处是否留有毒刺，若有，则先拔掉。随后，用矿泉水、自然水等洁净的清水冲洗伤口。有条件的，可用肥皂水冲洗伤口，减少伤口上的毒素扩散。

5. 就近寻找医疗帮助

如景区配备有医疗服务，应立即寻求帮助，对伤口进行简单处理。如局部红肿丘疹，可用风油精、清凉油等外涂；如伤口红肿严重，可采用局部冰敷，以缓解疼痛和肿胀。在此过程中，提醒旅游者不可挤压或按摩伤口，以免加重症状。

6. 尽快送医救治

如果无法就近得到相应治疗，并且旅游者被蜇伤后的伤势有加重现象，如出现头晕、呼吸困难等症状时，就应尽快送往最近医院，或立即拨打急救电话，以免耽误治疗的最佳时间。

十一、旅游者伤病、病危或死亡的处理

旅游在外，旅游者可能会因为旅途劳累、气候变化、水土不服等原因，造成抵抗力下降，从而引起身体不适。尤其是老年人，导致患病甚至出现病危情况的可能性就更大，出现诸如失眠、晕车、高原反应、中暑、腹泻等反应，重者引起昏厥、心脏病猝发等症状，以及由此引起的摔伤等事故。这就需要导游在旅游过程中，多多关注旅游者的身体状况，并给予及时的提醒，尽量做好预防工作。而一旦发生相关事故，还应掌握规范的处理方法。

（一）旅游者伤病的预防

做好旅游者伤病预防的工作，可以从以下几个方面入手。

1. 关注旅游者的健康状况

在开展旅游活动的过程中，随时观察旅游者的健康状况。若发现有旅游者身体状态不佳，应建议其及时休息或前往医院诊疗，做到早发现、早处理，将可能存在的隐患尽早解决。

2. 安排游览活动应劳逸结合

根据旅游者整体的身体、精神状态，安排合适的游览线路和参观节奏。一般不宜将游览内容安排得过多，以免旅游者劳累过度。游览节奏应劳逸结合、张弛有度，夜晚的娱乐活动不宜安排过长、过晚。

3. 安全警示应及时明确

在旅游过程中，对于存在风险隐患的环境或行为，导游应对旅游者做出及时明确的安全警示，如不在悬崖边做危险拍照动作、不在陡坡上嬉闹等。有登高涉险项目的，应建议旅游者量力而行，尤其建议老幼群体避免参与危险项目，以免发生意外。

4. 提醒旅游者注意饮食卫生

常言道“病从口入”，导游应多提醒旅游者注意旅游期间的饮食卫生。不要暴饮暴食，提倡多喝干净的开水或矿泉水，食用洗净或去皮的水果，不吃路边摊的东西等。

5. 做好天气变化的提醒工作

不同地域的气候环境不同，导游应该从主人待客的角度，及时提醒旅游者游览期间的天气变化情况，并做好应对措施，如暑天防止中暑、冬天注意保暖、晴天做好防晒、雨天携带雨具等。

（二）旅游者伤病、病危或死亡的处理

1. 旅游者伤病的处理

当旅游者意外受伤或患病时，导游应及时了解情况，不应擅自给患者用药。如有需要，应陪同患者前往医院就诊，并按规定履行报告义务，同时协助旅游者向保险公司办理理赔事宜。

2. 旅游者病危的处理

（1）在旅游者病危时，导游应立即拨打急救电话求救，或协同患者亲友送病人去医疗急救机构或医院抢救，或请医生前来抢救，并及时报告旅行社。

（2）患者如系国内外急救组织的投保者，应协助旅游者及时与该组织的代理机构联系，并报告旅行社。

（3）在抢救过程中，导游应按以下要求处理。

①详细记录患者患病前后的症状和治疗情况，尽量保留相关诊断治疗证明副本，患者亲友同团的，要求其在场。

②随时向旅行社反映情况并及时通知或提请旅行社通知患者亲属。

③如患者系外籍人士，协助患者通知其所在国驻华使领馆。

④妥善安排好其他旅游者的活动，地陪导游带团继续游览。

（4）若旅游者病危发生在境外的，领队应及时向中国驻当地使领馆或政府派出机构报告，并在其指导下，全力做好旅游者抢救工作。

3. 旅游者死亡的处理

（1）导游应立即向旅行社报告，由地接社按照国家有关规定做好善后工

作，同时应稳定其他旅游者情绪，并继续做好其他旅游者的接待工作。

（2）旅游者非正常死亡的，导游应注意保护现场，并及时向当地公安机关报案。

（3）若旅游者死亡发生在境外，领队应及时向当地警方报案，同时向中国驻当地使领馆或政府派出机构报告，并按旅行社的安排处理相关事宜。

（4）导游应协助旅游者家属向保险公司办理理赔事宜。

十二、旅游者不当行为的预防与处理

旅游者不当行为指的是旅游者违反法律或社会公德，但尚不足以引起法律责任的行为。不同国家或不同民族的人往往有着不同的法律法规、风俗习惯和宗教信仰，旅游者出游时应当给予充分的尊重。同时，无论是导游接待境内团或入境团，还是领队带领出境团，都应当对旅游者可能出现的不当行为做好预防措施，并掌握基本的处理方法。

（一）旅游者不当行为的预防

为防止旅游者不当行为的产生，导游可以提醒旅游者注意以下几点。

1. 要有文明旅游意识

旅游者应有文明旅游意识，遵守文明旅游的基本原则，礼貌待人，友善沟通，充分认识到自己的言行举止对当地社会环境可能造成的影响。

2. 遵守当地法律法规

旅游者应遵守旅游目的地法律法规，不擅自进入禁止区域，不任意发表不适当的敏感言论。

3. 尊重当地文化习俗

每个国家与民族都有自身特殊的历史与文化背景，旅游者应当尊重当地的习俗礼仪，不妄自非议。

（二）旅游者不当行为的处理

当旅游者出现不当行为时，导游应当及时干预以维护旅游秩序，具体处理方法如下。

1. 立即制止不当行为

当发现有旅游者做出一些不当行为，导游应当立即制止，不回避，不躲闪，要直面出现的问题。

2. 指出其问题所在

导游应严肃并冷静地指出旅游者行为的不当之处，区分问题性质，并提醒其如果继续该行为可能会出现的严重后果。

3. 及时报告相关部门

若旅游者不听导游劝阻和提醒，依然我行我素，导游就应及时将其不当行为汇报给旅行社，并在旅行社的协助之下，再汇报给相关主管部门，配合主管部门做好调查。

十三、接待纠纷的预防与处理

在旅游活动进行过程中，会因为种种原因而引起旅游者与接待方的矛盾和纠纷，如对用餐安排不满意、对住宿标准不认可、对景点安排有疑问等。接待纠纷一旦发生，势必会影响旅游者的情绪，也不利于导游工作的开展，因此导游应该未雨绸缪，发挥高超工作技能，预防接待纠纷的产生。

（一）接待纠纷的预防

为防止接待纠纷的产生，导游应做好以下几点。

1. 严格按合同执行旅游行程

旅游合同是导游实施旅游行程的蓝本，是旅游者与旅行社双方赖以保障自身利益的法律保障，也是消除纠纷的可靠屏障。

2. 多做提前的沟通工作

虽然导游是整个旅游活动安排的主导者，但旅游服务质量的最终评判者是旅游者。因此，在安排具体旅游活动之前，导游应多跟旅游者保持沟通，征求大家的意见，既让旅游者有参与感，又避免了可能出现的矛盾冲突。

3. 了解旅游者诉求

对于可能发展成为纠纷的一些矛盾，导游应先尽量了解各自的诉求，以便帮助旅游者更好地解决问题。必要时，也可以求助于相关部门。

4. 合理引导旅游者行为

针对一些旅游者的不文明行为，可以通过单独沟通、小提示告知等方式加以引导，避免直接纠正或批评。如果旅游者遇事比较激动，则应先引导其冷静，而后再做进一步的沟通。

（二）接待纠纷的处理

当导游与旅游者或旅游者与接待者发生接待纠纷时，导游应按以下要求处理。

（1）遵循旅游合同，防止矛盾扩大化，处理问题讲求有理、有利、有节，稳定旅游者情绪，引导旅游者理性维权。

（2）做好书面记录，保存书证、物证、电子数据等证据。

（3）及时向旅行社报告，反映接待纠纷的详细情况，并按旅行社要求采取必要措施。

（4）尽量保障后续旅游行程的执行，维护旅游者和旅行社的合法权益。

第三节　旅游突发事件的预防与处理

2016 年 12 月 1 日施行的《旅游安全管理办法》指出，旅游突发事件是指突然发生、造成或者可能造成旅游者人身伤亡、财产损失，需要采取应急处置措施予以应对的自然灾害、事故灾难、公共卫生事件和社会安全事件。根据旅游突发事件的性质、危害程度、可控性以及造成或者可能造成的影响，一般分为特别重大、重大、较大和一般四级。常见的旅游突发事件主要包括旅游交通事故、治安事故、火灾事故、溺水事故、食物中毒事故、传染病疫情、社会骚乱、自然灾害等类型。

针对这些旅游突发事件类型，本节以《导游服务规范》（GB/T 15971—2023）中有关旅游突发事件的处理规范为基础，结合《旅行社安全规范》（LB/T 028—2013）、《出境旅游领队服务规范》（LB/T 084—2022）、《旅行社国内旅游服务规范》（LB/T 004—2013）等相关行业标准，对旅游突发事件处理规范和要求进行了梳理与整合。导游在工作中应熟悉此类突发事件的预防与处理方法。

一、旅游交通事故

旅游交通事故是指旅游者乘坐公路、铁路、空路、水路等交通方式出行时发生的人身伤亡或财产损失事件。交通事故的发生既有主观人为因素造成，也有客观原因如自然灾害、道路损坏等造成，而其中人为因素占据主要原因。在旅游交通事故中，较为常见的是旅游客车交通事故，也是导游在工作过程中需要重点预防和把控的一个环节。本节内容中所指的旅游交通事故，主要是指旅游客车交通事故。

（一）旅游交通事故的预防

《旅行社安全规范》（LB/T 028—2013）中，针对旅游交通安全的预防，主要从旅行社旅游包车安全和导游操作两个环节提出了具体要求。

1. 旅行社旅游包车安全要求

（1）使用的旅游营运车辆应符合 GB/T 26359 的要求，且车辆符合旅游包车营运资质、安全检验合格，满足旅游行程运输要求。

（2）应督促旅游汽车承运人严格贯彻落实车辆出车检查制度，做到旅游车辆班组日检、部门周检、公司月检。检查中应使用安全检查表并签名。对检查中发现的问题，应立即处理；不能立即处理的，应及时报告；严重或屡次违反采购协议的安全条款约定的，应及时停用。

（3）使用的旅游汽车驾驶员应具备相关资质，并确保行车安全，不超载超速、不疲劳驾驶、不酒后驾车、不在出发前使用影响驾驶安全的各种违禁药物。对连续驾驶超过 4 小时，或连续行程超过 400 公里的旅游线路，旅行社应安排驾驶员中途休息时间，或增配一名驾驶员。

（4）使用的旅游汽车应在首排正座设置导游 / 领队专座，以保障导游 / 领队的人身安全。

（5）使用的旅游汽车应每车配备一部“游客安全乘车温馨提示”宣传片，同时每座配置一份《游客乘车安全须知》。

2. 导游安全操作要求

（1）乘坐飞机、列车、班轮和城际客运班车等公共客运交通工具时，导游应提醒旅游者遵守公共交通承运人的安全要求。

（2）车辆行驶前，要求旅行者系好安全带，并提醒其他安全乘车注意事项。可通过现场演示或播放安全片等方式告知安全设施位置及使用方法、主要突发事件应对措施等。

（3）监督司机按照相关交通法规和旅行社“旅游包车安全”中的要求驾驶车辆，对于司机拒不听从劝告的，应立即报告旅行社采取紧急措施。

（4）在高速公路行驶过程中，导游不应站立讲解。

（二）旅游交通事故的处理

当旅游客车不幸发生交通事故时，导游可按照以下方法进行处理。

1. 立即组织抢救

在事故发生的第一时间，应立即展开抢救工作，优先救助伤员。对于受伤比较严重的，应该立即拨打 120 求助，并在 120 的指导下，展开力所能及的科学急救。

2. 保护现场并立即报案

导游应冷静保护事故现场，避免进一步破坏或污染。同时，立马拨打或安排人员拨打交通事故报警电话 122，等交警抵达后，协助进行现场处置。

3. 迅速上报旅行社

将事故情况迅速上报给旅行社，听取旅行社的建议与安排，妥善处理现场问题。

4. 做好安抚工作

对全体旅游者做好安抚工作，并根据事故整体情况和旅游者的意愿，调整好后续的行程安排。

二、治安事故

旅游治安事故是指在旅游活动过程中遭遇歹徒行凶、偷窃、抢劫等违反治安管理法律法规事件时，造成旅游者人身受到伤害或财物受到损失的事故。不同地域环境、不同出行时间，旅游者要面对不同的社会治安环境，导游要认真做好治安事故的预防工作，并熟悉应对治安事故的处理规则。

（一）治安事故的预防

为做好治安事故的预防工作，导游应注意以下几点。

1. 做好旅游者安全教育

在旅游过程中，导游应随时提醒旅游者做好个人安全防护工作，如带好随身贵重物品；不在人群密集环境下暴露贵重物品；不在夜晚独自出行；不轻信陌生人的求助等。

2. 提醒司机做好安全配合

旅游期间的安全保障工作也需要司机大力配合，导游应提醒司机做好配合工作，如提醒司机在接待旅游者期间不带无关人员到车上，包括亲友；遇到不明身份的人半道拦车，不轻易停车，或即使被迫停车，也不能轻易开车门；旅游车上无人时，应关好车窗、锁好车门等。

3. 多与旅游者在一起

通常来说，导游熟悉当地情况，安全意识也较强，这既是职责所在，也是经验的积累。因此，在旅游活动进行期间，导游应尽量多跟旅游者在一起，既可以随时关注并提醒旅游者注意人身与财产安全，同时也有利于顺利完成旅游接待任务。

（二）治安事故的处理

若旅游者在旅游过程中遭遇治安事故，导游可按照以下方式进行处理。

1. 立即采取保护旅游者措施

当治安事故发生后，导游应立即采取措施保护旅游者的人身和财产安全。

2. 马上报警求助

在保护旅游者安全的同时，应马上找机会拨打 110 报警；民警到达后，应积极配合调查，并取得报案证明。

3. 安抚旅游者情绪

做好旅游者的情绪安抚工作，并协助旅游者向警方查询案件信息及进展情况。

4. 做好善后工作

将情况及时汇报给旅行社，并协助有关方面做好善后工作。

三、火灾事故

火灾是生活中常见的一种灾害，一旦发生，往往破坏性极强。旅游火灾事故则是指在旅游过程中遭遇火灾而造成旅游者人身伤亡或财产损失的事故。一般在旅游者下榻的酒店、用餐的餐厅、游览的景点与娱乐购物商店等场所，是旅游者容易遭遇火灾的地方，导游带领旅游者进入这些场所时应有一定的防火灾意识，做好预防工作，熟悉火灾发生后的处理方法。

（一）火灾事故的预防

对于火灾事故的预防，导游可以从以下几个方面入手。

1. 提升旅游者防火意识

火的产生需要具备三个条件，即可燃物、空气和火源，三者缺一不可。因此，应提醒旅游者要有防火意识，如不在密闭空间内抽烟、更不能乱扔烟头；不携带易燃、易爆物品；不在房间内玩火等。

2. 提示旅游者熟悉安全出口

每当进入室内空间，导游就应当及时了解安全出口的位置，以及转移线路。尤其是在入住酒店时，因为停留时间长，并且正是夜晚休息时间，就更需要向旅游者说明熟悉酒店安全通道位置的重要性，并提醒大家在进入客房后，务必认真观察各自楼层所在的安全通道位置以及安全转移路线。

3. 增强电器设备使用安全意识

如今的日常生活用品都离不开电，导游应当提醒旅游者在客房使用电器产品时，要有安全意识，如不用老旧的充电线充电、不在同一插座上插满充电器、不在入睡后还长时间将电器产品处在充电状态等。若一旦遇到电器或电线起火，则应先切断电源再灭火。

（二）火灾事故的处理

当遭遇火灾，导游可按以下方式进行处理。

1. 立即报警

发现火情后，导游应立即拨打 119 报警。同时将情况简明扼要地上报旅行社。

2. 组织旅游者撤离

导游应迅速组织旅游者通过安全出口疏散撤离，不搭乘电梯或随意跳楼。

3. 引导旅游者自救

必要时，导游应引导旅游者就地开展自救，如提醒大家不要贪恋财物，应迅速逃生；若楼道出现浓烟，应尽快找毛巾沾湿并捂住口鼻，身体尽量贴近地面行走；若身上着火，不可奔跑，应就地打滚或用厚重衣物压灭火苗；若大火已封闭逃生通道，则应立即退回室内，用湿被褥塞住门缝，并向窗外发出求救信号，等待救援。

4. 组织抢救受伤者

若火势较大，有人受伤，则立即组织抢救。

5. 安抚旅游者情绪

做好旅游者的情绪安抚工作，配合旅行社解决因火灾引起的一系列问题。

6. 做好善后工作

协助有关方面处理善后事宜，设法使旅游活动尽早恢复。

四、溺水事故

旅游溺水事故是指旅游者在水中将大量水液吸入肺里，进而引起人体缺氧窒息的危急病症。通常是由意外落水但不熟悉水性，或熟悉水性但遇到意外情况（如手足抽筋、突发疾病等）而引起。溺水症状多表现为面色青紫肿胀、眼球结膜充血、口鼻内充满泡沫等杂物，严重者则四肢冰冷、意识丧失、心跳与呼吸停止。溺水事件一旦发生，往往极具危险性，导游应根据旅游行程的安排情况，做好预防工作，并掌握必要的处理措施。

（一）溺水事故的预防

为了防止发生溺水事故，导游应提醒旅游者注意以下几点。

1. 做好防溺水措施

无论是游泳，还是参与水上游玩项目，都应做好防溺水措施，如游泳时应随身带好救生圈，参与水上项目时应穿戴好救生衣等。

2. 做好热身运动

下水前应做好热身运动，然后慢慢入水，让身体逐渐适应水温，以防抽筋。

3. 做到“五不玩水”

不在身体不舒服时玩水，不在饥饿或过饱时玩水，不独自一人玩水，不去情况不明或禁止的水域玩水，不逞强跳水或潜水。

4. 做到及时上岸

一旦在玩水过程中感觉身体突然不舒服，如眩晕、恶心、心慌、气短等，就应立即上岸休息或结束玩水。

（二）溺水事故的处理

结合中国医学救援协会发布的溺水施救方法，当旅游者溺水时，导游应立即采取引导溺水者自救、从岸上救助溺水者和溺水者岸上救护这三个步骤，对溺水者进行紧急施救处理。

1. 引导溺水者自救

当发现旅游者出现溺水现象时，应第一时间引导其进行自救，为下一步救助赢得时间。

（1）保持镇定，节省体力。不要手脚乱蹬，以节省体力，在野外还可防止水草缠绕；更不要将手臂上举扑腾，这样人会下沉得更快。

（2）放松身体，保持仰位。落水后，应尽快踢掉鞋子，然后放松身体，尽可能保持仰位，使头部后仰露出嘴鼻部；呼吸时尽量用嘴吸气、用鼻呼气，以防呛水；吸气要深，呼气要浅，有助于身体浮在水面。

（3）若遇呛水，咳嗽调整。若不慎在吸气时将水吸入气管内，就会呛水。此时应保持冷静，克制住想咳嗽的感觉，屏气到把嘴鼻露出水面，然后通过咳嗽调整呼吸，待气管内的水分排出后，呼吸就能恢复正常。

（4）若遇身体抽筋，可张手扳腿。若遇到手指抽筋，可先将手握拳，再用力张开，反复操作，直至抽筋消除；若遇腿部抽筋，可先深吸一口气仰浮水上，用抽筋肢体对侧的手握住抽筋肢体的脚趾，再用力向身体方向拉，同时用同侧的手掌压住抽筋肢体的膝盖，帮助抽筋腿伸直，直至症状缓解。

2. 从岸上救助溺水者

在引导旅游者开展自救的同时，导游应快速根据周边情况和自身能力做出如何进行下一步救助的判断。具体可采取以下施救措施。

（1）大声呼救。一边观察溺水者和周边环境的情况，一边大声呼救，争取更多人来帮忙。

（2）工具施救。不会游泳者，切忌直接下水拉拽溺水者，以防被溺水者拉入水中。如果身边正好有竹竿、绳子、救生圈等救人工具，就利用这些工具展开施救。

（3）下水施救。若没有可借助的施救工具，正好导游或其他施救者懂水性、能游泳，那就考虑开展下水救助。施救者应先快速脱掉外衣裤，以防被溺水者扯住衣物而无法脱身；接近溺水者后，施救者应设法从溺水者背后抱住或拉住其腋窝，采用侧泳或仰泳方式将其拖带上岸。

3. 溺水者岸上救护

将溺水旅游者救上岸以后，若身体无大碍，则待安抚一下情绪后，安排其休息；若人已昏迷，就要采取急救措施。

（1）立即拨打 120。若施救人员没有经过专业的急救培训，但救人又刻不容缓，此时立即拨打 120 是较好的办法，一方面可以让救护车尽早赶到，另一方面可以通过 120 接线人员的指导，进行科学救护，避免溺水者遭受二次伤害。

（2）清除溺水者口鼻处异物。将失去知觉的溺水者仰卧置于地上，把头部置于侧位，以便水可以从口中流出。同时，迅速清理掉溺水者口鼻内的堵塞物，使其保持呼吸道畅通。

（3）快速判断是否还有呼吸。可将手掌平放在溺水者的胸腹部上方作为参照，侧脸俯身观察胸腹部是否有起伏，时间为 5～10 秒。

（4）采用心肺复苏术救护。若发现溺水者已经没有呼吸心跳，就应立即采用心肺复苏术进行施救。若现场人员无人能做，导游可继续拨打 120 请教心肺复苏术的操作方法，尽可能为溺水者赢得抢救的宝贵时间。

五、食物中毒的预防与处理

旅游是了解地域饮食文化，体验当地美食的绝佳机会，但在陌生的旅游环境中，旅游者也可能会因为食用材料不卫生或变质、肠胃不适应当地食物口味等原因，发生食物中毒事件。食物中毒一般潜伏期短、发病快，会出现恶心、呕吐、腹泻、腹痛等症状，且经常为集体发病。症状严重者，若抢救不及时，还会有生命危险。因此，导游在服务过程中应该做好预防，并掌握一些基本的处理技能。

（一）食物中毒的预防

为防止发生食物中毒事故，导游可以从以下几点入手。

1. 选择卫生可靠的餐厅用餐

一般应安排或建议旅行社安排卫生有保障的餐厅用餐，尽量避免到无证经营的场所用餐。

2. 做好安全饮食提示

提醒旅游者不吃街边小摊的食物；在购买和食用包装食品时，应查看生产日期和保质期；不吃隔夜食物、生冷食物、野生果实等。

3. 及时处理饮食变质问题

如果在用餐时发现菜肴、饮料存在不卫生或出现过期、变质、有异味等情况时，应立即让餐厅撤下，并做出补救措施，必要时在一段时间内，多注意旅游者用餐后的情况。

（二）食物中毒的处理

导游发现旅游者出现食物中毒症状时，可以按以下规范进行处理。

1. 当旅游者在境内发生食物中毒

（1）立即与当地医疗机构联系救助事宜，并设法催吐，同时对食品进行留样，取得旅游者呕吐物的样本。

（2）将旅游者送至医疗急救机构或医院进行救治，并保留相关证据。

（3）及时向旅行社及其所在地旅游主管部门、发生地旅游主管部门和疾病预防控制机构报告，反映旅游者食物中毒的详细情况。

2. 旅游者在境外发生食物中毒

（1）领队还应及时向中国驻当地使领馆或政府派出机构报告。

（2）在中国驻当地使领馆或政府派出机构指导下，全力做好食物中毒应对处置工作。

六、传染病疫情的预防与处理

传染病是由各种病原体引起的能在人与人、动物与动物，或者人与动物之间相互传播的一类疾病。这种疾病可通过接触传播、空气传播、水源传播、食物传播、体液传播等方式扩大感染范围。

（一）传染病疫情的预防

在服务过程中，导游如遇传染疾病疫情，为了保护旅游者安全，应该提醒其积极采取预防措施，以免因为健康原因而影响后续的行程。

1. 做好个人防护

出行应戴上口罩，勤洗手，在打喷嚏或咳嗽时，要及时用肘部或纸巾遮住口鼻。个人生活用品应单独分开使用，加强身边环境的通风和清洁消毒。

2. 不去高风险区域

尽量减少外出频率，即使要按计划出游，也应尽量避免去人流大的旅游景点，或者去了后尽量避开人群聚集的区域，少去室内公共场所等。

3. 提高机体免疫能力

多喝水，多吃蔬菜水果，多休息，不熬夜，行程安排不宜过于劳累，注意劳逸结合，以提高机体的免疫功能。

4. 密切关注旅游者状况

在传染病疫情高发期间，导游应当随时关注旅游者的身体状况。尽量做到早发现、早报告、早诊断、早隔离、早治疗。

（二）传染病疫情的处理

当旅游者遭遇传染病疫情时，导游应按以下要求处理。

1. 传染病疫情发生在境内

（1）立即暂停旅游活动，在第一时间向旅行社及其所在地、疫情发生地旅游主管部门报告，并及时向附近的疾病预防控制机构报告详细情况，配合开展旅游者防疫、安抚和宣传解释工作。

（2）有关部门认为应对旅游者进行防疫检查的，立即将旅游者送至当地疾病预防控制机构或有关部门指定的其他场所。

（3）经查旅游者确患传染病的，遵照当地有关疫情防控指引和要求，配合相关部门和单位做好旅游者隔离、密切接触者追踪或采取其他措施，并通知其亲属。

（4）关注目的地疫情防控动态，宜根据疫情发展情况，按旅行社的安排，调整或变更旅游行程。

（5）如患者系外籍人士，由我国公安机关令其提前出境的，协助患者办理相关离境手续。

2. 传染病疫情发生在境外

（1）领队还应及时向中国驻当地使领馆或政府派出机构报告。

（2）在中国驻当地使领馆或政府派出机构指导下，全力做好传染病疫情应对处置工作。

七、社会骚乱等群体性事件的预防与处理

群体性事件是指主要由某些社会矛盾引发，特定群体或不特定多数人聚集临时形成的偶合群体，通过没有合法依据的规模性聚集，以及对社会造成负面影响的群体活动等行为方式，以表达诉求、发泄不满、争取自身利益的各种事件。具体形式有集体上访、罢工、游行示威、骚乱等。

（一）社会骚乱等群体性事件的预防

对于可能遭遇到的群体性事件，为不影响到旅游活动的正常进行，导游应尽量提前采取必要的预防措施。

1. 关注官方新闻报道

通过各种渠道关注热点新闻，一旦了解到有群体性事件的报道，就需进

一步确认是否涉及行程内的参观点与线路。

2. 及时向旅行社汇报

对于可能影响到后续旅游行程的，应当提前跟旅行社汇报并做好应对预案，并保持沟通和信息传递的及时顺畅。

3. 灵活调整行程

如果能确定群体事件将影响到行程的，征得旅游者同意和旅行社认可之后，导游可以灵活调整行程以保障旅游者的安全。

4. 不乱发布信息

此类事件往往涉及敏感人群、敏感时间及敏感地点，在互联网高度发达的今天，一条随手发布的自媒体信息可能就会引起不可知的“蝴蝶效应”。因此，为避免卷入麻烦，导游应提醒旅游者不乱发布相关信息，不进行臆测传播。

（二）社会骚乱等群体性事件的处理

当旅游者遭遇社会骚乱等群体性事件时，导游应按以下要求处理。

1. 当旅游者在境内遭遇社会骚乱等群体性事件

（1）立即向旅行社报告，反映旅游者遭遇群体性事件的详细情况，并向旅游者预警，引导旅游者采取相应的安全防范措施，同时配合现场警务人员指挥，组织旅游者有序撤离事发区域，若无警务人员现场指挥，立刻带领旅游者撤离事发区域。

（2）旅游者人身、财物受到威胁的，应根据现场条件，引导旅游者开展自救和互救，并及时带领旅游者脱离险境，全力保护旅游者的人身和财物安全。

（3）稳定旅游者情绪，视情况变更或取消旅游行程，取消旅游行程的，协助旅游者返回出发地或旅游者指定的合理地点。

2. 当旅游者在境外遭遇社会骚乱等群体性事件

（1）领队还应及时向中国驻当地使领馆或政府派出机构报告。

（2）在中国驻当地使领馆或政府派出机构指导下，将旅游者妥善转移至安全区域，全力做好群体性事件的应对处置工作。

八、自然灾害的处理

灾害是指任何能引起设施破坏、经济严重受损、人员伤亡、健康状况及卫生服务恶化的事件。根据灾害发生的不同原因，又可分为自然灾害与人为灾害。自然灾害是指给人类生存带来危害或损害人类生活环境的自然现象，包括干旱、高温、寒潮、洪涝、台风、地震、海啸、滑坡、泥石流等。

（一）自然灾害的预防

在旅游期间，导游应当根据气象状况，提前做一些必要的预防措施。

1. 关注气象动态

及时关注旅游期间的天气预报信息，尤其要关注权威部门发布的天气预警信息，提前了解可能面临的天气变化和自然灾害风险。

2. 及时向旅行社汇报

如果出现反常气象，甚至可能影响到后续旅游行程的，应当及时向旅行社汇报并做好应对预案，同时要保持沟通和信息传递的顺畅。

3. 灵活调整行程

如果能确定气象变化或已发生的自然灾害将影响到行程的，在征得旅游者同意和旅行社认可之后，导游可以灵活调整行程以保障旅游者的人身安全。

（二）自然灾害的一般处理

遭遇自然灾害时，导游应沉着应对，并按《导游服务规范》（GB/T 15971—2023）里的要求进行处理。

1. 当旅游者在境内遭遇自然灾害

（1）及时报警并向旅行社报告，同时向旅游者预警，引导旅游者采取相应的安全防范措施，立刻带领旅游者撤离灾区。

（2）旅游者遭受人身损害的，应根据现场的条件，引导旅游者展开自救和互救，防范二次伤害，等待救援。

（3）稳定旅游者情绪，及时将事件发生的时间、地点、原因、经过等情况报告旅行社和相关部门，取得指导和帮助。

2. 当旅游者在境外遭遇自然灾害

（1）在境外因自然灾害导致旅游者伤亡时，领队还应及时向中国驻当地使领馆或政府派出机构报告。

（2）在中国驻当地使领馆或政府派出机构指导下，全力做好事故应对处置工作。

（三）自然灾害的具体处理

影响旅游活动的自然灾害形态多样，主要有台风、暴雨、雷电、海啸、地震、洪水、泥石流与山体滑坡等。一旦遭遇这些灾害，不但将严重影响旅游活动的进行，甚至还会危及旅游者人身安全。因此，本部分内容以《导游服务规范》（GB/T 15971—2023）中关于遭遇自然灾害的处理要求为基础，结合中华人民共和国应急管理部官网、中国气象科普网、中国应急信息网等权威信息平台发布的有关自然灾害预防及处理的具体操作指南，进行梳理整合。作为旅游者安全的守护者，导游应掌握这些应对不同自然灾害的处理方法。

1. 台风

台风属于热带气旋的一种，常带来狂风、暴雨和风暴潮，给沿海地区造成严重灾害。世界气象组织认为，热带气旋中心持续风速在 12 级以上的即为台风。我国根据台风灾害的严重性和紧急程度，将台风预警信号从低到高依次用蓝色、黄色、橙色、红色来表示。如果在游览期间遭遇台风，导游可以采取以下防护措施。

（1）密切关注台风动向，避免在台风天气出行。导游应随时关注台风动向，了解最新气象信息以便做出合理的行程安排，提前做好抗台准备。

（2）若在室外游览期间遭遇台风，需按照不同情形采取不同应对措施。若是徒步在景点，此时千万不要在临时建筑物、广告牌、铁塔、大树等附近躲避风雨，也不要靠近或触摸倒在路上的电线，尽快寻找房屋等室内空间躲避。

（3）若人在室内或已回到室内，应及时关好门窗，并用胶布在窗户玻璃上贴成“米”字形，以防玻璃破碎。不要在窗户附近逗留，以免玻璃意外碎裂时伤及身体。

（4）判断台风是否已过境。当台风骤然停止时并不意味着台风已经远离，通常二三十分钟之后，狂风暴雨还会突然再次来袭，所以此时千万不可掉以轻心。只有当风雨渐渐减小并变成间歇性降雨，直到慢慢地风变小、云升高、雨渐停，才是台风离开的标志。

2. 暴雨

暴雨是指短时间内产生较强降雨的天气现象，按照《降水量等级》（GB/T 28592—2012）的规定，24 小时内降水量达 50.0 ~ 99.9 毫米的强降雨即为暴雨；100 ~ 249.9 毫米的为大暴雨；250 毫米及以上为特大暴雨。暴雨预警信号分为四个等级，由轻到重依次为：一般（蓝色）、较重（黄色）、严重（橙色）、特别严重（红色）。

暴雨是我国主要气象灾害之一，通常会出现在夏季。因此，在夏季旅游时，导游应特别关注暴雨的出现，做好必要的应急准备。如在行程中碰到暴雨天气，则可采取以下措施。

（1）多关注天气预报，暴雨期间尽量不安排外出。导游应通过各大平台渠道，提前了解天气变化以及降雨情况，掌握暴雨最新消息，有利于尽早做好防雨准备。

（2）若在旅游途中收到暴雨预警信息，应立即停止户外游览活动。尤其在山区沟谷、滩涂、河道、泄洪道等区域游览、野营或露宿时，应立即撤离，主动避险。

（3）尽量不在雨中赶路，若不得不冒雨行进时要特别注意沿途可能存在的安全隐患。当路面有积水时，情况不明不轻易去蹚；若是必经之路，一定做好探路工作，避免跌入窨井、地坑、沟渠等危险地方，并尽量避开电线杆等含金属的物体；远离临时搭建物、危旧墙体、高层建筑物、路边大树等；当上游来水突然浑浊、水位快速上涨时，需注意防范山洪或泥石流。

（4）提醒司机注意行车安全。导游可提醒司机注意控制车速，适当增大与前车的车距；遇到路面积水较深时应尽量绕行；当车辆在低洼处熄火时，不要在车上停留，全体人员应立即下车，靠边等待救援。

3. 雷电

雷电是伴有闪电和雷鸣的剧烈放电现象，一般产生于对流发展旺盛的积雨云中，具有大电流、高电压、强电磁辐射等特征。雷电产生的高温、猛烈的冲击波、剧变的静电场以及强烈的电磁辐射等破坏力极大，常常造成人畜伤亡、建筑物损毁、引发火灾以及造成电力、通信和计算机系统的瘫痪事故，给国民经济和人民生命财产带来巨大损失。

雷电的产生有一定的偶然性。如果在旅游期间遭遇雷电现象，导游可以引导旅游者采取以下防护措施。

（1）做好室内防护。当雷电出现时，如果人在室内，应及时关好门窗，尽量远离金属门窗、幕墙以及有电源插座的地方。不要站在阳台上、不要触摸金属管线、不要给电器充电、不要开电视机或使用电脑，也不要使用太阳能热水器等。

（2）若在野外活动时遭遇雷电，应尽快回到旅游客车躲避。客车内具有较好的屏蔽作用，但应建议司机关闭车上的移动设备，劝告大家尽量不使用手机，以免吸引雷电；务必关好汽车的门窗，使内部保持封闭状态，防止受到雷电袭击。

（3）若在野外遭遇雷电且一时回不到旅游客车时，应立即寻找有防雷装置的庇护所。不宜选择在孤立的小屋、大树下、电线杆旁及高坡上避雨。若正在参加水上游览活动，应立即上岸，即便人是在大船上，也应马上进入船舱内。当头顶有炸雷时，若无合适的避雷场所，应找一块地势低洼处蹲下，尽量降低重心和减少人体与地面的接触面积，双脚并拢，双手捂住耳朵，避免雷声伤害听力；如果不止一个人在一起，彼此之间应保持数米距离，以免遭遇群体雷击。

（4）掌握遭受雷击后的救护知识。如果衣服着火，可往伤者身上泼水或用厚外衣、毯子等把伤者捂住，以扑灭火焰；若伤者失去意识但仍有呼吸，此时应让伤者舒适平卧，安静休息后，再送往医院治疗。若伤者已经停止呼吸，应迅速组织人员采用心肺复苏术进行抢救，直到救护人员赶到。

4. 海啸

《海啸等级》（GB/T 39419—2020）中定义，海啸是指由水下地震、火山爆发或水下塌陷和滑坡等所激起的长周期、小振幅重力波，以每小时数百公里速度传到岸边，形成来势凶猛、危害极大的巨浪。

海啸主要受海底地形、海岸线几何形状与波浪特性的控制，摧毁堤岸，淹没陆地，破坏力极强。海啸抵达海岸时，会表现为两种形式：一种是滨海、岛屿或海湾的海水反常退潮，而后海水突然席卷而来，冲向陆地；另一种是海水陡涨，突然形成几十米高的水墙，伴随着隆隆巨响向滨海陆地涌来，然后海水又骤然退去。

若在海岛线路游览时遭遇海啸，导游可采取以下应对措施。

（1）留心地震消息。地震是海啸发生最明显的前兆，因此要留心新闻中关于地震消息的报道以及当地发布的海啸预警信息。如现场感觉到了震动，就应提醒旅游者不要去海边游玩且做好防海啸的准备。谨记海啸有时会在地震发生几小时后，才到达离震源上千公里远的地方。

（2）关注潮汐情况。如果发现潮汐突然反常涨落，海平面显著下降或有巨浪袭来，并且有大量的水泡冒出，就应立即组织旅游者撤离到陆地地势较高的地方。海啸前海水异常退去时，还往往会把大量鱼虾等海生动物留在浅滩，场面壮观，此时也千万不要去捡拾鱼虾或看热闹，应迅速离开海岸。

（3）海上船只应避免返回港湾。海啸在海港中造成的落差和湍流非常危险，船主应在海啸到达前，把船只驾驶到开阔的海面，此时深海区相对于海岸更为安全。

（4）掌握必要的海上自救互救技能。若海啸时不幸落水，在水中不要举手，更不要挣扎，尽量减少动作，能漂浮在水面随波漂流即可；身边若有大的漂浮物，则尽量抓住；不要脱衣服，通常海水温度会偏低；尽量不要游泳，以防体内的热量散发过快；尽量避免喝海水，否则不但不能解渴，还会让人出现幻觉，导致精神失常甚至死亡；尽量靠拢其他落水者，既便于相互帮助，而且人多目标大，更容易被救援人员发现；溺水者被救上岸后，最好能在温水里恢复体温，没有条件时也应尽量裹上毛毯、大衣、被子等保温。

5. 地震

地震又称地动、地振动，是地壳快速释放能量过程中造成的震动，其间还会产生地震波的一种自然现象。地球板块之间的碰撞挤压，造成板块边沿及内部产生错动和破裂，是引发地震的主要原因。大地出现震动是地震最直观、最普遍的现象，一旦在游览期间遭遇地震，导游就应积极采取科学方法进行避险。结合《中小学校地震避险指南》（GB/T 33735—2017）、《社区地震应急指南》（GB/T 31079—2014）和《人员密集场所地震避险》（GB/T

30353—2013）等国家标准中的相关防震措施，若在旅游期间遭遇地震，可以采取以下应对方法。

（1）根据具体情况选择室内避震方法。对于处在单层房屋和楼房的一、二层且身体条件适合撤离的人员，地震时可迅速撤离到室外安全的地方；对于处在楼房二层以上身体条件不可能撤离的人员，应在地震时就近躲避，震后组织疏散。

（2）选择正确的就近躲避方式与姿势。就近躲避方式宜采用：躲避在坚固的柜台、桌椅、书桌等旁边或下面，还可躲避在小开间内、立柱旁边、内承重墙的墙根、墙角等位置。应避开吊灯、电扇等悬挂物，远离玻璃门窗、橱窗，高大不稳或摆放易碎品的货架，以及可能发生物体倒塌或坠落的区域。就近躲避的姿势宜采用：蹲下，蜷曲身体，降低身体重心，额头置于膝盖间，双手保护头部；在排椅、床等旁边时，可趴下，伏而待定，或侧卧躺下。若有条件，可以拿软性物品保护住头部，用湿毛巾等捂住口鼻。

（3）熟悉户外避险的要点。当旅游者在户外遭遇地震，若是在旅游客车行驶时，应提醒司机尽快降低车速，选择空旷处停车；若是在徒步时，应就地选择开阔地带避险，蹲下或坐下，以免摔倒；要避开玻璃幕墙、女儿墙、广告牌、变压器等危险物，避开高架桥、高烟囱、水塔等建筑物，避开河岸、陡崖、山脚等场合，以防出现坍塌、滑坡和泥石流等。

（4）掌握科学自救的要点。如果被压埋，只要手部或其他部位能动，就要逐步清除压物，尽量挣脱出来；在不能脱险时，挪开头部、胸部的杂物，腾出一定空间，保证呼吸；如有可能，用湿毛巾、衣物或其他布料等捂住口鼻和头部，避免灰尘呛闷发生窒息；用砖块、木板等物品支撑残垣断壁，扩大和稳定生存空间；被压埋时还要保持心理镇定，要有自救的勇气和毅力，不要睡觉、不要急躁，不要哭喊、唱歌和盲目行动，尽量保存体力；注意聆听外边的动静，伺机用喊话、敲击、通信工具等方法自救。

6. 洪水

洪水是指由暴雨、急骤融冰化雪、风暴潮等自然因素引起的江河湖海水量迅速增加或水位迅猛上涨的水流现象。洪水超过一定限度后，给人类的正常生活、生产活动带来灾害的，即为洪灾。

洪灾是世界上比较严重的自然灾害之一，一般多发生于夏季。中国属于世界上发生洪灾较为频繁的国家，因此导游在夏季带领旅游者游览山地、河湖景观时，若正好是在雨季，就要及时关注天气预报了解天气变化，留心是否有发生洪灾的可能。

若不巧遭遇洪水，导游应保持冷静，可采用以下方法应对。

（1）迅速转移到地势高处等待救援是首要原则。洪水来临时，首先要考虑的是迅速组织大家转移到就近的高处，如山坡、高地、牢固的高层建筑等场所暂避。

（2）尽快与救援部门取得联系。若发现已无法依靠自己力量脱困时，应尽快与救援部门取得联系，报告所在的方位和险情，耐心等待救援。

（3）避开危险区域。不要接近或碰触电线杆、高压线铁塔，远离有电线掉落的水域，防止触电；不要爬到泥墙或危墙上，防止坍塌。不要轻易蹚水，以免遭遇危险。

（4）借助漂浮物逃生。如果人被洪水包围且没有救援时，或者人已被卷入洪水中，应保持冷静，设法收集或抓住身边的固定物与漂浮物，如门板、木头、泡沫塑料等，寻找机会逃生。在没有漂浮物的情况下，切不可下水游泳转移，以防被洪水冲走。

7. 泥石流与山体滑坡

泥石流是指由于降水（暴雨、冰川、积雪融冰）而在沟谷或山坡上产生的一种挟带大量泥沙、石块等固体物质的特殊洪流。一般情况下，泥石流的形成需要有三个条件：短期内聚集大量流水、存在大量泥土及石块等松散固体物质以及山间或山前是陡峭的谷地地形。

山体滑坡是指山体斜坡上的一部分岩土受重力作用影响，沿着软弱的结构面向下滑动的现象。形成山体滑坡的三个条件为：存在地下水活动产生的滑坡动力、有较松散的岩土、有一定坡度的斜坡。

泥石流和山体滑坡同属于突发性地质灾害，前者特点是沿沟“流动”，后者特点是顺坡“滑动”，都是在重力作用下，物质由高处向低处运动。在旅游期间若遭遇此类地质灾害，导游应带领旅游者从以下几个方面展开预防和自救。

（1）雨天宜尽早离开山谷。在山间游览时，一旦遇到大雨天，就要有防范自然灾害可能发生的意识，宜尽早带领旅游者离开山谷或转移到高地。

（2）根据前兆来判断是否可能有泥石流或山体滑坡发生。如果看到河（沟）床中正常流水断流或水流突然增大并伴有较多的柴草树木，听到沟谷内传来类似火车轰鸣声或闷雷声，都说明沟谷上游可能已经发生山洪和泥石流；如果山坡前缘出现横向及纵向裂缝，前缘土体出现隆起现象，四周岩土体出现松动，滑带岩土体因摩擦错动出现声响并从裂缝中冒出气或水，动物出现惊恐异常等现象，则说明即将发生山体滑坡。

（3）把握好逃生方向。一旦发现有泥石流或山体滑坡时，不能与其同向奔跑，而应迅速向两侧逃生，即逃跑线路与泥石流或山体滑坡成垂直方向，且不要停留在凹坡处，尽量快跑。

（4）寻找平整高地等待救援。在逃生过程中，若是遭遇泥石流，可以就近选择林木密集地带逃生，但不要攀爬到树上躲避；若是遭遇山体滑坡，不要躲到有滚石和大量堆积物的山坡下方，当无法继续逃离时，应迅速抱住身边的树木等固定物体。无论是遭遇泥石流还是山体滑坡，都应尽可能选择平整的高地集合队伍，然后发送求救信息并等待救援。

第十版编写后记

在文旅融合持续深化、数字化技术广泛应用，以及国家标准《导游服务规范》（GB/T 15971—2023）对行业规范作用日益凸显的背景下，编写组对本教材进行了全面修订。此次修订旨在为导游服务向规范化、专业化、个性化方向发展筑牢根基，助力导游从业人员更好地应对行业新挑战。本次修订，编写组重点聚焦以下三个核心方面。

第一，精准优化内容。编写组对第九版教材部分内容进行了勘误与完善，补充了大量法律法规和标准依据，严格把控教材内容，确保新版教材的准确性与科学性。

第二，紧扣行业前沿。新版教材紧密跟随文旅发展新动态，深入剖析并吸收行业新业态、新模式的核心要点。同时，剔除前版教材中与当下导游带团实际场景不符的内容，让教材内容既具备前瞻性，又突出实用性，切实满足导游工作的实际需求，为从业者提供更具有针对性的指导。

第三，融合理论实践。编写组注重将基础性知识与能力提升有机结合，强调理论与实践相融合，帮助读者在掌握扎实理论知识的同时，有效提升实际业务操作能力。

在修订过程中，编写组得到了众多资深导游、旅游专家、行业管理者以及中国旅游出版社的鼎力支持。他们凭借丰富的实践经验与深厚的理论功底，为教材修订提出了诸多宝贵建议与专业指导。但由于时间紧促，加之编写水平有限，新版教材难免存在不足之处，诚盼广大读者不吝批评指正。

在此，编写组向所有为教材修订付出心血的成员、专家及支持者致以最诚挚的感谢！未来，编写组将持续精进，为推动导游职业发展贡献更多力量。

《导游业务》专家编写组

2025 年 6 月

项目策划：张文广
项目统筹：谯　洁
责任编辑：李冉冉
责任印制：冯冬青
封面设计：中文天地

图书在版编目（CIP）数据

导游业务 / 全国导游资格考试统编教材专家编写组编. -- 10版. -- 北京 : 中国旅游出版社, 2025. 6. (全国导游资格考试统编教材). -- ISBN 978-7-5032-7581-4

Ⅰ. F590.633

中国国家版本馆CIP数据核字第2025BC5697号

防伪鉴别提醒

每本正版教材封一左下角右侧，均粘贴有防伪标识。刮开防伪码涂层，扫码绑定增值服务。图书出现印装问题，本社负责调换，服务电话：010-57377106。（打击盗版举报热线：010-57377102，QQ：3911648342）

书　　名：导游业务

作　　者：全国导游资格考试统编教材专家编写组编
出版发行：中国旅游出版社
（北京静安东里 6 号　邮编：100028）
https://www.cttp.net.cn　E-mail: cttp@mct.gov.cn
营销中心电话：010-57377103
排　　版：北京中文天地文化艺术有限公司
印　　刷：北京科信印刷有限公司
版　　次：2025年6月第10版　2025年6月第1次印刷
开　　本：720毫米 × 970毫米　1/16
印　　张：20
字　　数：313千
定　　价：40.00元
I S B N　978-7-5032-7581-4

版权所有　翻印必究

如发现质量问题，请直接与营销中心联系调换